第二届“真维斯杯”
纺织服装教育获奖论文集

中国纺织服装教育学会　组织编写

中国纺织出版社

图书在版编目（CIP）数据

第二届"真维斯杯"纺织服装教育获奖论文集/中国纺织服装教育学会组织编写．—北京：中国纺织出版社，2015.2
ISBN 978-7-5180-1338-8

Ⅰ.①第… Ⅱ.①中… Ⅲ.①纺织工业—中国—文集
Ⅳ.①F426.81-53

中国版本图书馆 CIP 数据核字（2015）第 010551 号

策划编辑：孔会云　　责任编辑：符　芬　　责任校对：寇晨晨
责任设计：何　建　　责任印制：何　建

中国纺织出版社出版发行
地址：北京市朝阳区百子湾东里 A407 号楼　邮政编码：100124
销售电话：010—67004422　传真：010—87155801
http：//www.c-textilep.com
E-mail：faxing@c-textilep.com
中国纺织出版社天猫旗舰店
官方微博 http：//weibo.com/2119887771
北京通天印刷有限责任公司印刷　各地新华书店经销
2015 年 2 月第 1 版第 1 次印刷
开本：787×1092　1/16　印张：14.25
字数：266 千字　定价：68.00 元

第二届“真维斯杯”纺织服装教育论文评选组委会

顾　　问：韩恩业

名誉主任：杨　勋

主　　任：倪阳生

副 主 任：丁　辛　刘元风　徐建明　王　毅　王剑雄

委　　员：刘伟文　吴文英　纪晓峰　杨瑞虹　白　静　吴　静

前 言

中国纺织服装教育学会成立于1992年，是经教育部批准，民政部登记注册，具有独立法人资格的由全国纺织行业的企事业单位和社会团体自愿组成的学术性、非营利性、全国性的社会团体，目前有团体会员215个。自成立以来，学会始终团结广大纺织服装教育工作者，进行纺织服装教育理论与实践问题的研究，探索规律，交流经验，促进改革，推动纺织服装教育发展，为国民经济和纺织工业建设服务，并得到了政府、行业以及广大会员单位的理解和支持。

近年来，中国的纺织工业面临着转型升级过程中的机遇和挑战，纺织行业陆续出台了《纺织工业“十二五”发展规划》《建设纺织强国纲要》等政策，明确提出要在2020年前把我国建设成纺织强国，实施科技创新、品牌建设、可持续发展和人才培养四大战略，这对纺织服装行业教育工作者提出了更加深入和具体的要求。为了鼓励纺织服装行业教育教学研究，培养学习和研究氛围，总结改革经验，中国纺织服装教育学会在总结2006年成功举办第一届“真维斯杯”纺织服装教育论文征集评选活动经验的基础上，于2014年2月举办了第二届“真维斯杯”纺织服装教育论文征集评选活动。

本届活动历时7个月，全部采用网络参评和网络评审方式。共有来自全国26所本科院校的108篇论文和21所职业院校的78篇论文参加评选，179位专家评委参与评审。最终评选出本科教育组、职业教育组一等奖各1名、二等奖各5名、三等奖各10名、优秀奖各20名。中国纺织服装教育学会于2014年10月对各位获奖作者颁发了获奖证书和奖金。

本书汇集了一、二、三等奖共32篇获奖论文，一定程度上反映了目前我国纺织服装教育领域的研究和实践水平。因篇幅所限，未能将所有获奖论文一一展现，恳请读者谅解。

感谢众多纺织服装院校对本次论文征集评选活动的大力支持，感谢多位纺织服装教育领域专家的真心奉献。真维斯国际（香港）有限公司长期以来支持行业教育事业，并连续支持论文征集评选活动，特此表示感谢！

中国纺织服装教育学会秘书处

2014年11月

目 录

本科教育组

一等奖

二等奖

三等奖

职业教育组

一等奖

二等奖

三等奖

附　录

本科教育组

一等奖

基于市场需求的服装设计与工程专业人才培养研究

东华大学　李敏　李梦璐　李俊　于晓坤　张向辉

关键词

服装设计与工程　服装教育　市场需求　人才培养　课程体系

摘要

严峻的就业形势和中国服装产业结构升级加速向承担服装高级人才培养任务的高校提出了前所未有的挑战，同时国家高等教育政策也要求教学与产业及市场需求紧密结合。在这三重因素的引导下，本研究以东华大学为例，在比较国内外服装高等教育的异同、吸取国际化的办学经验的基础上，通过服装设计与工程本科毕业生就业现状的调查与分析，对企业人才需求的深度访谈，梳理了服装设计与工程专业的课程体系，明确了毕业生实践能力提升要点，对高校服装设计与工程专业人才培养的方向和模式有一定的指导作用。

正文

我国的服装产业正处于转型时期，由加工制造型逐步转为具有设计、生产以及完整物流和销售系统的产业链体系。据统计，目前服装设计与工程专业毕业生的工作性质主要包括服装外贸、国内服装品牌市场拓展、服装企业管理、服装样板技术、教师、公务员等，但随着服装产业结构的升级，各个就业方向的毕业生比重也在发生着变化。因此，在服装产业结构升级的大趋势和国家高等院校教育培养政策的双重引导下，高校毕业生教学质量对学生就业和企业人才供需相符程度有着十分重要的影响。

如何适应市场需求，培养高素质人才，开拓专业特色，是目前专业建设学科面临的紧迫问题。

一、研究背景

1. 就业趋势不容乐观

据知名社会调查机构麦可思研究院的跟踪调查，2013 届毕业生求职难度增加。

由该机构从2012年12月12日开始到2013年1月11日结束的问卷调查结果显示，本科毕业生签约率为38%，低于上届同期8个百分点。2013年在网络上被戏称为“史上最难就业年”。

因为一边是创下历史新高的毕业生规模——来自教育部新近公布的数字称：2013年全国高校毕业生达699万人，比2012年增加19万，刷新纪录；一边是计划招聘岗位数的下降——据2月初对近500家用人单位的统计，2013年岗位数同比平均降幅约为15%，北京毕业生签约率总体不足三成，上海不足三成，广东不足五成；一边是观望者多，企业待遇与毕业生的期望值有一定差距，导致其观望心态浓厚；除此之外，还与经济增长率的降低有关。

2. 中国服装产业结构升级对高校人才培养提出了挑战

近年来由于贸易壁垒频发、劳动力成本上升、原材料价格飞涨、外部贸易环境变化等一系列因素，推动了中国服装产业的升级，我国的服装产业正由加工制造型逐步转为具有设计、生产以及完整物流和销售系统的产业链体系。2006年6月，国家发改委等部委联合发文，明确要求加快纺织服装产业结构调整。在这一重要时期，服装高级专业人才成为影响产业升级步伐的重要因素之一，国内服装产业正发生着深刻的变化，它向承担服装高级人才培养任务的高校提出了前所未有的挑战。因此，如何通过深化课程改革以适应不断变化的市场环境，培养出应对企业需求变化的高素质高专业度的人才，成为服装院校迫在眉睫的任务。

3. 国家高等院校教育培养政策要求教学与产业紧密结合

2010年7月29日中共中央、国务院印发了《国家中长期教育改革和发展规划纲要(2010~2020年)》，纲要提出“适应经济社会发展和科技进步的要求，推进课程改革，加强教材建设”是我国人才培养体制改革中的一项重要内容，是创新人才培养模式的一个具体落脚点。为贯彻纲要，教育部在“卓越工程师教育培养计划”中提出了“培养造就一大批创新能力强、适应经济社会发展需要的高质量各类型工程技术人才”的要求，同时在计划中提出了三个特点：行业企业深度参与培养过程，学校按通用标准和行业标准培养工程人才，强化培养学生的工程能力和创新能力。因此，在服装这样的传统产业和战略性新兴产业的相关专业中将教学与产业、行业、经济紧密结合，是目前高校教育发展的重点和主要方向之一。

二、国内外高等服装教育现状

1. 国外高等服装教育现状

从国外服装人才培养方向来看，多从艺术、技术、市场、人文等多方面展开，反映了学科之间的交叉综合，在不偏废某一方面的前提下略有侧重，其人才培养基本上可分为三种类型，见表1。

表1　国外高等服装教育人才培养类型

人才类型	培养目标	专业	代表学校	数量及分布
艺术设计型	服装设计师	服装或艺术设计	日本多摩艺术学校 英国圣马丁艺术学院 法国 ESMOD 时装学院等	数量最多 分布最广
工程型	技术或生产管理工程师	服装和服装工程	曼彻斯特理工大学 苏格兰纺织学院 日本奈良女子大学等	分布于大多数国家
市场/管理型	商业或市场流通领域人才	服装营销、服装零售、纺织品或服装市场	美国奥本大学 弗吉尼亚理工大学 伦敦时装学院等	美国、日本

国外服装高等教育有一个共同的特点，那就是强调学生的个性发展，但是又根据具体院校的办学性质以及该国的产业发展有所差异，每个院校的服装专业都是在紧密联系产业发展的基础上，根据院校的具体情况，有针对性地培养人才。

日本大学教育实行完全的学分制。基础教育课程中增设了综合教育课程，其目的在于使基础教育和专业教育有机结合起来。日本教育专业课程设置的特点有：开设门数普遍较多，课程分类细；大量开设选修课；注重技术课与理论课的配置，十分重视服装结构、工艺制作专业学生实践能力的培养。

美国的教育体制是典型的分权制，所以美国没有统一的教学计划和课程标准，但美国有高等教育鉴定制度，美国服装专业课程设置要经过高等教育鉴定委员会的鉴定才能认可和立案。美国服装高等教育课程精选实用性强，与未来职业联系紧密。选修课覆盖学科领域广泛，体现了“通才教育”的特点。课程设置突出表现为：重视公共基础课，课程门类繁多，学分比重大，涉及了人文、社会和自然科学领域；选修课程多而全，大多数专业都采用主辅修制，除了本专业的必修课、专业课和法定必修课外，通常设置一些与本专业无关的其他领域的课程；强调学生的社会适应能力，重点课程有服装经营、市场信息、国际贸易等。

2. 国内服装高等教育现状

根据我国目前服装高等教育的现状，大致可分成三类（表2）。第一种类型是以服装艺术创作为主的专业，第二种类型是以服装工程技术为主的专业，第三种类型是以服装市场营销为主的专业，包括模特表演专业。

表2　国内服装高等教育人才培养类型

人才类型	培养目标	专业	代表学校	数量及分布
艺术设计型	服装设计师	服装或艺术设计	中国美院 清华美院 苏州大学	数量最多 分布最广
工程型	技术或生产 管理工程师	服装和服装工程	东华大学 北京服装学院 天津工业大学	数量最多 分布最广
市场/管理型	商业或市场 流通领域人才	服装营销、纺织 品或服装市场	东华大学 浙江理工大学	国内较少

我国服装人才的培养主要集中在前两种类型，尤其设计型专业近年发展迅速，而服装市场/管理型（以服装市场营销为主）专业国内较少，随着我国市场机制的深化，全球经济一体化的发展，国际商业往来的增多，对以服装营销为主的专业研究已势在必行。我国长期以来都是行业院校或专业院校办服装，条块分割，学科交叉少。国外的服装市场/管理型专业人才的培养对于我国服装教育开阔视野，发展新的专业方向提供了很好的启示。

3. 服装设计与工程专业的办学定位与课程体系

服装设计与工程是非常有中国特色的专业名称，主要是由中国服装制造业大国的特征决定，而国外的院校，不是艺术类，就是工程技术类。纽约时装技术学院、香港理工大学就明确将服装专业定位于工程技术方向。

我国仍然是一个服装生产大国，是服装业的世界工厂，工程技术是服装专业办学中不可放弃的领域。服装设计与工程专业应该根据我国服装产业的实际与发展趋势，在培养服装产业战略发展所需求的现代服装技术人才的同时，不同高校应根据不同的办学类型和定位、不同人才培养目标来确定合理的教学模式。

国内典型的服装院校，其课程体系基本由以下几个模块组成。

模块一：通识课程。

模块二：学科基础课程。

模块三：专业方向课程。

模块四：实践环节。

模块五：毕业论文。

围绕当前服装的“技术”与“商品”两个属性特征，东华大学将服装设计与工程专业教育调整为工程技术和营销管理两个核心。相关的专业课程设置为服装结构与工艺板块、服装设计板块、服装材料与性能板块、现代数字化服装工程技术板块、营销与管理板块，根据不同的培养方向进行具体课程的设置和衔接。

三、基于毕业生调研的课程体系与人才培养研究

1. 调研设计

本次调研以东华大学服装设计与工程专业学生为调研对象，调研目的主要有两个方面：其一是为了了解服装设计与工程专业毕业生的职业发展，从毕业生职业发展的诉求出发，反观学校从课程体系设置上如何更好地为学生就业和个人发展提供帮助，为课程体系设置提供间接参考；其二对现阶段服装设计与工程专业课程设置进行评估，为课程体系设置提供直接参考依据，力争使服装设计与工程专业的发展更能符合时代特征和现实需求，使毕业生在就业市场更具竞争力。

问卷调研内容主要分为三个部分：单项课程评价、课程设置综合评价和个人背景资料。前两个部分主要是针对课程体系和课程本身进行评价，背景资料部分主要涉及个人的就业去向和职业发展。

问卷中单项课程评价部分所采用的课程为2013级学生教学计划中的课程。东华大学服装设计与工程自2005级新课改方案实行后，每年教学计划会有微调，但整体变化不大，因此问卷调研的对象确定为2005级~2009级毕业生，这是考虑到2005级以前的学生对新的教学计划不清楚，很多课程可能都没接触过，而且毕业年数已久，对很多课程已经忘记。

2005级~2009级毕业生共有562名，以20%的抽样率计算，将有效样本量确定为112份。问卷发布在问卷星上，所有问卷都在线上填写，通过一对一的形式将问卷发放到毕业生的QQ、微信和邮箱，进行准确有效的扩散。

2. 服装设计与工程专业课程设置的调研结果分析

课程打分采用李克特5段式量表，把有效问卷输入SPSS 19.0做频数分析，主要结果如下。

各项课程中有八门课程的得分低于3分，它们分别是：概率论与数理统计（2.77）、服装机械原理（2.68）、工程设计制图（2.73）、电工电子技术（1.78）、电工电子技术实验（1.77）、手工印染（2.91）、数字摄影基础（2.89）、服装厂设计（2.92）。其中，电工电子技术及电工电子实验两门课程的得分均少于2分，是受访毕业生认为最没有必要开设的课程，可能是因为这两门课程确实和专业实践联系不紧密，同时课程难度又比较高。同样的，概率论与数理统计很可能也因为课程较难但实用性却不高，因此只得到2.77的分数。而服装机械原理、工程设计制图、数字摄影基础这三门课程得分较低的原因可能在于课程过于理论化、实际应用性不强。服装厂设计的得分也较低，很可能是毕业生从自身职业发展角度来看的，如今的毕业生很少有人在服装厂工作。

一共有12门课的平均分高于4分，分别是服装材料（1）（2）、服装生产管理、女装平面结构设计（1）（2）、服装立体结构设计（1）（2）、服装市场调研与预测、服装专业英语（1）（2）、服装销售管理、服装国际贸易。其中，服装材料、平面结构设计和立体结构设计都是服装专业最基础的课程，重要程度之高在情理之中，说明受访者评分是比较

客观的；服装专业英语（1）（2）的平均分接近4.3，可见如今英语对于服装专业来说越来越重要，而其余几门课程都是比较偏市场和管理类的课程。

3. 服装设计与工程专业毕业生的职业发展分析

关于个人能力排名，得分从高到低依次为：沟通交流能力（4.74）、专业素养（3.81）、英语水平（3.38）、抗压能力（2.77）、Word/Excel等办公软件（2.62）、领导能力（1.5）。沟通交流能力排在首位，甚至超越了专业素养，可见在职业发展中，个人的某些基本素质甚至比专业能力更重要；而英语水平仅次于专业素养排名第三，说明在国际化高的服装行业，英语已经成为个人发展的重要工具。

从调研结果来看，近五年的毕业生就业最多的岗位是企划/买手，第二是服装/面料跟单，这两个岗位的毕业生占据了在服装行业就业毕业生总数的40%左右，主要有三个原因：买手/企划是近年来非常热门的岗位，毕业生都很看好其发展前景；大数据时代，服装企业更加重视企划，产生相应岗位的空缺；无论是品牌公司还是外贸公司都需要大量跟单人员，市场需求决定了有很多毕业生从事跟单工作。

同时，在面辅料开发/采购、生产管理、质量管理、商品/货控、市场推广等岗位中也分布着服装设计与工程专业的学生，这些岗位的人数占比均在5.5%~8.5%；另外，还有极少量的毕业生成为打板师、服装陈列师、高校教师，其占比均不到3%。此外，有近10%的毕业生从事其他服装岗位的工作，如奢侈品公关、服装研究所研究员、服装品牌运营等。

在此次调研的受访者中，没有人从事店铺销售和时装杂志编辑的工作，可能的原因在于：抽样的随机性；毕业生工作了一段时间，已经从销售管培生转回公司职能部门工作；上海时装杂志社较少，且时装杂志编辑更适合艺术设计的学生。

四、企业访谈

1. 访谈对象的选择

企业访谈的目的旨在从企业角度出发，通过与各公司人力资源相关人员访谈的形式了解企业的人才需求，从而更科学地为服装设计与工程本科的学科建设提供建议。研究针对不同类型的品牌企业（国有企业、外资企业和民营企业），结合近三年来企业校园招聘的积极度和实际招聘量，最终选取了5家访谈企业。

表3 访谈企业

企业类型	企业名称	访谈时间
国有企业	丝绸集团（Lily）	2014.4.25
外资企业	西雅衣家（C&A）	2014.4.29
民营企业	素然	2014.4.18
	纳薇	2014.4.18
	拉夏贝尔	2014.4.25

综合企业的访谈结果，服装设计与工程的学生在服装品牌公司就职的部门基本集中于商品部、企划部、供应链（生产部、采购部、QA）、销售部，但每家企业有各自不同的定位，处于不同的发展阶段，因此对于人才需求的侧重点也有所不同。素然和纳薇是比较偏向于设计型的公司，因此非常重视结构设计，希望能从服工专业挑选学生培养自己的技术团队。拉夏贝尔和 Lily 比较青睐从服装设计与工程专业招聘商品和企划人员，他们认为服工专业的学生既有较好的数据分析能力又有一定的时尚审美度，与该职位非常契合。因为同样的原因，再加上服工的学生英语水平较高，C&A 的买手团队也非常青睐服装设计与工程专业的学生。

2. 企业选拔人才的侧重点

基本素质：五家企业无一例外地表示学生的基本素质是最被看重的，这其中包括学习能力、适应能力、与人沟通交流的能力以及健康阳光的心态。企业希望学生是积极的、有激情的、热爱服装的，这样的学生才能在行业和公司长远地发展下去。

稳定性：五家企业都非常青睐有清晰的职业规划的学生，因为这样的学生更加成熟也更加稳定。企业从招聘到培养一个职场新人需要花费很大的精力，因此从企业自身利益的角度出发，肯定希望员工能有较好的稳定性。

学历：每家企业对学历的要求不太一样。素然、纳薇、C&A 表示招聘时对东华服工的本科生和研究生一视同仁，但拉夏贝尔和 Lily 则表示更加青睐思想较为成熟的研究生。同时素然和 C&A 也表明对有海外背景的学生非常感兴趣，因为其眼界开阔、独立性较强。但是五家企业都认为学历的差异只是在招聘的时候会有辅助加分的作用，真正决定学生职业发展的还是工作表现和能力，与学历无关。

其他能力：诸如英语和计算机能力。在访谈的五家企业中，C&A 对于英语有着较高的要求，其他企业不作硬性规定。计算机能力指常用的 Excel、PPT 等办公软件的使用能力，在面试中会是加分的点。

3. 企业对学校的期望

职业规划：五家企业均非常重视职业规划，因为这直接影响到学生未来发展的稳定性。企业均表示希望学校能在学生大二或者大三的阶段，能开设相关的课程或者讲座，帮助学生明确自己的职业规划，甚至提出企业也可以参与进来提供一些帮助。

专业方向细分：素然和纳薇都提出在本科高年级时，细分不同的专业方向，根据专业方向的不同设置不同的专业课程，让学生充分考虑到自己的兴趣点和特长之后，选择专业方向并进行相关学习，这是专业教育的一个发展趋势，也能使学科建设更加有特色。

参与实践：企业表示非常喜欢有丰富实践经历的学生，实践经历丰富的学生更加成熟，也更能给企业带来多元化发展的可能。因此希望增加校企间的合作，学校能多给学生提供实践学习的机会。

五、结语

服装专业教育应服务于服装产业，既要适应产业当前的需要，也要推进与引领产业的发展与进步。明确企业人才需求与毕业生实践能力提升要点，对服装专业课程进行调整和完善，增加职业规划与素质教育，达到理论与实践接轨，才能达到学以致用的教学目标，进一步提升服装设计与工程本科教学的宽度和深度，完善教学体系，为学生毕业就业打下良好的理论知识基础。

参考文献

[1] 中国服装协会.2012～2013 中国服装行业发展报告［M］. 中国纺织出版社，2013. 7.
[2] 2012 中国纺织行业年度报告. 中国经济信息网 . 2012. 5.
[3] 杨以雄. 21 世纪的服装产业［M］. 东华大学出版社，2006. 10.
[4] 李俊，张文斌等. 服装设计与工程专业的培养目标定位与课程体系研究［J］. 纺织服装教育，2006（6）.
[5] 张巧玲. 中外服装营销专业高等教育学模式与课程体系的对比研究［D］. 上海：东华大学，2006.
[6] 高昌苗. 中外高等教育中服装设计与工程专业课程设置研究［D］. 四川师范大学，2011.
[7] 黄鼎奇. 谈服装设计与工程专业教改与实践教学的创新——以辽宁地区服装高校及服装产业为背景［J］. 青年文学家，2010（18）.
[8] 朱方龙. 服装设计与工程专业实践教学体系的构建［J］. 纺织服装教育，2012（6）.
[9] 杨梅. 浅谈服装设计与工程专业培养目标的定位［J］. 中国城市经济，2011（20）.
[10] 杨梅. 小议服装设计与工程专业课程体系的建设［J］. 中国城市经济，2011（24）.
[11] 刘成霞. 服装设计与工程专业项目化教学模式的探索［J］. 艺术教育，2009（10）.
[12] 胡洛燕. 服装专业实践环节的设计与实践［J］. 纺织服装教育，2009（6）.
[13] 蒋东玲，王秀莲. 服装产业升级形式下服装教育存在问题及对策思考［J］. 纺织科技进展，2013（3）.
[14] 阎玉秀，毛雯，楼丽娟等. 本科人才培养现状调查及校企合作 SWOT 分析——基于浙江理工大学服装设计与工程专业［J］. 浙江理工大学学报，2012（29）.
[15] 熊玛琍. 基于 CDIO 工程教育理念下的专业导论课程教学改革研究［J］. 广东技术师范学院学报（自然科学），2012（3）.
[16] 韩红爽，栾加双，韩春田等. 服装设计与工程专业实践教学体系改革研究［J］. 中国科教创新导刊，2013（2）.

二等奖

纺织类（本科）卓越工程人才培养模式的再思考

南通大学　张瑜　徐山青　徐蓼芫

关键词

纺织本科教学　卓越工程师　人才培养　创新模式

摘要

本文针对纺织类（本科）卓越工程人才培养将如何持续开展，从人才培养理念、培养模式、校企互动、教师素质、教学环节等多方面进行了现实分析，提出了高等学校为我国现代纺织工业技术水平整体实力提升培养多层次高素质工程科技人才的建议。

正文

传统行业托起新兴行业的发展，高等教育迎来了大众化时代。随着纺织行业的结构调整，一批批纺织院校更名，纺织专业的高等教育似乎成为了“鸡肋”，纺织本科人才培养模式不得不改革。国家启动“卓越工程师教育培养计划”，精髓在于解决高等工程教育中的实践性和创新性问题，加紧培养一批能够适应经济和社会发展需求的创新性工程科技人才，加快经济发展方式的转变，实现我国经济社会的持续发展。国家、各省、学校都以立项的形式在部分专业开始了“卓越工程师教育培养计划”试点，很多学校参与其中。几年过去了，很多项目总结验收完成，研究成果颇丰，可学生培养质量到底如何？社会效应又如何？研究生有了学术型和专业型，职业技术学院有应用型、技能型，那么本科生应该怎么定位？大多还在进行学术型、应用型、技能型、综合型的探索。但从社会层面以及用人单位反馈的信息来看，却总是与我们的培养目标要求距离甚大，毕业生到企业后需要培训再上岗，短期内不能给企业创造经济价值，因此，工资待遇偏低，短期内也不能加薪，毕业生往往选择跳槽走人。很多学生“有业难就”“有业不就”的现象，直接反映出目前人才培养的现实问题。

1. “卓越工程师教育培养计划”不是项目，是创新型工程科技人才培养的导向

教育部“卓越工程师教育培养计划”是贯彻落实《国家中长期教育改革和发展规划纲要（2010~2020 年）》和《国家中长期人才发展规划纲要（2010~2020 年）》的重

大举措，旨在培养造就一大批创新能力强、适应经济社会发展需要的各类型高质量工程技术人才，为国家走新型工业化发展道路、建设创新型国家和人才强国战略服务，对促进高等教育面向社会需求培养人才，全面提高工程教育人才培养质量具有十分重要的示范和引导作用[1],[2]。贯彻落实关键要解放思想，作为培养人才的高校教师更是责任重大，我们不仅要真正理解和认识其内涵其实质，还要积极宣传推动，为"卓越工程师教育培养计划"争取条件、创造条件、营造环境，实施"卓越工程师教育培养计划"，不仅是工程教育的事，更是中华民族振兴大业的需要，让中国的工程师"卓越"起来，是我们共同努力的方向。

随着学科交叉、高新技术的渗透，作为纤维结构材料的纺织品不仅用于传统的服装、家纺民生行业，而且经过专门设计、具有特定功能的产业用纺织品，应用于工业、医疗卫生、环境保护、土工及建筑、交通运输、航空航天、新能源、农林渔业等领域，在我国纺织经济发展方式转变和产业结构转型时期，培养和造就出能够满足现代纺织技术要求和各领域发展需求的高水平纺织专业工程师，已成为纺织行业乃至其他应用领域普遍关注的问题。我国现代纺织工业技术水平整体实力提升，将纺织大国转变为纺织强国，需要大量优秀的纺织工程人才。面向工程、面向世界、面向实践，这是纺织专业人才培养的准则，为此，我们认为，通过"卓越工程师教育培养计划"项目的建设，最大的成果不仅仅是强化了学生的工程素质、实践能力，更重要的是让作为培养未来工程师的高等学校领导和老师们从传统观念中走了出来，培养和鼓励毕业生进入生产第一线，摆脱高不成低不就的思想包袱，向纺织前辈们学习，在学中做，做中学，为"中国梦"的实现做出现代纺织业、纺织人应有的贡献。

2. *实施"卓越工程师教育培养计划"，建立新型多层次的纺织人才培养模式*

著名的"钱学森之问"提出"高等工程教育如何培养出创新能力强的优秀工程人才，是建设创新型国家必须面对的问题"[3]。工程实践能力、创新精神与创业能力培养，是实现为纺织经济发展培养应用性高级技术人才的核心。纺织类专业人才培养的理念应该通过工程教育中培养理工结合型纺织类各层次人才培养模式，与企业联合，着力打造适应未来以原始创新为主的和致力于解决纺织行业的具体问题的"未来工程师"。即使学生毕业后成为了工程师，仍然需要继续教育，在实际工作中学习、实践和创新，才能成长为真正"卓越"的工程师。可见，人才培养必须改变从书本到书本的教学模式，为学生提供实践机会，教授给学生学习、实践的能力比简单的灌输学习更重要。过去，我们的纺织工程教育模式深受苏联等诸多国家的影响，现在我国作为世界纺织第一大国，更需要在借鉴国外优秀经验的同时，主动探索适应我国国情的纺织工程科技人才培养模式。国家对工程技术人员的需求，必然与相关产业或行业发展目标密切相关，随着不同时期建设重点的不同，人才培养应当随着市场需求的变化而及时调整，企业的需求决定着对工程技术人才培养的层次结构、就业取向、能力与素质等方面的具体要求。工程科技人才培养应是金字塔结构，即小部分是真正的“卓越”工程科技人才，大部分应该是应用型技术人才。

纺织类本科生培养目标应该怎么定位？许多学校实施卓越计划项目，以培养创新拔尖人才为目标，往往都是选拔优秀学生组班试点，成效显硕。但国家“卓越工程师人才培养计划”并不仅仅是拿到项目的试点专业，不仅仅针对所谓“高才生”，应该是各层次人才培养。专业情况不同、培养对象不同，不可能照搬照抄。十年栽树，百年育人，更不可能等这些专业实践成功了，再去推广其经验。应该充分认识到，“卓越工程师人才培养计划”是先进的教育教学理念，要贯彻在人才培养模式、课程体系、教学内容、教学方法、评价方式等方面。我们目前的纺织高等教育改革应该构建多元化、多层次的人才培养模式，围绕教育部“卓越工程师教育培养计划”总体要求，不同的学校、专业应该结合自己办学定位及人才培养的资源优势，围绕社会、行业需求，实质性地推进纺织类专业“卓越工程师人才培养计划”工作，形成一个行业专家、企业工程技术人员、教师（不仅仅指专业教师）组成的教育团队，以学生为本，强调能力和人格养成，努力调动学生的学习积极性、主动性和创造性，加强产学研合作为背景的校企互动型工程教育，在实践中不断探索、完善面向不同领域、层次又各具特色的人才培养模式。这样，才符合“卓越工程师教育培养计划”中“高等工程教育要主动服务国家战略要求、主动服务行业企业需求”的指导思想。

3. *开展实质性校企互动合作，共同发挥校内外教学实践基地的作用*

纺织“卓越工程师”的培养，需要有必要的条件和良好的教育环境，需要在大学生在校学习期间就建立起与社会、与企业沟通的渠道，以实现学以致用，理论联系实际的目标。过去的本科“卓越计划”教学比较注重加强校外教学实践环节，但在纺织行业目前经济形势下，由于企业和学校直接利益的兼容性弱，企业缺乏参与“卓越工程师教育培养计划”的内驱力。本科学生人数众多，整块时间内全部直接下到企业学习和实习，显然很难实现，而且来实习的学生不是企业的员工，企业在管理上存在顾虑，怕担风险，不愿承担责任，不敢安排学生到生产一线；加上刚刚接触专业的学生适应具体生产环境需要一个过程，很难顶岗作业，企业还要无偿提供学生食住，因此企业的积极性不高。学生在校外教学实践基地的实习方式只能限于观摩、讲座，缺乏系统有效的生产实习指导，无法真正实现职业岗位与教学零距离对接，严重影响了培养任务目标的具体落实。

为了解决上述问题，不能只注重实践教学形式，要从教学效果出发，通过实质性校企互动合作，进一步拓展学校内外教学实践基地的平台功能，发挥校内外教学实践基地的作用。在确定人才培养的目标上，学校与企业共同构建科学合理的课程体系，落实校企合作的各个教学环节，共同探讨工程人才培养的评价标准；把青年教师的工程实践训练作为校外实践基地的重要内容，通过提高教师的工程实践能力、科研水平，从基础上推动教育教学改革和提高教学质量；把企业引进校园，加强校企的实质性互动，依托各级重点实验室、工程中心，整合双方学科、科研、教学与产业资源，共建集专业实践教学、科学研究、技术开发、创新实践、创业训练于一体的综合性教学实践基地，使其成为学生实践能力、创新精神和创新创业能力培养的有效载体；让企业深入参与培养方案的实施工程，把优秀的工程技术人员、行业专家安排到学校，介绍新的纺织技术装备、新的工艺方法，使学生不仅能了解纺织企业的现实生产、研发工作、技术改造情况，还能得到企业文化的熏陶；以产学研项目为基础，营造“工程教育环境”，强化卓越工程师计划、CDIO 模式、专业证书考级等“企业情境”要求，通过“做中学”，培养学生的工程能力、职业道德、学术知识和运用知识解决问题能力、终生学习能力、团队工作能力、交流能力和大系统掌控能力。通过拓展学校内外教学实践基地的平台功能，建立校企融合的新型综合性实践教学结构体系，实现专业教育与工程教育、创业教育相结合，全面规划并实施大学生专业技能训练计划、大学生科研训练计划、大学生科技竞赛计划、大学生职业技能培训计划、大学生创业训练计划等，让学生得到更为系统的与社会生产实际紧密结合的实践训练，学到扎实的专业知识和成为“卓越工程师”的实际本领，有效提高其工程能力、创新精神和创业能力，使学生毕业前就能接触到生产实际，拉近与企业的距离，到了社会能“做事”并且能“做成事”，满足社会对不同层次纺织类专业人才的需求，真正实现企业、学生、学校的“三赢”。

4. **全面提高教师的内在素质，确实有效地提高工程实践教学质量**

实施“卓越工程师教育培养计划”，方案再好，过程为真，效果为据，核心在于务实，成败在于落实，关键在于教师。从实际情况看，由于受传统学科教育的影响，部分教师对实践教学的重要性和必要性的认识并不一致。不可否认，在现有的高校考核模式下，我们教师的主要精力被迫集中于所谓的科研上，有部分教师为评职称而写文章，为谋经费而搞课题，而研究内容并不是学科前沿和生产实际，研究成果并不具有应用价值，也不具有原创性，自己的实践能力得不到提升，形成功利思想、浮躁心态，认为理论性教学可以吃老本、实践教学缺乏能力又辛苦，对实践教学的教学设计、教学方法、教学研究、教学管理不尽力尽心，造成“卓越工程师教育培养计划”实践中的一大瓶颈。

许多学校为建立校内专职教师与企业兼职教师相结合的高水平的工程教育师资队伍制定了制度、采取了措施，强化教师工程实践能力，取得一定成效。但是我们不能不认识到，正如学生的培养不是一朝一夕的事情，教师内在素质的提高也不能短期实现。高尚的道德情操、严谨的治学风范和健全的人格魅力，懂得高等教育教学的基本规律、具有较高的科学研究水平和学术造诣，具有很强的工程设计能力和工程研发能力的优秀教师，同样需要培养，必需建立“教师—工程师”工程教育有机结合的长效机制。通过提高教师的工程实践能力，进一步加强专业教学中理论与生产实际的联系，同时可以进一步提高服务能力和科研水平，让青年教师到企业“真刀真枪”地锻炼，扎扎实实了解企业实际，提供教师获得工程经历，使教师加强个人自身能力、团队合作能力、产品开发能力，让有能力、有自信的教师在讲授工程理论同时成为学生心目中的工程师榜样。在此过程中，学校可以优先聘请有企业工作经历的专兼职教师，直接参与学生的实习及课程设计、毕业设计指导工作，以弥补目前具备在企业工作过的工程经历教师的不足。

5. 加强课程教学改革，把工程教育的理念贯穿于整改人才培养计划的全过程

本科纺织类“卓越工程师”的培养实践中，“3 + 1”模式的“1”强调了实践教学环节，其实可以灵活把握，“1”在“4”中可以分散解决，可以充分利用培养计划中的各学期实践环节、教学环节（甚至暑期）实施有针对性的工程训练，更重要的是应该把工程教育的理念贯穿于整改人才培养计划的全过程，利用一切可以利用的优质资源，将强化训练与潜移默化有机结合起来。实践证明，职业精神、分析能力、沟通交流能力、团结协作能力、管理能力、表达能力等工程综合素质应该不是一蹴而就的。对于一个人才培养方案的实施，我们应该有整体设计、整体实践的统一认识，以卓越工程师培养为目标对各专业课程体系进行整合；将知识传授、能力培养与人格养成各项人才标准以及相应的知识能力大纲落实到具体的课程和教学环节；加大课程教学内容、教学方法、教学手段，以及考试方法和评价方式的改革力度，确保人才培养各项标准得到具体落实。

对于卓越工程师人才培养模式的实施，许多老师往往片面地理解成只是强化一下实践教学，增加实践教学环节、加强工程实践内容、完善实践管理制度和实践创新条件似乎就是全部工作了。“3 + 1”模式的“3”即课程教学在卓越工程师培养中起到主战场作用，立足于提高创新工程教育人才培养质量，要把以专业为本位，以教师为中心，转变为以知识、能力和人格的优化组合为本位，以学生为中心，进行课程和培养环节设计。课程教学的改革同样重要。要从剖析课程内容和课程体系内涵入手，在坚持人文精神与科学精神融合、通识教育与专业教育整合、个性培养与社会责任并重的同时，进一步强调学生能力和素质培养[4]。按照专业培养目标和专业标准，组织课程教学团队，不断加强课程建设，将创新工程教育理念、行业发展状况、企业工程实际、国际先进经验融入理论中，完善课程体系，对课程进行梳理与整合，推行启发式、探究式、讨论式、参与式、小班制等授课方式的改革创新，调动学生的学习兴趣。改变应试模式，着重教学效果，将“知识、能力、人格”的培养目标落实到具体课程教学环节中[5]。我们体会到，任课老师不仅要讲好其负责课程的专业内容，更要让学生了解上下游课程、实践环节与该课程的关系，使得学生能够在整个专业人才培养环节中，把握所学课程的知识构架和目的作用，与其他教学环节的知识点形成链接，承上启下，学习巩固，不断理解，为最后完成专业理论学习、综合实践学习打下扎实基础。

参考文献

[1] 中华人民共和国教育部．关于实施卓越工程师教育培养计划的若干意见．教育部网站 2011. 1. 8.

http：//www. moe. gov. cn/publicfiles/business/htmlfiles/moe/s3860/201102/115066. html.

[2] 江苏省教育厅．关于实施江苏省卓越工程师教育培养计划的意见．苏教高〔2012〕6号．江苏教育网站，2012.3.31.
http：//www.ec.js.edu.cn/art/2012/3/30/art_4267_68067.html.
[3] 季诚钧，樊丰富．改变合作培养人才中的“校热企冷”问题［J］．中国高等教育，2011，(12)：56－57.
[4] 李东升．校企工程教育深度合作模式的初步探索［J］．高等工程教育研究，2011，(03)：88－92.
[5] 林健．注重卓越工程教育本质创新工程人才培养模式［J］．中国高等教育，2011，(06)：19－20.

瞄准纺织强国建设需求，创新纺织专业人才培养

天津工业大学　王建坤　王瑞　李津　荆妙蕾　姚金波　张健飞　马崇启　刘雍

关键词

纺织强国　纺织工程专业　教学改革　人才培养

摘要

本文回顾了纺织强国战略的提出，分析了纺织强国战略的核心要素及其对纺织专业人才的要求，指出了现阶段我国纺织工程专业教学中普遍存在的问题，重点介绍了天津工业大学纺织工程专业的教学改革与实践及取得的成果与应用效果。

正文

天津工业大学的纺织学科专业始建于 1912 年，历经一个多世纪的办学实践，为我国纺织工程技术领域培养了大量的专业人才，为纺织工业的发展做出了重要贡献。现已成为国家重点学科与特色专业。

在长期的办学实践中，我校秉承“教以务新、务需、务用”的教育教学理念，追踪纺织科技与产业的发展趋势，瞄准纺织强国建设对专业人才的需求，依托国家重点学科优势，以教学研究为先导，以培养创新能力为着力点，以重构知识体系、创建实践教学平台为重点，对纺织工程专业教学进行了持续的改革与创新，在专业建设与人才培养方面成效显著，取得了系列成果。

近几年，我校获得国家级特色专业、实验教学示范中心、工程实践教育中心、教学团队、精品课程等本科质量工程项目 16 项、省部级 25 项；主编出版纺纱、织造、染整等系列教材 27 部，其中国家级规划教材 5 部、国家级精品教材 1 部；近五年，完成国家级、省部级教改项目 20 项，发表教改论文 122 篇，获省部级教学成果奖 11 项；学生发表学术论文 198 篇、600 余人次获得国际国内行业大赛奖项，毕业生质量显著提高，得到行业高度认可。

一、纺织强国战略的提出及其对专业人才培养的要求

（一）纺织强国战略的提出

我国纺织工业历史悠久，产业链完整，纺织工业不仅是我国国民经济的传统支柱产业和重要的民生产业，也是国际竞争优势明显的产业，在出口创汇、吸纳就业、繁荣市场、美化生活以及促进城镇化发展等方面发挥着非常重要的作用。自改革开放以来，我国纺织工业得到了快速发展，现已成为世界最大的纺织品生产国、消费国和出口国。

但是，现阶段我国纺织产业人工成本持续快速增长，资源与环境约束加大，长期粗放发展积累的矛盾和问题凸显，传统的低成本制造竞争优势明显衰减，而走向价值链高端的新的竞争优势尚未形成。由此可见，中国纺织工业由大变强是适应外部环境变化和破解内部发展矛盾的客观要求。

事实上，早在1996年原中国纺织总会就提出了我国未来要建设“纺织强国”的宏伟设想。2006年中国纺织工业协会依据我国纺织产业现状，提出了“我国纺织业必须解放思想，加快建设‘纺织强国’步伐”的发展战略。之后，经过几年的发展和规划，2011年中国纺织工业联合会又发布了《建设纺织强国纲要（2011～2020）》（以下简称“纲要”），明确了建设纺织强国的重要性和紧迫性。

纲要指出，“纺织强国”的核心要素是“科学技术进步、创新人才培养、自主品牌创建、可持续发展”。而纺织强国建设就是要从根本上改变过去粗放式扩张的增长方式，转而注重纺织科技创新、自主品牌建设和可持续发展，这其中创新人才培养是关键。因此，如何培养适应纺织强国建设和发展急需的，具备现代纺织知识、具有创新意识和工程实践与创新能力的现代纺织专业人才，是摆在我们面前的历史使命和刻不容缓的责任，要求我们要认真思考、深入研究、大胆实践、勇于创新[1]。

（二）纺织强国建设对专业人才培养的要求

建设纺织强国必须顺应现代纺织产业的发展变化、掌握现代纺织技术、提升纺织产品附加值，实现科技创新。为此，我们进行了大量的调研，并通过分析总结认为：现代纺织产业的发展内涵是向产业链两端延伸，即“新型纤维原料的开发与应用”和“新型纺织产品的功能整理技术与应用”方向，同时传统加工技术向数字化信息化以及产品设计艺术化方向发展。现代纺织技术的特点集中体现在生产装备的自动化，生产过程和经营管理的信息化，生产方式的小批量、多品种和快速反应，以及功能性、智能化高技术纺织品的设计与研发等方面。现代纺织产品开发的概念已由简单的改变原料与结构的产品设计，转变为基于终端产品需求，由后向前设计与开发的系统工程概念及相应的技术路径，并引入现代交叉学科技术，以增加产品的功能、提升产品的性能。

现代纺织内涵的发展变化，给传统纺织工程专业人才培养在知识与能力上提出了新要求。首先要顺应产业链的延伸及电子信息技术的融入，重构知识体系，融入交叉学科知

识、拓展向产业链两端延伸的知识、优化课程设置、更新教学内容，解决原有知识体系与现代纺织内涵发展不相适应的问题，使培养的人才具备前瞻与交叉的学科知识及创新潜力；其次要满足科技创新对人才的创新意识和创新能力的要求，创建与现代纺织技术对接、可实现纺织产品“设计—实现—评价”全过程开发路径的工程实践与创新能力培养平台，创新实践教学体系与模式，解决学生的工程实践与创新实战问题，为创新人才的培养提供支撑。

二、我国纺织工程专业人才培养普遍存在的问题

（一）知识结构不完整，教学内容更新较慢

现代信息技术在课程体系中的融入不足，涉及“产业链”两端的知识欠缺，数字化技术及其在纺织加工过程与设备中应用的相关教学内容几乎空白，纺织品功能与创意设计方面的内容较薄弱。知识结构不完整，课程体系不完善，教学内容滞后于现代纺织科技与企业在设备装备与产品研发方面的发展，致使培养的专业人才缺乏创新的原动力与潜能。此外，现代“纺、织、染”企业的工程技术人员在开发产品时必须了解上下游企业的需求与生产过程。因此，基于终端产品的设计理念与研发需求，必须培养学生具备现代纺织完整产业链的知识结构和创新潜力，使专业知识结构和课程设置始终与纺织产业发展趋势同步。

（二）实践教学体系与平台不完善，工程实践及创新能力不足

纺织工艺与技术具有生产流程长、工序多，设备种类多、工作原理复杂等特点，各纺织院校的纺织工程专业实践教学普遍存在实验室设备不齐全、更新滞后、自动化与信息化程度低等问题，不能与现代纺织企业对接。原有的实践教学体系与实训方案也只是基础认知、知识验证和局部的综合性实验，各校的工程训练仅局限于模块式训练，校内很难构建系统而完整的全流程工程实践与创新能力培养平台。而到校外企业进行工程实践也受到企业改制、技术保密、经费不足及企业负担等一系列问题的制约，导致学生下厂实践困难，即使走进企业也是走马观花，不能深度参与。

上述校内外工程训练的现实问题，使培养方案中的实践教学环节很难落实到位，使工程实践与创新能力的培养大打折扣，与建设纺织强国对人才与技术的需求不相适应，改革势在必行。

三、我校纺织工程专业人才培养的改革与创新

（一）完善顶层设计，制订适应纺织强国战略需求的教学改革方案

我校成立了由学校、行业、企业专家组成的教学指导委员会，追踪产业发展趋势，分析建设纺织强国的核心要素及对人才与技术的需求特点，剖析我国纺织工程专业人才培养普遍存在的问题，明确专业人才的培养目标与定位，结合教育部教改项目“现代纺织工程

专业应用型人才实践动手能力培养的改革与实践”的研究（项目编号：229），调研国内外相关大学的专业培养目标及实践教学体系与模式，征求行业、企业意见建议，组织校内外专家论证，制订了与纺织强国战略相适应的教学改革方案和体现专业内涵延伸，涵盖“纺、织、染”全流程，强化工程实践与创新能力训练的专业培养方案，解决了纺织工程专业人才培养在知识结构、工程实践能力与创新能力等方面不适应纺织强国建设需求的问题，实现了学生的知识结构、工程能力与现代纺织工程技术的良好对接。

（二）注重专业内涵延伸，形成多学科交叉融合的课程体系与系列化教材

拓展专业内涵，调整专业基础课程、整合专业平台课程、优化专业方向课程。学校将课程及教学内容向产业链两端延伸，注重自动化、信息化技术的融入，增加了“高技术纤维、染整原理、纺织品艺术设计、纺织商品标准与检验”及“新型纺织设备机电一体化基础、纺织品设计 CAD”等课程，形成纺织与材料、信息、艺术等多学科交叉融合的课程体系，如图 1 所示。

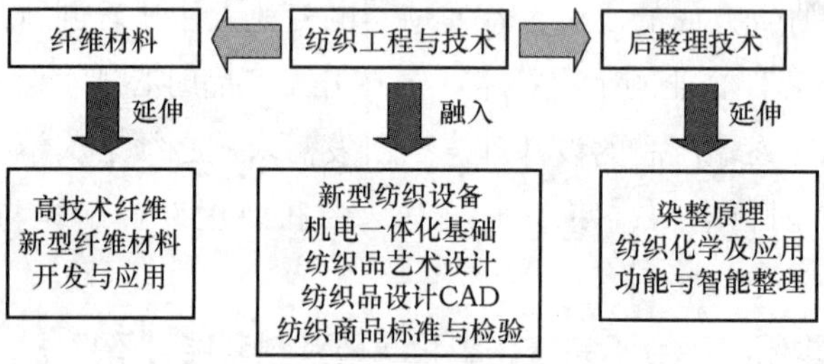

图 1　现代纺织产业链发展及课程体系

设立课程建设专项资金，运用现代教育技术，建设网络课程平台，将课堂教学与实验教学的授课实况全程录像上传至课程学习网站，并定期对网站进行扩充完善与转型升级。合理规划、精心组织、重点落实与实施平台课程精品化计划，建成精品课程，推进优质教育资源共享。通过上述措施，我校已建成 1 门国家级精品视频公开课程、2 门国家级精品资源共享课程、2 门国家级精品课程、2 门天津市级精品课程。这些精品课程资源的共享，不仅极大地方便了校内学生的学习使用，并为远程相关院校的学生提供学习平台，同时也成为社会大众了解先进科学技术，提高科学文化素养的优良媒介。精品课程的建设带动了系列课程的建设，形成了与现代纺织产业链一致的系列优质课程。

形成了一整套良好的教材建设保障与激励机制，并以此为抓手促进了教学内容的更新及青年教师的培养。我校依据课程群建立教学团队，由团队负责人组织高水平一线教师与相关企业专家一起，共同编写以传授纺织工艺理论、工程知识为主，培养创新思维人才的规划教材；设立专项配套资金，鼓励教师从教学、科研成果中提炼素材，构思教材内容；结合纺织领域发展的前沿知识，将数字化信息化技术、纺织品艺术设计技法以及纺织品贸易、检验与商务的知识引入教材与教学，编写出版了系列化高水平教材，将交叉融合的课程与内容固化在教学中，实现了学生知识体系与“纺织强国”建设需求的良好对接。

现已出版纺纱系列教材6部，机织、针织系列教材5部，纺织品设计与应用系列教材5部，纺织贸易与检测系列教材3部，染整系列教材3部，拓展与综合类系列教材5部，见表1。

表1 系列教材出版情况

序号	教材名称	主编	出版社	出版时间（年）	规划教材级别	系列
1	纺纱工程（上）	王建坤	中国纺织出版社	2012	部委级	纺纱系列
2	纺纱工程（下）	王建坤	中国纺织出版社	2013	部委级	
3	纺纱实验教程	杨锁廷	中国纺织出版社	2007	部委级	
4	现代纺纱技术	杨锁廷	中国纺织出版社	2007	部委级	
5	紧密纺纱技术	李济群	中国纺织出版社	2006		
6	纺纱质量分析与控制	赵书林	吉林科学技术出版社	2009		
7	针织学（双语）	宋广礼	中国纺织出版社	2007	部委级	机织、针织系列
8	针织原理	宋广礼	中国纺织出版社	2013	部委级	
9	针织厂设计	李津	中国纺织出版社	2007	部委级	
10	现代准备与织造工艺	郭兴峰	中国纺织出版社	2007		
11	面料实物	荆妙蕾	中国纺织出版社	2009		
12	织物结构与设计（第四版）	荆妙蕾	中国纺织出版社	2008	国家级精品教材	纺织品设计与应用系列
13	针织物组织与产品设计	宋广礼	中国纺织出版社	2008	国家级	
14	成形针织产品设计与生产	宋广礼	中国纺织出版社	2006		
15	横机羊毛衫生产工艺设计（第二版）	李津	中国纺织出版社	2008		
16	新型服用纺织纤维及其产品开发	王建坤	中国纺织出版社	2006		
17	纺织商品检验学	张毅	东华大学出版社	2009	部委级	纺织贸易与检测系列
18	纺织品质量控制与检验	王瑞	化工出版社	2007		
19	纺织服装贸易概论	王建坤	中国纺织出版社	2006	部委级	
20	测色及计算机配色	刘建勇	中国纺织出版社	2009	部委级	染整系列
21	针织物染整	吴赞敏	中国纺织出版社	2010	部委级	
22	羊毛染色	张健飞	中国纺织出版社	2010		
23	纺织机电一体化	马崇启	中国纺织出版社	2010	国家级	拓展与综合类
24	纺织英语（第三版）	黄故	中国纺织出版社	2008	部委级	
25	纺织企业管理信息化	李英琳	东华大学出版社	2010	部委级	
26	新英汉纺织词汇	黄故	中国纺织出版社	2006		
27	电脑横机实用手册	宋广礼	中国纺织出版社	2010		

（三）创建“三级”实践教学平台，支撑工程实践与创新能力的培养

发挥重点学科优势，成立数字化纺织教学科研团队，引进交叉学科队伍人才，利用质量工程与教学改革项目的专项建设经费，教研结合，创建了涵盖“纺、织、染”全流程，融“专业基础认知、综合技能训练、自主创新实践”为一体的“三级”实践教学平台[2]，如图2所示。

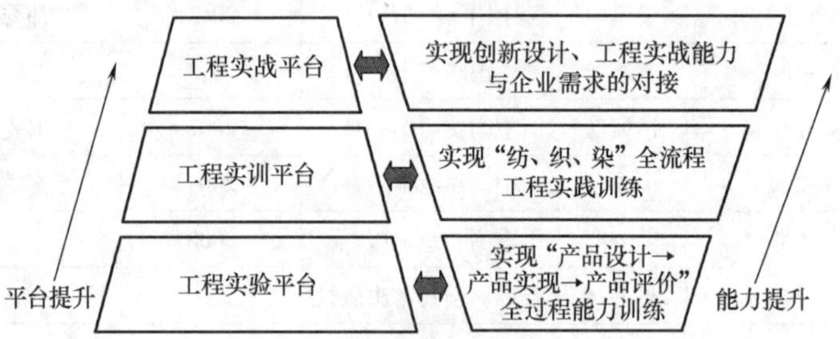

图2 “三级”实践教学平台的功能

自主研发了小型、成套、快速便捷的实验设备，构建工程实验平台，融合了数字化技术，关键部件与先进的大设备一致或自动化程度更高，依靠减少设备重复单元来减小体积，降低了动力消耗，实现了人机会话的在线工艺调整，省去了人工机械调节与纸质传输，快速便捷，15g纤维原料即可上机试纺、2小时便可快速出样，省时省料。利用该平台，可以单模块（纺纱、织造及染整模块）或单机验证知识点与概念以及实施数字化技术教育，也可实现完整的产品设计与实现、质量检验与控制等的“综合与创新试验”训练，极大地改善了研究性、自主性学习及创新实践的条件，显著提高了学生的创新与研发能力。

通过主导与参与设计，组建了与现代产业链对应、适合工程实践的校内工程实训平台，由计算机辅助设计系统、棉纺系统、毛纺系统、麻纺系统、针织系统、机织系统等与现代纺织企业技术水平相同的先进制造装备组成，具有数字化、工程化、系列化的特点，可实现从产品设计、生产加工、质量控制到检测评价的大纺织系列工程实践教学。

联合业内知名大企业共建校外工程实践教育中心与实习实训基地，建立工程实战平台，实施学校老师和企业导师共同指导的“双导师”制，进入企业上岗实践，全程参与企业的产品设计生产过程，进行工程训练和实践。通过建立相应的合作制度，教师和学生在合作办学的过程中帮助企业解决实际问题，使学生得到了深入一线上岗实践的机会。

“三级”平台的建设，解决了目前校内创新与工程能力培养条件不完善，即工程设备不完整、自动化程度相对落后、创新实验不灵活、能力训练不连贯及工程实战经验不足等一系列问题，实现了培养条件与现代纺织产业装备技术的良好对接，进而解决了专业培养中全流程工艺上机难、产品设计实现难、学生不能实战训练等瓶颈问题，实现了学生的工程实践和创新能力与纺织产业转型升级需求的对接。

（四）创新实践教学模式，固化工程实践及创新能力的培养过程[3,4]

实施实践与创新并重、专业与行业对接、校内外课内外结合、教学与科研互动的实践教学模式；在实践教学课程中，压缩部分“认知性”“验证性”实验，增加“综合性”“设计性”及“自主创新性”实验与实践；利用三级实践教学平台，逐级实施纺织产品全过程的工程能力训练，逐步强化创新能力的培养；开展“优异生导师制”“师生合作科研项目招募计划”“大学生创新创业计划”和“实习实战夏令营”等实践创新活动；以全国纺织类教指委、国内外纺织相关行业组织的各类大赛为牵引，引导学生积极开展自选性、协作性、自主性实验，支持学生积极参赛，并以参赛获奖、发表论文等形式形成物化成果；在培养方案中强化实践育人环节、增加实践教学的比重，增设课外实践、校外实践、科研创新等模块及相应的学分，固化实践及创新教学过程。

（五）加强队伍建设，建成教学名师领衔的教学团队

设立专项建设资金，建立教学团队，实施教学名师培育与青年教师工程能力提升计划，健全团队的运行机制、激励机制及中青年教师培养机制；依据专业内涵的拓展方向，建立与校内相关学科的师资共享机制，引进材料、信息、艺术等交叉学科人才，聘请具有实际工程背景的兼职教师充实实践教学队伍，形成了与现代纺织内涵及创新能力培养相适应的教师队伍。建成多支由教学名师领衔的国家级、市级、校级教学团队。

四、教学改革的成果与效果

（一）专业建设成效显著

经过长期的教学改革与建设实践，我校纺织工程专业获得国家级特色专业、实验教学示范中心、工程实践教育中心、教学团队、精品课程等本科教学质量工程项目16项，获得省部级25项。如2007年获批国家级特色专业建设点；2011年获批天津市普通高校“十二五”综合投资品牌专业建设项目；2013年纺织工程专业成为国家级“专业综合改革试点”专业；2013年“纺织实验教学中心”获批国家级实验教学示范中心，“纺织虚拟仿真实验教学中心”获批国家级虚拟仿真实验教学示范中心；2012年获批国家级工程实践教育中心1个；2013年获批教育部高校“本科教学工程”大学生校外实践教育基地1个；2012年纺织工程专业获批教育部“卓越工程师教育培养计划”试点专业；近两年获批国家级“大学生创新创业计划项目”12项。主编出版了涵盖纺、织、染全过程的系列教材27部，其中国家级精品教材1部、国家级规划教材3部、部委级规划教材12部。近五年，完成国家级、省部级教改项目20项，发表教改论文近122篇，获省部级教学成果奖11项。

（二）学生培养质量显著提高

毕业生获得行业高度认可。近五年，企业为本专业毕业生提供的就业岗位均为毕业生人数的数倍。毕业生的就业率均超过95%，用人单位评价我校毕业生“能力强、素质高，

特别是在产品创新设计与上机实践方面，适应现代化纺织设备与数字化纺织技术方面表现突出”。据跟踪调查显示，用人单位对我校在人才培养和教学方面的满意度达到95%以上，对我校毕业生的满意度达90%以上。本专业培养的毕业生大多成为企业的技术骨干。

学生工程实践及创新能力显著提高。通过拓展专业两端理论知识，融合现代纺织数字化知识，加强纺织品艺术设计知识以及创建实践教学平台的强化训练，使理论与实践、知识与技能有机结合，学生的设计与工艺实现能力及创新能力显著提升。近五年，有600余人次在“中国国际面料设计大赛”“越隆杯”“东华杯”“云蝠杯”等国际国内纺织类创新创意设计大赛及科技论文竞赛中获奖，获得一等奖数十项，有60余项学生作品被企业用于生产，取得了良好的经济和社会效益。2012~2013年有12个创新研究项目获批国家级“大学生创新计划”项目。2009~2013年期间，纺织工程专业学生发表学术论文198篇，其中包括纺织类重要期刊《纺织学报》，核心期刊《棉纺织技术》《针织工业》《产业用纺织品》等。获得多项发明专利，300余名学生获得了国家“纺织面料设计师”职业资格证书。在2012~2013年间有7个创新研究项目获批国家级“大学生创新计划”项目。实践证明，学生的工程能力、创新能力有显著提高，实现了培养满足纺织强国建设需求的创新人才目标。

五、结束语

目前，我校纺织工程专业在瞄准纺织强国建设需求，培养具有创新精神、工程实践与创新能力的纺织专业人才方面已取得了初步的良好效果，教学改革得到了教育部、天津市教委和学校的肯定与大力支持，毕业生在知识结构、工程实践与创新能力等方面实现了与现代纺织企业的有效对接，受到行业企业的广泛好评。下一步我们还将进一步探索纺织强国的核心要素与专业人才培养的内在联系，追踪纺织科学和生产技术的发展趋势，不断完善专业培养方案，以纺织工程专业为实践载体，深入开展教学改革，勇于实践，大胆创新，使我们培养的人才真正学以致用，得到社会的认可。

参考文献

[1] 中国纺织工业联合会. 建设纺织强国纲要（2011~2020年）[J]. 纺织服装周刊，2012（17）：14-19.

[2] 王瑞，王建坤，成玲，等. 纺织工程专业三级实践教学体系的探索与实践[J]. 纺织教育，2009，24（3）：29-32.

[3] 王建坤，李津，王瑞，等. 纺织工程专业回归工程的实践教学改革与创新[J]. 纺织服装教育，2012，28（4）：309-312.

[4] 王瑞，王建坤，成玲，等. 提高学生创新能力的数字化纺织实践教学平台建设[J]. 纺织教育，2009，24（1）：31-33.

“服装生产工艺与设备”网络课程建设

天津工业大学　单毓馥　刘红娈　周一航　孙伟

关键词

网络课程　服装生产工艺与设备　素材库　在线交互

摘要

“服装生产工艺与设备”课程是服装设计与工程专业的主干课程。根据本课程的特点和学生的实际需要，提出在教学中引入网络课程教学的思路。并使用 MyEclipse、Microsoft SQL Server、Corel Video Studio 等工具制作了“服装生产工艺与设备”课程网站，丰富的素材库、便捷的在线交互系统使学生实现自主学习、个性化学习，成为学习的主体，最终达到了提升教学效果、提高教学效率的目的。

正文

一、课程的性质与特点

“服装生产工艺与设备”是服装设计与工程专业的主干课程，它以服装工业化生产过程为研究对象，系统地阐述服装工业化生产的过程、特点及所用设备。课程包括生产准备、服装裁剪工程、服装缝制工程、服装烫整工程、服装生产设备、成衣品质控制等方面的内容。通过该课程的学习，使学生具备从事服装工业生产技术管理的基本理论和解决生产中各种工艺技术问题的能力。课程最大的特点是实践性强，很多教学内容涉及生产现场、生产实际，例如裁剪车间中各种裁剪设备的使用方法、功能、特点，缝纫车间的特种设备，服装成品检验的方法等，这些教学内容对于缺乏服装行业实践经验的学生来说，无疑是一大难点。这些教学内容仅靠教师的语言描述难以生动形象展现，也无法激发学生的学习兴趣，这就会使学生无法掌握课程的教学内容，影响到其今后在服装相关行业就业。

二、传统教学方法的不足

目前，“服装生产工艺与设备”大多采用传统的教学方法和手段，老师在台上讲，学生在下面记笔记；或者教师依据课本内容，辅以从专业期刊、互联网等渠道收集的资料，制作教学课件。板书当然可以起到充分强调的作用，但涉及大量的生产设备、生产现场的教学内容仅靠文字讲述及教学课件中的一些静态的图片展示难以让学生理解。为了解决这个问题，很多教师想到了带领学生到企业生产现场参观，但是到企业生产现场参观又会受到时间、财力和精力的限制。

由此可见，传统的教学方法受到时间、空间和教学条件的限制，无法实现课程的教学目标。这使得学生缺乏自由发挥的空间，处于被动学习的状态，创造性思维受到了束缚。传统教学的这些弊端影响了课程的教学效率，无法最大限度地调动学生的学习兴趣，影响了学生对课程知识的掌握。

三、网络课程概述

（一）网络课程的定义及特点

随着 Internet 和 Intranet 向宽带、高速、多媒体化方向的迅速发展，以计算机网络为基础的现代教育手段得到广泛应用。网络课程是通过网络表现的某门学科的教学内容及实施的教学活动的总和，它包括两个组成部分：按一定的教学目标、教学策略组织起来的教学内容和网络教学支撑环境。其学习过程具有交互性、共享性、开放性、协作性和自主性等基本特征。

（二）网络课程的优化

随着网络信息技术越来越成熟，人们更习惯在网络上获取资源，网络课程的建设已然是大势所趋。在网络教学大范围普及的今天，网络课程的发展程度已成为评价一个高校乃至地区教育水平的重要指标之一。网络课程除了具备多媒体教学增加课堂信息量、提高教学效率、改善教学环境、激发学生学习兴趣等优势以外，最大的优势就是实现师生在网上的教学互动和优质资源的共享，同时学生还可以根据自己的领悟能力选择多次重复对教学内容进行学习，真正实现自主学习。网络课程的建设是高校分享教学资源的重要途径。建立网络课程不仅能让更多人无偿享用更专业、优质的学习资源，同时也是高校提高知名度的有效方法。

传统的教育是一对多的课堂教育，所有学生都只能接受老师在课堂上所灌输的知识。在这样的情况下是不可能因材施教的。网络课程网站的建设恰好弥补了传统教育这方面的不足。所有的教学资源都已经分类整理好上传到网站上，学生可以根据自身的情况自主选择想要学习的知识点，从而更好地通过学习来改善自身的弱点。而在线自测可以更好地帮助学生了解自己。

四、"服装生产工艺与设备"网络课程的建立

(一) 网络课程建立的必要性

如前所述，对于"服装生产工艺与设备"这门教学内容丰富，与实践结合紧密的课程，建立网络课程是解决当前教学问题的必要途径。网络课程平台包括基本资源和拓展资源两部分，基本资源包括课程介绍、课程团队介绍、教学大纲、教学日历、教学课件、重点难点指导、作业等；拓展资源包括素材资源库、试题库系统、在线作业系统、在线答疑系统、在线自测/考试系统等。

通过计算机对文字、图形、图像、动画、声音等信息的处理，组成图、文、声、像并茂的教学系统，可进行视听一体等多种方式的形象化教学，弥补传统教学在时间和空间等方面的不足。通过制作相应的电子素材资源库，例如裁剪车间各种裁剪设备的工作视频、缝纫车间各种设备的操作视频等，使学生具有身临其境的感觉，充分调动学生的兴趣，提高教学效果。通过试题库系统、在线作业系统、在线答疑系统、在线自测/考试系统等，使学生能够了解自己对课程的掌握程度，并利用在线答疑等互动方式答疑解惑，弥补自己学习中的不足。

(二)"服装生产工艺与设备"网络课程框架

网站的功能设计主要包括发布作业、下载作业、资料下载、教学视频、在线自测、留言板、后台管理。网站主要分为网站首页主系统（结构图如图 1 所示）、登录系统（结构图如图 2 所示）、后台管理系统（结构图如图 3 所示）与在线自测系统（结构图如图 4 所示）。

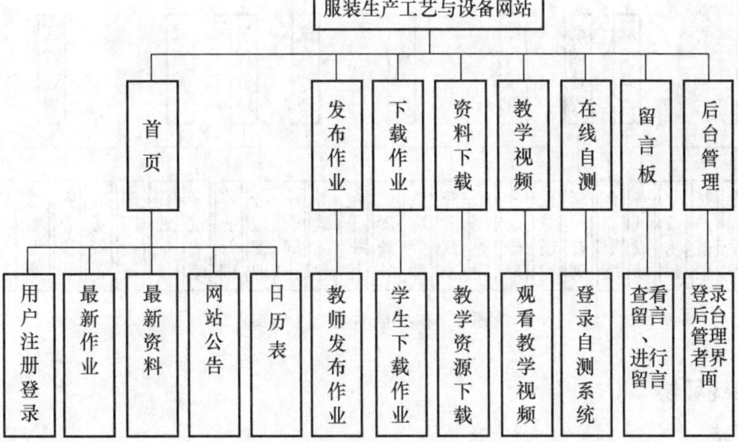

图 1　网站主页结构图

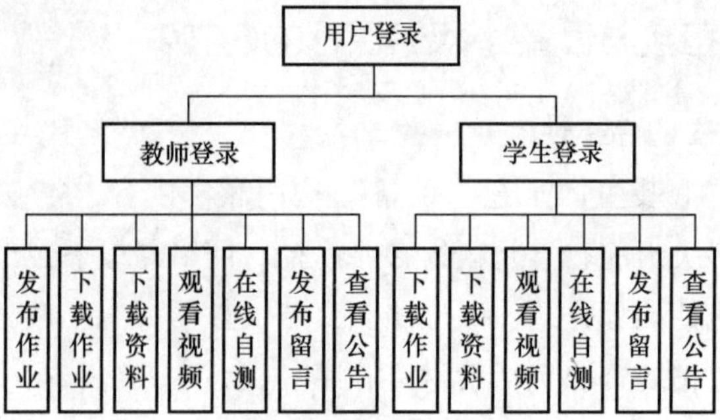

图2　登录系统结构图

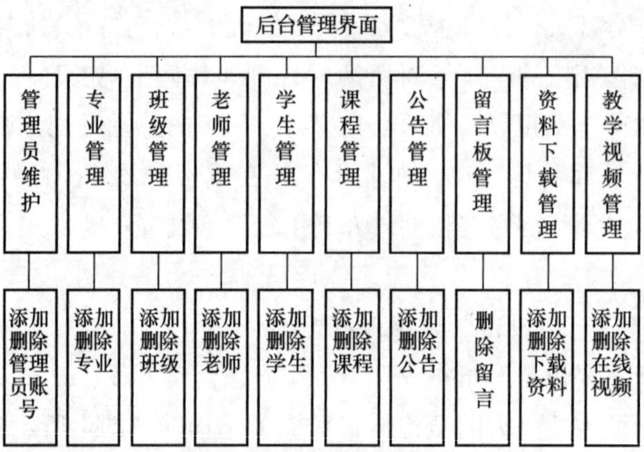

图3　后台管理系统结构图

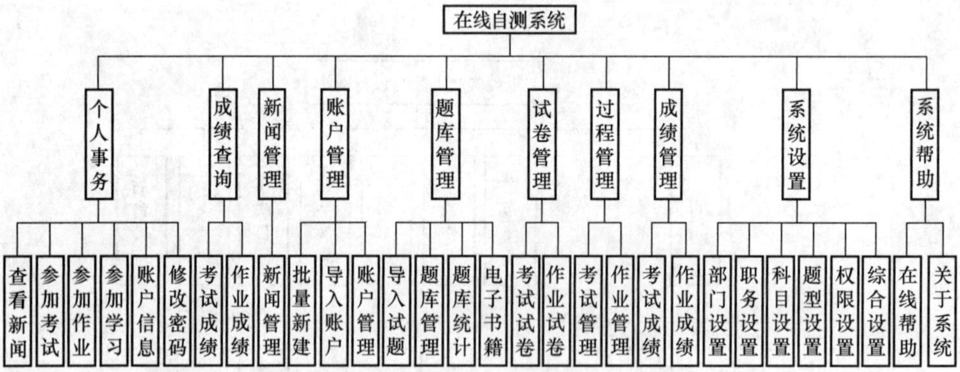

图4　在线自测系统结构图

（三）系统环境

1. 硬件环境

硬件环境包括计算机和网络，由于本系统主要是面对在读大学生使用的，所以对硬件配置的要求相对较低，只要能够稳定运行的计算机都能使用。对于网络，因为B/S（Browser/Server）架构是在Web的基础之上的，所以网络性能的好坏直接影响系统的性能。本系统放在花生壳服务器上。花生壳动态域名是世界上最大的动态域名解析软件。在安装并注册花生壳动态域名解析软件之后，无论在何时何地，任何线路都可以在这个服务器上建立最大自主权的互联网主机和固定域名。

2. 软件环境

目前流行的网络操作系统有 NetWare，UNIX，OS/2 和 Windows 系统等。为了用户安全和性能考虑，本系统使用 Windows Server 2003 服务器和 Windows 7 作为客户端。使用目前比较主流的开发方式 ASP. NET 及 MyEclipse 作为主要软件。ASP. NET 是一种基于通用语言的编译运行程序，它强大的适应性可以几乎应用到所有平台上；MyEclipse 是一个十分优秀的用于开发 Java、J2EE 的 Eclipse 插件集合，MyEclipse 的功能非常强大，支持也十分广泛。MyEclipse 目前支持 Java Servlet、AJAX、JSP、JSF、Struts、Spring、Hibernate、EJB3、JDBC 数据库链接工具等多项功能。

五、"服装生产工艺与设备"网络课程的优势

服装生产工艺与设备网络课程网站首页如图 5 所示。从首页可以进入发布作业、下载作业、资料下载、教学视频、在线自测、留言板和后台管理界面。这些页面中，只有教学视频是在未登录的情况下可以直接进入使用的。

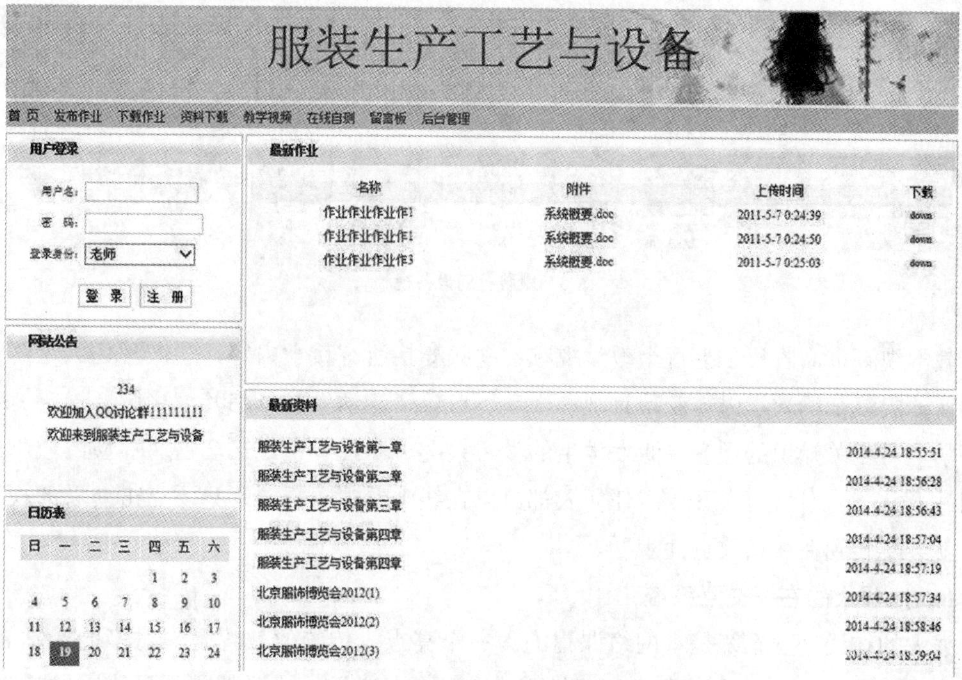

图 5 网络课程网站首页

（一）丰富的教学素材

网络课程的建设离不开素材库的支持。只有建立好了素材库，用户们才能从网站上自由便捷地浏览下载自己需要的教学资源。没有素材库的教学网站，只能是一个没有灵魂血肉的空壳。“服装生产工艺与设备”课程网站包括丰富的素材库，这是本网络课程最大的亮点，也是花费精力最大的地方。这些素材有的来自不同类型的服装生产企业，比如西装生产企业、皮装生产企业、衬衫生产企业等，有的来自权威的展会，例如中国国际服装服饰博览会与上海服装机械展览会。在视频录制的过程中，由于各种原因经常造成录制的视频无法直接使用。通过对视频的剪辑、视频的校正与编辑、音频的校正与过滤、图片的校正与编辑、字幕等其他选项的编辑，使搜集到的所有视频素材都成为符合教学要求、可以进行共享的素材；处理好的视频，进一步按照课程教学内容的需要进行分类整理，方便大家使用。如图6所示为服装缝纫设备视频。

图6　服装缝纫设备视频

教学视频页面收集了上百个教学视频，视频囊括所有教学内容、生产现场，这些教学视频使抽象复杂的教学内容变得直观、生动、形象，让学生有身临其境之感，这样有利于加深学生对相关知识的理解，激发学生的学习兴趣、增强学生记忆。这些优质的教学资源在网站上共享，对所有人开放。任何人都可以在线观看视频资源。只要点击要看的视频名称，就会跳转到在线播放页面观看。

（二）强大的在线交互系统

强大的在线交互系统是本网络课程的另一个亮点。传统的教育是一对多的课堂教育，所有学生都只能接受老师在课堂上所灌输的知识。在这样的情况下是不可能因材施教的。多媒体教学课件使学生可以在课下根据自身情况利用课件自主学习，弥补了传统教学方法的不足。但是大多数多媒体课件只是书本搬家，辅以一些教师搜集的书本以外的素材，交互能力差，即学生无法检测自己的学习情况。"服装生产工艺与设备"网络课程通过一系列网上交互系统的建立，解决了这个问题。图7所示为课程的在线自测系统首页。在线交互系统具有建立题库和多种组卷的功能、试卷发放功能、成绩公布功能、公告信息功能、成绩分析处理排名功能和学生信息管理功能。学生可以利用系统的自动组题功能、在线自测功能、智能阅卷功能对所学知识进行自我检验，成绩自动管理功能可以通过给出平均分及学生分数排名，让学生了解自己在群体中的位置。过程管理中的答题记录统计，主要统计科目名称、知识点、试题数量、试题分数、考生得分以及得分率。通过这些老师可以了解学生在哪些知识点上存在不足，可以把握教学的重点和难点。在线交互系统的设计，有助于学生实现个性化学习，按需学习，同时也有助于教师有的放矢地组织教学。通过留言板功能，还可以实现师生互动。

图7　在线自测系统首页

（三）增大课堂容量，提高教学效率

传统的教学方法使教学内容受到学时的限制，无法实现教学内容在时间和空间上的延伸。利用计算机的快速显示功能，可以在短时间内传播或呈现大量的图、文、声、像并茂的教学信息，节约了大量的板书、画图时间，这就使得教师有充足的时间来介绍图表、视频中的内容，帮助学生更好地理解课程内容；由于学生在课程网站上可以重复观看、学习教学内容，因而不必在课堂上忙于记笔记，也使学生有足够的时间聆听老师的讲解，加深对所学知识的理解。

（四）提供形象直观的教学信息，激发学生学习兴趣

利用大量文字图片、视频等手段使学生对复杂的原理、构造、流程感到触手可及，提高了学生的学习兴趣。例如，缝纫线的线迹类型是服装专业学生必须要掌握的教学内容，但是仅靠语言显得单调、枯燥，通过观看视频，加上教师讲解，不仅能让学生更快更好地理解教学内容，而且启发了他们大脑的形象思维，激发了学生的学习兴趣。

(五) 界面友好，操作简单

打开“服装生产工艺与设备”的课程网站，各模块功能清晰地展现在眼前，犹如浏览网页一样方便快捷。在这里，既可以下载教师的课件，也可以在线观看教师的课堂教学视频，同时也可以随意下载、观看视频文件，抑或通过在线交互系统进行自我评价、师生互动、同学在线交流。界面友好，操作简单方便，使学生很愿意利用课余时间进行自主学习。

六、结束语

“服装生产工艺与设备”网络课程，是根据该课程的特点和学生的需求建立的。该网站突出了教学性和实用性，通过其在教学上的应用我们体会到：它虽然不能完全代替传统的教学方式，并且网络课程的建设也不是一劳永逸的，但是网络课程具有的交互性、共享性、开放性、协作性和自主性等优势，尤其是该网络课程强大的交互性及丰富的素材库，在教学中起到了很好的作用。该网络课程获得代表天津工业大学参加2014年（第7届）中国大学生计算机设计大赛资格，在这次比赛中斩获三等奖并被推送参加全国总决赛。

参考文献

[1] 周红春，熊玉珍．“精品网络课程的教学策略设计”课程的教学改革探讨［J］．高等理科教育，2005，(03)：45-49.

[2] 桂学文，周嗣等．论网络课程的设计与开发——以《信息经济学》网络课程为例［J］．教育信息化，2006，(21)：69-72.

[3] 单毓馥．“服装流行趋势预测”课程的教学改革探讨［J］．天津工业大学学报，2008，27 (6)：7-9.

[4] 周一航．《服装生产工艺与设备》网络课程建设——素材库的建立［D］．天津工业大学，2014.

[5] 柏松．中文版会声会影X5完全学习手册［M］．北京：科学出版社，2013.

[6] 孙伟．《服装生产工艺与设备》网络课程建设——在线交互系统设计［D］．天津工业大学，2014.

[7] 高峰．在实战中成长JSP开发之路［M］．北京：电子工业出版社，2009.

[8] 李春葆．SQL Server 2000应用系统开发教程［M］．北京：清华大学出版社，2008.

[9] 邹瑾，李莎．多媒体课件在“锅炉及锅炉房设备”课程教学中的应用［J］．天津工业大学学报，2008，27 (6)：10-12.

基于校企多元化合作的服装卓越人才培养的探索与实践

温州大学　陈明艳　叶婷

关键词

应用型人才培养　校企多元化合作　工程能力提升

摘要

本文以地方院校服装设计与工程专业充分利用区域产业资源优势，积极开展服装卓越应用型人才培养为例，通过对校企多元化合作模式的探索与实践，促进学生工程能力提升，对服装卓越应用型人才培养起到借鉴作用。

正文

我国服装业正处于转型升级阶段，一是科技发展的冲击，如电商迅猛发展已成为品牌企业营销策略的瓶颈；二是劳动力成本上涨，企业面临技术员人力不足、内部开发团队能力不强等危机。由此，服装企业急需创新性应用型人才充实企业人才储备力量。2014 中国国际大学生时装周高峰论坛“大数据时代下服装品牌的创新与提升——技术与时尚、设计未来与设计教育”，明确了服装业已从生产制造向数据时代下的产品开发、网络营销转型，高级定制也成为行业时尚的发展趋势。在这样的时代背景下，服装人才培养趋向于技术与时尚融合的原创性大设计思潮的教育理念，卓越工程师计划的服装设计与工程专业人才培养及专业建设必须与现今行业发展趋势相吻合，以产业风向为依托，适时调整课程体系设置，以目标为出发点，不断优化人才培养模式，以理论与实践的平衡为支点，提升人才培养质量与创新能力[1]。这既是服装专业建设的必经之道，也是专业建设的鲜明特色。

一、研究背景

随着我国普及初等教育目标的实现，职业教育和技能开发也成为我国教育的核心关注领域。主张教育不仅要使人获得最基本的知识教育，也要使人获得基础的生计技能和生活技能培训，成为一种为人们生存和工作做准备的教育。而服装教育作为服装产业链中的重要环节，应及时顺应时代需求，调整人才培养模式，满足现代服装企业多元化的人才需求。中国纺织服装教育学会提出要着眼于行业的发展，立足于纺织服装教育，继续推动卓越工程师计划实施工作，努力搭建政产学研用平台，继续主办各层次学生技能大赛，从而推动行业人才的培养[2]。

二、研究现状

美国、欧洲及亚洲的各大著名服装学院，一直以来坚持“教育适应产业发展”的办学宗旨，尤其日本文化服装学院，根据产业背景设置专业，根据社会需求确定培养目标，根据培养目标设置课程，根据课程特点确定教学方式，根据教学方式确定师资结构，形成了一套独具特色的教学模式[3]。成功培养了一批诸如高田贤三、山本耀司、长尾智明等国际知名服装设计大师。如今，国内如北京服装学院、东华大学[4]、浙江理工大学、江南大学[5]等各大高校也已积极制订与实施校企合作方案，促进纺织服装实践应用型人才的培养。

温州大学身处中等城市，服装专业与浙南地区的大中型服装企业集团联系密切，有着长期良好的合作基础。一直以来，与企业无缝对接，充分利用温州服装产业的优势，为专业实践教学提供了场所，引导学生自觉地从多角度、多方面、多领域去获取服装知识，促进实践能力的培养和创新创业能力的开发；校企共同培养创新型应用型卓越人才，达到互利互惠、双方共赢的目的，校企多元化合作人才培养模式的实际运行卓有成效。

三、校企共建人才培养方案，协同培养卓越人才

基于深刻理解教育部应用型卓越人才培养的内涵，专业发展与地方社会经济发展密切相关。温州大学服装设计与工程专业 2012 年入选教育部“卓越工程师教育培养计划”试点专业和校重点建设专业，根据社会、行业及市场的需求，以教育部卓越工程师计划温州大学服装设计与工程试点专业人才培养模式的创新改革为起点，逐步辐射各专业方向建设；以专业特点与行业需求为导向、卓越应用型人才培养为目标。

（一）构建专业特色

目前，专业与 10 多家服装企业联姻、进行专项服务、开展多形式的合作活动，开发丰富的企业教学资源，整个专业教学流程均有企业深度介入，校企共建人才培养方案；明确专业定位：以市场为导向，围绕行业转型升级的发展需要，将“艺术与技术结合，设计与文化融合”，构建了“艺工结合、产学合作、协同培养”的专业特色[6]，旨在培养学生的设计开发能力、工程实践能力、创新精神与职业素质的培养；以全面改革与创新人才培

养模式，形成服装卓越工程师应用型人才培养思路，充分体现知识、能力、素质的全面协调发展。

（二）“3 +1”培养模式

为了进一步改革和加强实践教学，推进联合行业企业培养人才的新机制，构建了以能力培养为主线、课内课外相结合的实践教学体系，在方案具体实施过程中，采取卓越培养计划的“3 +1”培养模式（校内3年培养，校外1年的企业实践学习培养）。

（三）校企共建课程体系

服装作为人类生活必需的消费品，在最终抵达消费者手中之前，要经过设计、生产和流通三大环节。而这恰恰决定了服装专业的“亦工亦艺亦经”性。因此，培养符合产业需求的应用型人才就需要服装专业的毕业生具备相应的产品设计、生产制作、管理与营销等能力[7]。

（四）强化实践教学

由于我国服装专业教育一直以来存在“重传授知识，轻传授方法；重理论学习，轻能力培养”的问题，使得学生知识面窄，自学能力弱，缺乏综合运用所学知识解决实际问题的能力，故进行实践教学层次化和模块化设计，以解决以上问题。

1. 实践教学层次化设计

如图2所示为服装设计与工程专业实践教学层次设计图。

2. 实践教学模块化设计（表1）

表1　服装设计与工程专业实践教学模块设计表

<table>
<tr><th>学期</th><th>专业实践教学</th><th>场地</th><th>说明</th></tr>
<tr><td>1</td><td>企业见习</td><td>企业</td><td>了解企业品牌文化、部门设置与岗位工作</td></tr>
<tr><td>2</td><td>市场调研</td><td>市场</td><td>学习服装市场调研法</td></tr>
<tr><td>3</td><td>综合设计（一）</td><td rowspan="4">学校</td><td rowspan="2">针对服装设计、结构样板与工艺制作的综合性实践</td></tr>
<tr><td>4</td><td>综合设计（二）</td></tr>
<tr><td>5</td><td>样板技能实践（一）</td><td rowspan="2">高级样板技能考证，提高样板技术能力</td></tr>
<tr><td>6</td><td>样板技能实践（二）</td></tr>
<tr><td>7</td><td>项目设计开发</td><td>学校/企业</td><td>模拟企业系列产品项目式设计开发实践</td></tr>
<tr><td>8</td><td>生产现场实践</td><td rowspan="2">企业</td><td>企业生产现场实践</td></tr>
<tr><td>9</td><td>定岗实践</td><td>可选产品企划部、设计开发部、技术部、营销部等部门的多岗位实践</td></tr>
<tr><td>10</td><td>毕业设计</td><td>学校/企业</td><td>从实践中见真知，开展专题研究</td></tr>
</table>

四、校企多元化合作模式的探索与实践

（一）卓越工程师计划校外实践基地建设

除原稳定的十多家校外企业实习基地以外，围绕教育部卓越工程师计划温州大学服装设计与工程试点专业建设，多家名企对温大服工专业学生非常感兴趣，校企领导深度交流洽谈服装卓越工程师班学生的一年企业学习的安排和相关事项，达成共识，校企共建“服装工程实践教育中心”，共同培养“落地型”服装工程专业人才。现已建温大—夏梦·意杰服饰公司工程教育实践中心，并与夏梦·意杰、风笛、婉甸、飘蕾、东蒙5家服装企业签约卓越工程师计划学生校外实践基地，明确各岗位的指导老师，聘为学院企业兼职导师。一年企业学习计划使卓越工程师班学生比普通班学生提前深入企业学习，缩短与企业的磨合期，实现预就业，同时也拉近校企共同培养专业人才的距离，达成双方互利、互惠双赢的目标。

（二）校企协作的师资力量强化方案

为了进一步推进课程建设，增强实践教学效益，积极实施校企协作的师资力量强化方案。服装专业教师不仅应具备扎实的服装理论知识，还应具有较丰富的专业实践能力。因此，推行校内理论型老师与企业实践型导师的互补式教学，即聘请企业有经验的兼职导师来校讲座、讲学交流，并对年轻教师推行企业挂职锻炼。这些做法提高了教师的专业素质和能力，丰富了教学内容，提高了教学质量，使教学内容更加贴近行业需求。

1. 年轻教师企业挂职锻炼

服装专业绝大部分年轻教师是从高校毕业后直接从事服装教学的，虽然有一定的理论知识，但实践经验匮乏。温州大学出台了企业挂职锻炼的相关规定，在入职3～5年内，年轻教师申请半年至一年脱产或半脱产的企业挂职锻炼，并以年轻教师下企挂职锻炼作为评职晋升条件。从而使年轻教师得到企业挂职锻炼的机会，亲身体验生产一线的实际情况，在此基础上发现和解决生产中的实际问题，从而能理论联系实践，积累实践经验，提高实践能力，并有效地推进“产、学、研”的工作。

2. 校企双师互补式课程教学的四大举措

温州大学服装设计与工程专业的整个教学流程均有企业深度介入，推行校企多元化合作模式的教学，逐步深化教学质量，促进学生工程能力提升。

举措一：大一课程的校企教学活动

大一的“企业见习”实践课程，组织学生下企了解企业品牌文化、部门设置与岗位工作，培养学生的专业兴趣；“职业生涯”课，聘请企业杰出或创业成功校友，来校与新生交流，了解专业前景，引发学生专业的兴趣。

举措二：专业主干课程群的校企双师互补式教学

大二、大三的女装课程群、男装课程群、服饰造型课程群，聘请婉甸、夏梦·意杰、

东蒙、风笛及报喜鸟等企业有经验的校友、企业设计总监、技术总监及管理人员来校讲座，给服装卓越工程师班学生讲学，把企业遇到的实际问题及解决方法传授给学生，甚至组织学生到企业现场学习，开展店堂式教学，设计总监现场教学，让学生大开眼界，激发了学生创新设计的欲望。如此，开展学生与企业的零距离交流，拉近学生的学业与企业实际需求的距离，校企双师互补式教学使人才培养具实战性，更贴近行业市场。

举措三：校企共建特色课

近年来，学校开设了“拼布艺术”“电子商务”“面料再造”“服饰品 DIY”等专业特色选修课，拓宽学生的视野、开发学生的创新思维。如由上海重机公司赞助创建了拼布艺术室，聘请上海老师来校讲学授艺，拓宽学生视野，提高学生专业创新思维与创业能力；聘请台湾老师来校开展“中华传统拼布经典”讲座，让学生了解中华拼布历史文化；师生积极开展课外实践项目，共同探索拼布艺术。

其次，营销课程群通过校企合作引导学生走入市场，开展网络和电商活动，为学生搭建营销实践平台。其创业服务项目如下：

（1）实体营销。为刚涉足服装业的企业提供目标市场定位分析、服装商品企划、服装定价调研和策划等；为成熟的服装企业提供目标消费者消费偏好分析、市场流行元素分析、促销策略效果分析等。

（2）网络营销。为刚涉足网络营销的服装企业提供市场定位、产品分析、竞争优势分析、开店申请、店铺装修规划、整体业务外包等服务；为经营不善的服装企业提供网络市场营销诊断、人员培训、技术沟通与交流、销售推广、整体业务外包等服务；为需要提升的服装企业提供网络后台数据分析、爆款产品培养、软文推广、直通车数据分析等服务。

举措四：课程展的常规化、制度化

为了进一步改革课程体系，创新教学方法和手段，提高人才培养质量，把课程教学的学生作品展常规化、制度化，坚持课程展这一本校本院特色，也是服装专业最初推行的教学模式，展示学生课程学习效果。课程展期间，鼓励学生间相互学习、交流进步，并聘请企业设计总监等来校点评，与学生交流互动，启发学生创新思维，使专业的教与学更加贴合企业实际，趋向市场化的要求。如此的课程展充分融合市场、行业、企业，使得课程教学的针对性、时效性得以增强；通过课程展促进课程的教与学能更加做深、做精、做广，使课程教学的品牌效应得以打造和扩大。

五、课内课外实践教育教学的成效

服装专业人才培养强化实践教学，在培养计划中，加强了校内与校外两大模块的培养力度。通过选择具有实践性、启发性和典型性的项目，尤其是产学研合作型、企业实操型项目以及教师横向课题等，让学生在认知基础和情境模拟的基础上，依照教学内容进行实践，引导学生参与到项目中去发现并提出问题，在解决问题的过程中，使学生获得最基本的知识、技能和方法，进一步巩固理论知识；同时，通过这些项目激发学生的主动性，培养学生的团队合作及创新创业能力，使理论学习在实践中得到检验。实践教学成效主要体现在以下三方面。

（一）课内实践课程教学的成效

服装“卓越工程师”班通过三年的校内系列实践教学，大二学生就能自行设计制作完成服装作品，在专业展示会上，学生自信满满地宣讲并展示学习成果，是其他班学生所不能及的。大三的“ODM 模式下的男装产品开发”课程群学习中，针对商务男西服系统的教与学，通过校企老师互补式合作授课，学生在服装技术与制作上得到很大的提升。显然，试点班学生在专业知识、专业技能及综合实践能力等方面均比普通服装班学生的能力强、素质好。创新的教学体系已逐步辐射到其他专业方向，并成功申报与运行“人才培养模式创新实验区”“人才培养创业教育实验区”2 项。

（二）课外创业实践教育的成效

以创业教育为课程教学的延伸阶段，根据学生的学习意愿和兴趣，选择合适的切入点开展创业教育。主要包括目前该领域的市场需求、市场缺口，如何挖掘商机，以点为突破口，实现“从小到大，由点到面”的创业之路。如特色课程教学与开放实验项目、创新创业训练项目、“挑战杯”大赛、“新苗人才计划”等课外学生实践项目相结合。分别发表学术论文，获省“挑战杯”三等奖、校“挑战杯”二等奖、大学生暑期社会实践活动优秀团队奖；并获省、校创新创业训练项目及新苗人才计划等多项荣誉。学生兴趣浓厚、积极参加课外实践项目，不仅丰富和充实了专业知识与能力，同时也提高了创新思维能力，拓展了创业能力，增强了团队合作精神。

（三）企业赞助的实践项目的成效

基于企业赞助的重大实践项目，本专业开展形式多样的课外实践活动，丰富学生的专业探究学习。具体项目如下：

1. 企业赞助毕业设计动态秀

企业深度介入专业教学，风笛、婉甸、东蒙企业已连续六年赞助，成功举办六届服装毕业设计大赛，赞助费达150 万元以上。尤其风笛企业，至今已连续四年赞助四届“风笛杯”温州大学服装毕业设计大赛，本大赛纳入市文化艺术节，电视台及各大新闻媒体纷纷宣传，区域性的社会影响较深远。

2. 企业赞助服饰造型大赛

江滨“嫁衣工坊”赞助四届温州大学服饰立体造型设计大赛，赞助费 14 万元；在“礼服设计与立体造型”“服饰品设计”等课程教学过程中，“嫁衣”公司的设计总监应邀开展店堂授课、学生作品展点评及大赛作品评选等多形式的校企交流活动。

3. 企业与社会服务项目

本校师生与企业无缝对接，以服务为宗旨，以就业、创业为导向，深化“融合 + 项目+市场”的工学结合人才培养模式的改革，优化产品化项目课程体系，推进校企之间新产品研发项目合作的进程，为企业开展“新产品设计开发、职业装设计开发、终端展示陈列”等项目服务，为电视台策划“服饰搭配、形象设计”等节目的业务服务，横向课题达30多项，经费达300多万元；此外，教师积极响应温州市图书馆的公益讲座项目，定期为社会市民开展专业知识和服饰文化的公益讲座。

六、校企合作的专业未来发展方向

温州大学服装设计与工程专业2014~2018年的专业发展方向，即在保持原成衣技术方向的基础上，新增纺织品设计方向，意味着人才培养方向的“多元化”发展，不只局限于成衣设计与开发领域，而是进一步向大纺织领域拓展。因此，在未来几年内，服装专业的企业合作伙伴也将进一步拓展，使得多元化校企合作人才培养更为完善。

结语

温州大学服装专业立足区域产业，开展校企多元化合作，共建人才培养方案，校企联合培养社会与产业需要的创新性应用型的服装“卓越”人才，使服装教学和人才培养相得益彰。

参考文献

[1] 郑嵘．潜、潜、潜，面向行业的服装人才创新模式探讨．“大数据时代下服装品牌的创新与提升”高峰论坛，2014.

[2] 倪阳生．在中国纺织服装教育学会高教分会年会暨五届五次常务理事会上的讲话．中国纺织服装教育学会五届五次常务理事会暨高教分会年会，2013.

[3] 吕学海．服装教育与产业背景下的人才培养——由日本东京文化服装学院教学模式引发的思考［J］．设计艺术，2005（1）：14－15.

[4] 吴晶，吴良．更新人才培养观念，探索多元化的创新人才培养模式．中国纺织服装教育学会五届五次常务理事会暨高教分会年会，2013.

[5] 徐阳，王鸿博．改革纺织实践教学、强化创新能力培养．中国纺织服装教育学会五届五次常务理事会暨高教分会年会，2013.

[6] 陈明艳．校企多元化合作的人才培养模式建设．中国纺织服装教育学会五届五次常务理事会暨高教分会年会，2013.

[7] 王建刚，甘应进，陈东生．服装专业应用型人才培养模式的探索与实践［J］．纺织教育，2009（3）：18－21.

基于“专业、职业、就业和创业”教育维度的纺织贸易人才培养模式的探索

天津工业大学　曹明福　马涛

关键词

教育维度　问题　模式　成效

摘要

本培养模式在先进的教育思想指导下，通过对纺织行业贸易人才市场的调研和企业对毕业生质量的反馈，明确了目前纺织行业国贸人才教育需要解决的主要教学问题，研究并确定了纺织行业国际贸易人才培养规格，构建了专业、职业、就业和创业教育“四个维度”内在结合的理论课程体系和实践教学体系，创立了“学习—实训—就业实习—创业指导”的学程模式，保证了各教学环节的有序展开和系统集成，促进了纺织行业贸易人才能力的提升。

正文

一、引言

国际经济与贸易专业是目前需求量较大，就业形势较好的专业之一。由于我国新增拥有外贸进出口权企业不断增多，国外企业本土化及国内企业国际化步伐加快，高级应用型外贸人才极其短缺。

我国是纺织服装第一出口国，纺织服装外贸人才的需求量很大。我国纺织服装出口的年平均从业人员为26.37万人，每年平均有0.71万从业人员退休，新增出口业务工作量和补充新增出口业务工作量与补充退休岗位两项相加，全国每年平均需增加3.08万纺织服装出口外贸人才。但国内高校国际贸易专业的人才培养模式相对单一，在培养目标、教学计划、课程设置等方面几乎都是一个模式，缺乏针对纺织产业特性的国际贸易人才的培养。这与我国纺织服装国际贸易人才的实际需求形成了强烈反差。根据我国纺织服装国际

贸易人才的实际需求，高校应根据各自条件，培养不同层次、不同岗位的应用型纺织服装国际贸易人才。

与综合性大学和财经类院校相比，我校在纺织领域有着丰富的行业资源，国际经济与贸易专业应该依托传统优势纺织学科，探索立足于纺织行业对国际贸易人才需求的人才培养模式，从而在差异化发展、特色发展中，为纺织业输送高素质应用型贸易人才。

二、纺织贸易人才培养主要面临的教学问题

通过对纺织行业贸易人才市场的调研和企业对毕业生质量的反馈，我校明确了目前纺织行业国贸人才教育需要解决的主要教学问题。

（一）纺织行业国贸人才培养规格内涵界定问题

已有的行业人才培养目标一般只概略性说明了人才培养的总体要求和范围，缺少以规格精确的方式对目标内涵进行详细而清晰的定义。

（二）人才培养内容体系与纺织行业国贸人才素质培养的协调问题

已有理论课程体系强调学科知识的系统性与完整性，对产品知识与行业经验的学习重视不足；以往的实践环节以课程实验为主，缺乏以解决实际问题为背景的知识综合应用能力训练；职业、就业、创业课程多是以宣讲或授课方式进行，而不是有机融入企业实践过程。

（三）培养途径与纺织行业国贸人才实践能力培养的适应问题

传统培养模式注重理论知识的传授和专业基础训练，但理论和实践教学环节间的连贯性差、递进性弱，教学环节的集群效应不明显，理论与实践之间有较明显的脱节。

三、构建“专业、职业、就业和创业”内在结合的纺织贸易人才培养模式

为解决上述问题，我校国际经济与贸易专业依托国际经济与贸易专业已有办学基础，立足于纺织行业对国际贸易人才的需求，在对纺织行业、外贸行业和国内外有关高校进行充分调研的基础上，按照国际经济与贸易专业的人才培养目标，提出了“把行业需求人才培养纳入专业、职业、就业和创业四个维度，将学校教育与社会教育融为一体，促进学生知识、能力和素质的协调发展，实现人才培养的有效性”的教学理念，研究并确定了纺织行业国际贸易人才培养规格，构建了专业、职业、就业和创业教育“四个维度”内在结合的理论课程体系和实践教学体系，创立了“学习—实训—就业实习—创业指导”的学程模式，与企业合建了培养机制，为中国纺织行业输送了一批高素质的国贸人才。

（一）研究并确定纺织行业国贸人才培养规格

按照国际经济与贸易专业的培养目标和纺织行业的人才需求，在对中国纺织工业联合

会、中国纺织服装教育学会、天纺集团、天津真星纺织有限公司等的调研、咨询基础上，确定了纺织行业国贸人才培养规格，即3种素质、5大领域知识、6种能力。

3种素质：良好的职业品质、务实的就业理念和较强的创业意识。

5大领域知识：国贸专业知识、纺织行业知识、管理学知识、计算机基础、法律知识。

6种能力：自主学习能力、发现/解决问题的能力、外语实用能力、沟通表达能力、团队协作能力、创新/创业能力。

（二）修订培养方案，创建“专业、职业、就业和创业”教育内在结合、梯次递进的课程体系

1. “专业、职业、就业和创业”教育内在结合、梯次递进的课程体系

按照3种素质、5大领域知识和6种能力的人才培养规格要求，我校修订了国际经济与贸易专业人才培养方案，建设了公共基础平台、学科基础平台、专业基础平台和特色方向平台等相结合的课程体系，以突出行业特色的实验、实训为两条主线，将理论课程体系向实践环节内在拓展，构建专业基础—基本技能—综合设计—企业应用—实践创新内在演进的课程序列：以公共基础课、学科基础课、专业基础课和专业方向课培养学生国贸专业知识、行业知识、管理学知识、计算机基础和法律知识的专业教育；以职业生涯规划、产业认知实习、纺织统计调查、纺织行业职场要求等为基础的职业教育；以海关业务演练、纺织外贸跟单、毕业实习等为基础的就业教育；以公司经营、专业技能、创业专题实训等为主要内容的创业教育。

2. 在课程体系中体现纺织特色

教学计划中增加了《纺织商品学》《纺织外贸跟单》等课程，在《国际贸易实务》《外贸函电》《电子商务》《国际商务谈判》等6门理论课和《国际贸易实务课程设计》《电子商务认知与模拟》《社会统计调查》《海关业务演练》等5门实验课、教学软件中增加纺织贸易案例，建设纺织服装贸易模拟博览室，新建以纺织贸易案例为主的国际商务谈判模拟实验室，新增纺织外贸跟单教学软件，新增5个纺织企业实习基地，超过40%的毕业论文（设计）与纺织贸易有关。

（三）实施“学习—实训—就业实习—创业指导”的学程路径

本专业以多年纺织贸易人才培养的经验和实践，承担了天津市教育体制改革试点项目“经济类专业就业形式实习的研究与实践”，与纺织企业合建综合应用型实践教学基地，实施以综合应用能力为核心的“学习—实训—就业实习—创业指导”的螺旋式提升能力培养模式。在1~3学期由校内教师讲授专业基础知识。在第4~5学期，由企业教师以“模拟职场”的方式进行“学期实训”，进行职业测评、行业规范、职业认知和职场礼仪培训活动。在第6学期，在实践基地进行就业体验和模拟面试：与企业员工组队就企业实际案例进行模拟国际商务谈判；与企业人力资源部共同组织面试模拟活动。在第7~8学期，进行就业形式实习和创业教育：实行“双导师制”，尝试就业形式实习并完成解决实际问题

的毕业设计（论文）；定期邀请纺织行业成功人士举办“大学生发展指导与创业素质培养”“纺织行业创业必备知识与运用”等一系列讲座进行创业指导；认真组织暑期社会实践团队，与天纺集团合作，利用国际贸易模拟博览室举办“抵羊1932”纺织服装品贸易博览会，组织学生与天津真星纺织有限公司共建“中外毛巾产品展示中心”，参加中国商业联合会举办的国际贸易博览大赛等创业实践体验；与天津市劳动局合作，对大三、大四学生进行创业技能资格培训；利用模拟公司创立“创业工作社”，鼓励网上开店，培养学生的创业能力。

（四）创新教学管理机制

依托校外知名专家、政府主管部门领导、纺织企业高级管理人员、业务骨干等组成了专业指导委员会和大课程教学组，促进课程体系建设；与中国纺织工业联合会、纺织企业共建教学管理机制；在共建教学管理机制下建设多元化的师资队伍，实务性强的课程采取校外专家、纺织企业业务骨干进课堂，国贸专业45岁以下专业教师中有相关职业技能证书和纺织企业工作经历的占46%，每年安排2~3名教师去纺织企业学习。

三、实施“专业、职业、就业和创业”内在结合的纺织贸易人才培养模式取得的成效

“专业、职业、就业和创业”内在结合的人才培养模式以公共基础课、学科基础课、专业基础课和专业方向课等为依托，将理论课程体系向实践环节内在拓展，通过专业知识的学习、职业测评、职场礼仪的学期实训、在实践基地进行的就业体验和模拟面试、创业实践以及创业技能资格培训的学程路径，夯实了学生的专业、行业知识基础，培养了学生的职业品质，改善了就业观念，锻炼了学生的开拓进取和创新精神；将学生的专业、职业、就业、创业教育四个维度紧密结合成一个内在联系的有机整体，保证了各教学环节的有序展开和系统集成，促进了纺织行业贸易人才能力的螺旋式提升。这种体系实现了教书育人和实践育才的结合，为行业培养了高素质的应用型外贸人才。

本培养模式从2010年开始应用，目前已有三届学生受益。毕业生就业率96%以上，就业岗位中有近1/2服务于纺织行业，经过“四个维度”教学体系培养的毕业生深受用人单位的欢迎，对其综合素质给予高度评价；国际经济与贸易专业在2011年被评为天津市品牌专业建设单位，专业建设层次提高，品牌效应凸显；在2011年，主办了以“特色与创新”为主题的全国国际经济与贸易专业建设研讨会，“专业、职业、就业和创业”四个维度的人才培养教学体系为兄弟院校所认可。

参考文献

[1] 洪联英．新走出去战略下国际经贸应用型人才培养模式的构建［J］．湖南省财政经

济学院学报，2009（3）.
[2] 聂清. 能力驱动型国际经贸人才培养模式的构建和实践［J］. 中国大学教学，2010（4）.
[3] 伍卓，肖东生. 国际贸易专业应用型人才的培养研究［J］. 中国科教创新导刊，2009，（7）.
[4] 刘焕阳，韩延伦. 地方本科高校应用型人才培养定位及其体系建设［J］. 教育研究，2012（12）.
[5] 赵绍全. 当前部分高校国际贸易专业教学中存在若干问题浅析［J］. 北京联合大学学报（自然科学版），2005，（1）.

三等奖

政府主导、高校中心、多方参与的纺织类非物质文化遗产传承教育模式研究

天津工业大学　姜弘　赵宏

关键词

纺织类非物质文化遗产　传承教育　模式　功能　作用关系

摘要

为保证纺织非物质文化遗产传承教育的本真性、科学性、活态性和市场性的基本要求，需要建立系统性和持续性的教育传承体系。本文构建了政府主导、高校中心、多方参与的纺织类非物质文化遗产传承教育模式，分析了模式中主要素、辅助要素的功能和作用关系。

正文

一、引言

按照《中华人民共和国非物质文化遗产法》，我国非物质文化遗产（Intangible Cultural Heritage）是指我国各族人民世代相传并视为其文化遗产组成部分的各种社会实践、观念表述、表现形式、知识技能以及相关的工具、实物、手工艺品和文化场所等传统文化形式，以及与传统文化表现形式相关的实物和场所。

纺织类非物质文化遗产目前在学术上没有明确的定义，一般是指与纺织品有关的纺织工艺、传统图案和美术设计等非物质文化遗产的统称。联合国教科文组织先后命名了四批世界级非物质文化遗产，其中涉及我国的有 26 项，与纺织相关的有 2 项，包括“中国蚕桑丝织技艺”和“南京云锦”。国家公布的三批国家级非物质文化遗产名录中（不含扩展项目），涉及纺织类的有 65 项。我国各地方政府为了对其辖区的非物质文化遗产进行保护，也建立了地区性的非物质文化遗产保护名录。

纺织类非物质文化遗产的传承教育，一般指与纺织品有关的传统工艺、传统图案、美

术设计和文化精神等相关的传承教育活动。具体来说，是指把纺织类非物质文化遗产中积淀的民族精神、民族文化、社会实践、观念表述、表现形式、知识技能等一系列具体内容作为教育的重要内容，通过个体教育、学校教育和社会教育传承下去。

目前的纺织类非物质文化遗产的传承教育还处于初步探索阶段，纺织类非物质文化遗产教育还未列入学校的常规教学计划，具有很大的随意性和应景性；师资力量相当缺乏，没有学科专业作支撑；教育传承形式单一，主要是以讲座、展览等形式展开，学生对“非遗”的了解和参与保护的意愿难以达到预期效果；活动覆盖面窄，一般只是在本校开展，而且多流于形式，在活动结束后也缺乏搜集和跟踪总结。不少学校把纺织类非物质文化遗产作为新的科研课题，但仍有些重理论而轻实践；社会传媒由于无法实现对相关田野信息的深入调查，更多着眼于表面事项和已有知识及资讯的传播，颇有民俗猎奇探密的心理和“走马观花”的倾向；因此，增加全社会的认知度和协同配合，才是我国纺织类非物质文化遗产可持续保存和传承的有效出路。

我国非物质文化遗产保护的十六字方针是“保护为主、抢救第一、合理利用、传承发展”。可以在政府的主导下，从保护的纯粹目的出发，建立完善的投入机制和法律法规保障，可以使纺织类非物质文化遗产得到完整、科学的保护，并逐渐开发为一种公益性的事业。高校是一个地区教育、文化的中心，有着独特的区域、行业文化背景和人才优势，努力发挥高校在非物质文化遗产传承上的教育功能，构建特色鲜明的非物质文化遗产传承教育体系，是历史赋予高校的重要使命和迫切要求。

纺织类非物质文化遗产的保护与传承是一项历时长久、范围宽泛的综合性工程，非物质文化遗产传承教育也是在教育实践中逐步完善的系统工程，政府、高校仅仅是纺织类非物质文化遗产教育传承的主体，若要实现教育传承的真正目的，需要借助全社会多方力量共同实现。基于此，本文旨在构建政府主导、高校中心、多方参与的纺织类非物质文化遗产传承教育模式，推进我国纺织类非物质文化遗产的保护与传承。

二、纺织类非物质文化遗产传承教育模式的构建

（一）纺织类非物质文化遗产传承教育多方参与体系的构建思路

本文构建的纺织类非物质文化遗产传承教育的全社会参与体系源于哈肯（H. Haken）创立的协同学系统理论，该理论是研究具有众多组成成分的系统如何通过子系统的协同行动而导致系统结构或功能有序演化的系统理论。通过各子系统协同配合和协同效应的获取，可以实现整个系统的最终优化和战略的实现。

本文把纺织类非物质文化遗产传承教育的多方力量——政府、高校、传承人、企业以及行业协会和社会氛围，作为研究子系统进行整合，建立纺织类非物质文化遗产传承教育多方参与体系（图1），研究每一个组成成分在整个系统中的地位、作用和协调机制，探

索通过相互的协同配合和各自效应的发挥，将各要素资源和优势合理配置、全面共享和有机协调，构建社会多方力量参与、以政府为主导、以高校为中心的协同配合的纺织类非物质文化遗产传承教育体系和模式，为纺织类非物质文化遗产的传承教育提供一种新的可行路径。

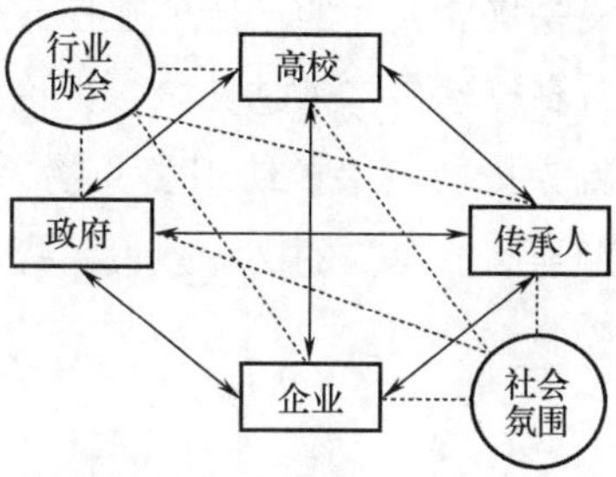

图1　纺织类非物质文化遗产的传承教育多方参与体系

（二）模式的构成要素

纺织类非物质文化遗产传承教育涉及其确认、立档、研究、保存、保护、宣传、弘扬、传承和振兴，是一项综合性工程，其传承教育参与主体除政府和高等院校这个基本要素之外，还需要传承人、企事业单位等社会各个方面的协调配合，需要相关资源的配套发展。这种社会多方力量共同参与的传承教育体系既有利于整个系统的完善和各要素主体功能的发挥，也有利于协同效应的获取。同时，该多方参与体系中的每个层面和环节都应根据不同的项目特点，有机融合商业元素和文化元素，推进纺织类非物质文化遗产传承教育，从而为国家、行业、区域培养出一批非物质文化遗产方面的理论研究人才、从事具体保护的工作者、知识传授者乃至技艺的传承人。

纺织类非物质文化遗产传承教育的多方参与模式的组成要素主要包括以下内容。

1. 政府

政府能够保证纺织类非物质文化遗产传承教育的正确方向。联合国教科文组织在《保护非物质文化遗产公约》第 13 条中规定，鼓励缔约国“采取适当的法律、技术、行政和财政措施，以便建立非物质文化遗产文献机构并创造条件促进对它的利用”。建议成员国使用各种可行的方法（如收藏、编目、抄写等），保证为所掌握的知识和技能建立档案。

政府可通过加强立法保障、项目引导，根据各类高校的发展优势和地方文化资源，合理布点，分层次、分类别明晰纺织类非物质文化遗产的保护、传承标准，避免过分商业化运作。政府部门在政策和资金上的支持也是纺织类非物质文化遗产保护和传承的坚强后盾。除此之外，政府还应该为研究、出版与非物质文化遗产有关的音频、视频和多媒体文献提供资助。这些工作都需要由政府主导，才能顺利进行。

2. 高校

在诸多的传承教育主体中，高校作为高等教育的主体，已日益担负起非物质文化遗产专业人才教育和着力培养继承人，传承传播历史文化资源，以及建立教育体系服务社会等多方面职责，是教育传承的中心力量。国务院在《关于加强我国非物质文化遗产保护工作的意见》中明确指出：“教育部门应将优秀的非物质文化遗产内容和保护知识纳入教学体系，激发青年热爱祖国优秀传统文化的热情。”

高校作为学者云集之地，又是培养人才的场所，在信息传播、人才培养和知识创新等多个方面具有独到的优势。随着高校学科越来越齐全，无论是本专科教育，还是研究生教育，其培养格局已经形成，这就为抢救、保护纺织类非物质文化培养了后备力量。同时，弘扬非物质文化遗产还有助于加强高校自身的文化建设，提高校园文化的竞争力，促进高校的全面发展。

3. 传承人

传承人在非物质文化遗产保护中起着举足轻重的作用。人不仅是非物质文化遗产的创造者、传承者，而且是非物质文化遗产的拥有者、享用者。纺织类非物质文化遗产的存在与传承离不开传承人。非物质文化遗产教育既要重视对现存传承人的保护，也要加强对后继传承人的培养，实现纺织类非物质文化遗产的可持续保护。

我国的纺织类非物质文化遗产传承人地区分布较广且分散，主要集中在西南、西北地区和华东地区（图2）。在65项纺织类非物质文化遗产中，少数民族项目占全部项目的50.8%，受语言、地域、文化和经济等条件的制约，传承人的知识精髓，也即传承人凝结的“活文化”必须通过其他社会力量实现传播传承，逐步提高这种“活态”民族文化的国内外认同感和亲和力。

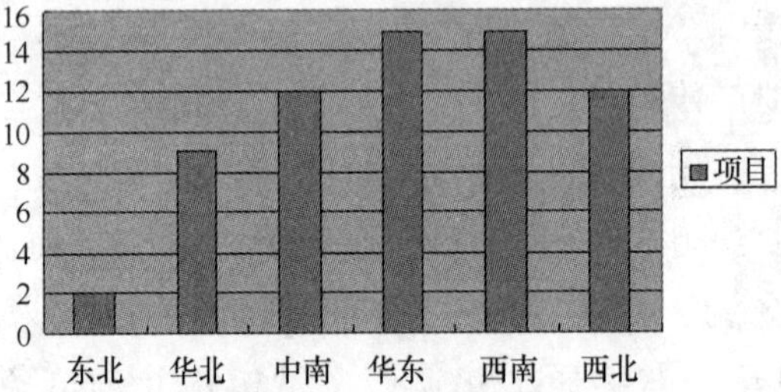

图2　纺织类非物质文化遗产项目的地区分布

4. 企业

企业的参与促进了教育传承中人才培养机制的完善。直接参与实践和体验是研习非物质文化遗产的一个非常重要的特点。在65项纺织类非物质文化遗产中，民间美术有29项，传统技艺有36项，因此，仅仅局限于高校理论层面的非物质文化遗产教育是不可行的，必须在教学体系中，除了一般层面的知识和技能传授，还应安排与专业有关的实践环节。这就需要与企业建立长期的合作关系，在特色文化资源聚集地、特色企业设立校外研究、教学实践基地，这种合作关系无疑对高校和企业是一种双赢。

（三）模式中的主要素及功能

综上所述，纺织类非物质文化遗产的传承教育，需要政府、高校、传承人、企业等主要力量合作参与，共同构建起一个包括多方子系统的纺织类非物质文化遗产传承教育体系，因此，本文构建出由政府主导、高校中心、多方参与的纺织类非物质文化遗产传承教育模式（图3）。

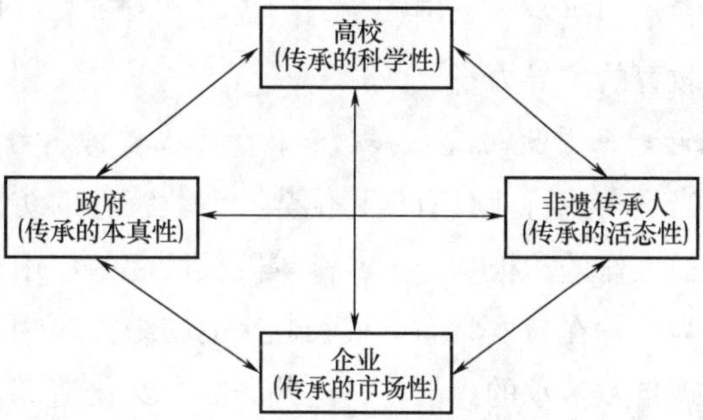

图3　纺织类非物质文化遗产传承教育模式主体关系图

这些力量相互支撑，互相协调，目的在于开发和建设纺织类非物质文化遗产教育资源，实现资源共享、资源互动、人才转移。在此模式中，政府主要解决的是传承的本真性问题，高校主要解决的是传承的科学性问题，传承人主要解决的是传承的活态性问题，企业主要解决的是传承的市场性问题。

所谓本真性问题，是指要保护原生的、本来的、真实的历史原物，保护它所遗存的全部历史文化信息；所谓科学性问题，是指纺织类非物质文化遗产是植根于民间的活态文化，对非物质文化遗产的保护必须遵循科学的原则，即客观地去看待非物质文化遗产的科学性，承认它的发展和流变；所谓活态性问题，是指纺织类非物质文化遗产是发展着的活态文化，应实行活态保护，不能人为地将其“化石化”，失去其原有的文化基础和文化神韵；所谓市场性问题，是指以纺织类非物质文化遗产为生产资源，经过市场运作，将非物质文化遗产与市场经济机制相结合，赋予纺织类非物质文化遗产一定的经济属性，使其成为一项适应人们精神文化需要的文化产品。

1. 政府——健全非物质文化遗产政策法律，注重传承的本真性

政府是国家权力的执行机关，可以凭借国家在强制性方面所拥有的比较优势，制订和修改经济活动的博弈规则，也可以在某些领域弥补市场的失灵，因此政府通过组建科学的管理组织体系，包括中央和地方政府、非政府组织之间的架构网，三者明确分工、密切配合，可以保证非物质文化遗产的保护不受某些短期行为的干扰和影响，把握传承的方向和本真性。

在非物质文化遗产保护工作中处于领先地位的国家，都设立了专门负责文化遗产的中央部门。其职能和责任主要集中在以下四个方面：建立健全完善的政策体系；建立健全完善的法律体系；建立完善的基金运作体系；建立完善的组织管理体系。这四大体系的建

立，是中央政府有效组织、规划、建立中国非物质文化遗产保护体系的政策基础、法律基础、经费基础及组织基础。

政府主导的管理组织体系是一种公权保护模式，可以理性地不受利益干扰，可以杜绝一些个人、团体甚至地方政府把目光投向非物质文化遗产的商业性开发的短期利益行为，积极推进非物质文化遗产的“文化性”“传承性”“群体性”等最本质的属性，切实保护非物质文化遗产。因此，承担决策、组织、统筹的政府，由于其以权力为依托，以强势为地位，成为保护和传承教育的主导力量。

2. 高等院校——传播非物质文化遗产知识和精神，注重传承的科学性

这里的高等院校应当是在该行业具有学科优势、专业特色的纺织类高等院校。作为纺织类非物质文化遗产保护工作的积极参与者，高等院校所起的作用是任何一方都无法代替的。在传统社会中，作为一种在自发状态下成长起来的纺织类非物质文化遗产，是无需借助高校的力量就可以实现自主传承的。但是，这些非物质文化遗产是人们在生产生活中积累起的经验性认识，要做到世代传承下去，还必须上升到科学性认识，以高校科学性的专业知识去指导非物质文化遗产的传承、保护。我国正面临史无前例的社会转型，这些千百年传承下来的非物质文化遗产在社会转型中面临严峻的危机，外向型的经济发展也带来很多外来多元文化的冲击，高等院校作为先知先觉者、宣教者和指导者，有义务承担起非物质文化遗产科学传承的重任。

在非物质文化遗产保护工作中，高等院校拥有软硬件资源、师资和科研实力，高校教师和学生参与到非物质文化遗产保护工作中，开展学术研究、整理、申报工作，不仅从理论的高度论证纺织类非物质文化遗产保护、传承和创新，而且通过比较研究，从实践层面探讨、引进国际社会的先进理念、做法和经验，迎头赶上非物质文化遗产保护先进国家的先进水平；高等院校是创新研发和人才培养基地，充分发挥高等院校的异质性的科技资源、智力资源，培养出具有扎实理论基础和实践应用能力的专业非物质文化遗产保护高级人才，可以保证传承队伍中具有更高的知识性、科学性、合理性的综合素质。因此，高校是非物质文化遗产传承教育的主体。

3. 传承人——传授非物质文化遗产技能精髓，注重传承的活态性

从与非物质文化遗产的天然联系、血脉相通、直接承续来说，生活在大众中的非物质文化遗产传承人则更为关键，是他人无法替代的。他们既是完整掌握非物质文化遗产项目或者具有某项特殊技能的人员，也是开展传承活动，培养后继人才者。这也体现了非物质文化遗产区别于物质文化遗产的“活态”流变性。非物质文化遗产是一种活态文化，它的传承是以人为载体的，确保非物质文化遗产的生命力，就是存续活态传承。传承人承载着非物质文化遗产的薪火，把纺织类非物质文化遗产代表性传承人引入高校教育，是其传承教育的关键环节。

可以通过鼓励和支持代表性传承人开展传习活动，请纺织类非物质文化遗产传承人在

高校中的教育教学活动中进行参与和指导，在高校开展的教育培训过程中开设讲座、传授技艺，让更多的人，特别是教师和广大青年大学生们进行了解、接触和体会，拓展思维，探索多渠道的非物质文化遗产的保护、传承与创新。

也可以让非物质文化遗产传承人在高校直接招收学生，通过言传身教指导学生学习纺织类非物质文化遗产知识、技艺和文化精髓，培养非物质文化遗产的公共继承人——把前人的非物质文化遗产等文化、知识接收过来，继续从事前人事业的人，进而壮大传承队伍。

4. *纺织类企业——研发设计非物质文化遗产产品，注重传承的市场性*

非物质文化遗产的“非物质性”决定了其不能独立地存在，它必须依附于某个特定的载体方能显示、传播、储存与传承。一般而言非物质文化遗产的载体大体可分为符号、一般物质实体和人，在现代社会环境下，市场已成为非物质文化遗产最好的载体与传播空间。

纺织类非物质文化遗产的传承载体包括服装、鞋帽、衣物配饰和家用纺织品等，如何通过市场规律合理、适度地把纺织类非物质文化遗产无形的资产变成有形的产业，并用有形产业来推动纺织类非物质文化遗产的传承、市场化和国际化，关乎纺织类非物质文化遗产的未来，也决定了其传承教育的生命意义。

通过纺织企业与高等院校的长期合作稳定关系，将高等院校资源与企业需求对接，实行知识、技能、设备、师资、技术、信息、教学、实习、生产基地、技能鉴定、毕业生就业等全方位的人才合作模式，把企业的资金引入学校，共建专业实训基地和非物质文化遗产展示基地；搭建企业高级技能型人才与高校非物质文化遗产人才和传承人知识对接的平台，校企结合，让企业成为学生的实训课堂，学校成为企业的知识创新研发基地，走出一条纺织类非物质文化遗产民族文化传承人才培养的实践、创新之路。同时，校企合作可为我国的纺织企业生产出更具民族特色的纺织产品探索出一条可行之路，也有利于中外纺织文化的交流。

（四）模式中的辅助要素及作用关系

本文构建的纺织类非物质文化遗产传承教育多方参与模式，除上述四个主要素之外，行业协会和社会氛围也是推进非物质文化遗产传承教育的两大辅助力量，它们在纺织类非物质文化遗产传承教育中的联动机制和作用关系主要表现在两个方面，即在纺织类非物质文化遗产传承教育进程中的双向驱动和互动作用：一方面是由行业协会推动和参与的，在政府主导下与高校和纺织类企业共同推进纺织类非物质文化遗产的适度产业化和市场化发展；另一方面是由政府主导、高校和企业联动，传承人参与和监督的纺织类非物质文化遗产的知识、技能、文化和精神等内容的保护、传承、发展和创新（图4）。

(1) 行业协会承担着引导、监督、协调、推动和支持的义务，是协调该模式中各要

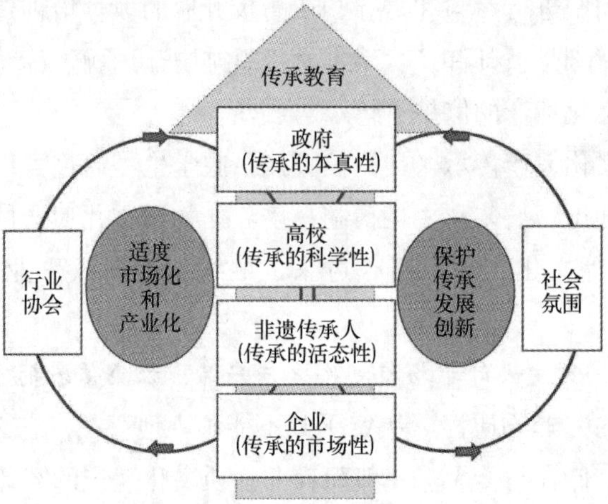

图4　纺织类非物质文化遗产传承教育的多方参与模式图

素，即政府、高校、传承人和企业关系的有效力量，也是推进纺织类非物质文化遗产传承教育的助推器，在整个传承教育体系的运行中，如制订引导、激励和约束机制，使得各主体的参与目标一致，合作热情提高，机制渐趋完善。

行业协会在纺织类非物质文化遗产传承教育中的作用主要体现在：政策支持，即通过制定必要的经济政策、产业政策，鼓励、支持、引导、规范纺织类企业进入高校，刺激企业的兴趣，进行有效的行业引导，推进纺织类非物质文化遗产教育传承；资金筹措，通过特色专项或产业基金运作，借助社会力量和金融部门的支持，创造多种渠道为传承教育筹集必要的推动资金和基金支持；联动机制，有效引导高校和传承人的合作关系和长久合作机制的建立，从协会出发引导高校做产学研创新，引导传承人参与；协调推动，即运用计划资源调控产学研等要素协同推进教育传承，同时，调解运行过程中各参与主体的摩擦与冲突，从实质上推动纺织类非物质文化遗产教育传承的持续发展。

（2）社会氛围也是纺织类非物质文化遗产保护和传承的推动力量，保证非物质文化遗产的传承教育持续、良好、健康地发展。非物质文化遗产的传承教育是在“政府主导、高校中心、社会参与”的原则下进行的。因此，除政府和高校要首先高度重视、倡导和促进保护和发展民族传统文化外，社会各界也要积极参与，主要包括各级文化馆、纺织博物馆、科技馆、图书馆等公共文化机构的传播和展示；有关部门出版相关文化读物和教材、媒体资料等；地方政府与旅游部门、文化部门配合开展特色旅游文化活动，如传统民俗、节庆、晚会、大赛、开幕式等；新闻出版、广播电视、互联网、广告等媒体的宣传展示、知识普及和专题报道等；家庭和社区作为教育的微主体，也是推进传承教育不容忽视的一股力量，通过积极了解、接触、学习和宣传非物质文化遗产知识，购买和使用纺织类非物质文化遗产产品，逐渐提高公众通识性和认知度，也有利于吸引和推进社会多方力量达成共同参与的保护和传承非物质文化遗产的共识，从而实现非物质文化遗产传承的可持续发展。

参考文献

[1] 牟延林，谭宏，王天祥等．非物质文化遗产教育传承——当代高校文化素质教育的新路径［J］．民族艺术研究，2009（1）：94.

[2] 徐艺乙．非物质文化遗产的传承与高等教育的使命［J］．徐州工程学院学报（社会科学版），2010（1）：67.

[3] 申茂平．非物质文化遗产的教育传承及其实现途径［J］．教育文化论坛，2009（1）：49.

[4] 沈燕红．地方高校非物质文化遗产教育传承的必要性和途径探析［J］．学理论，2013（1）：144.

“纺织工程卓越计划”企业工程实践教学的实施与总结

江南大学　徐阳　王鸿博　谢春萍　高卫东　梁惠娥

关键词

纺织工程　卓越工程师　企业实践　教学总结

摘要

本文回顾了江南大学纺织工程专业首届“卓越计划”企业实践教学的实施过程，分析了执行“卓越计划”企业实践教学环节存在的问题与难点。提出明确企业、学校和学生三方责任和义务，完善企业学习阶段各项制度是保障企业学习成效的基础；校企双方协同合作、加强企业学习阶段教学质量的过程监控与管理、优化考核体系是确保企业实践教学质量的关键。

正文

一、前言

实践是工程的灵魂与根本，也是工程教学的本质要求[1]。“卓越工程师教育培养计划”（以下简称“卓越计划”）对于各个层次卓越工程师培养提出均要有累计一年左右的时间在企业学习的规定是中国高等教学改革中的一项重要创新，为高层次应用型人才培养提出了前所未有的新模式，同时也使参与高校在工程人才培养上面临新的挑战，而保障学生在企业学习期间的教学质量是这一新的挑战的核心[2]，是“卓越计划”成败的关键。

江南大学纺织服装学院是全国首批实施“卓越计划”的单位之一，从2010级学生开始，纺织工程专业每届约150名本科学生全部纳入实施计划，是全国高校纺织工程专业实施人数最多的单位。经过精心的前期调研与准备，在校企双方共同努力下，首届执行“卓越计划”的纺织工程专业学生在学校经过三年的通识教学课程和工程基础教学课程学习与实践后，四年级上半学期顺利完成了企业工程实践教学所规定的第一阶段各项工作与任务，取得了较好的实践教学效果。在企业实践结束阶段总结所做的调查中，绝大部分同学认为企业实践有收获，同时也反映出了首次执行"卓越计划"企业实践教学活动中存在的一系列问题与难点。对企业实践的总结将对后续"卓越计划"的开展具有十分重要的借鉴作用。

二、经验与体会

1. 明确职责，完善制度，做足企业实践前期准备工作

企业实践教学是"卓越计划"人才培养模式中培养学生工程实践能力和创新能力的关键教学环节，是强化学生职业道德和工程素质教学的有效途经。然而与传统的在校学习不同的是，企业学习在环境的性质和特点方面有其特殊性：第一，在环境氛围上，企业的环境是针对其生产任务营造的，布局简单机械、单调乏味、充满压力、缺乏生活气息，这与学校校园安静、学术气氛浓厚、充满书香气息的环境存在显著差异。第二，在管理风格上，企业有着严格的运行和管理制度，节奏感强，强调时间、效率和质量，这与学校提倡自由、强调包容、注重个性、宽容失败的风格有着较大的反差[2]。当代大学生竞争意识较强，但耐挫能力较弱；易于接受新事物，但缺乏坚定的信仰；思想主流积极向上，但价值观更加务实；追求自身思想独立，但过于以自我为中心[3]。这些共性特点与企业的生产生活现状形成巨大的碰撞，成为阻碍"卓越计划"企业学习环节顺利进行的最大问题，也是校企双方在前期准备阶段最为担忧的问题。针对这些问题，学校积极组织学生进行多次专题研讨会，认真学习有关文件，做好学生企业实践教学环节的前期组织与动员工作，并聘请企业代表给同学们讲企业文化、科技人才在企业的成长与发展、职场人应具备的能力和心态，使学生不仅从心理上为适应企业学习环境做好准备，要从组织纪律、作息制度等方面约束自己，还要在学习内容上做好准备，即要尽可能多地熟悉企业的情况，了解企业学习的内容和目的。同时，学校组织相关教师分赴实践基地进行调研，并和企业联合制订了以学生的培养需要为中心的"纺织工程专业企业培养方案"[4]。结合企业学习的性质与特点，在充分尊重学生的个体需要的基础上，以签订"企业实习三方协议书"的形式，明确学校、企业和学生在企业实践过程中所应承担的责任和义务，并由企业导师会同学校导师针对各企业管理、产品与工艺流程情况，在培养方案的大框架下制订了体现各企业生产特点的企业实践计划、企业实践指导书、企业实践手册、企业实践考核方式与成绩评定等文件。这些完善的前期工作，为学生顺利完成企业实践活动奠定了良好的基础。

2. 校企协同合作，强化过程管理

在做好企业实践前期准备工作，明确学生、企业和学校三方的职责，完善制度建设的基础上，企业导师与学校导师紧密协作，加强企业学习阶段教学质量的过程监控与管理，是确保企业实践教学质量的关键。

首先，实践基地对"卓越计划"实践教学环节高度重视，各企业不仅制订了较为详细

的企业实践计划与阶段考核计划，还安排了经验丰富的工程技术骨干出任学生的企业导师，企业导师按计划每周联合学校导师和学生进行定期座谈与交流，检查学生一周工作日记，组织学生进行实习交流，耐心解答学生提出的各种问题。企业导师渊博的专业知识、丰富的实践经验、严谨的工作作风、吃苦耐劳的精神对学生们是极大的教育。

为了解学生在企业的实习情况和思想动态，加强与企业的协作和交流，学校要求在学生下厂第一个月每个企业必须有一名学校导师在企业蹲点，积极配合企业做好学生在企业实践期间的管理工作，做好学生的安全、知识产权保护等教学工作。同时，关注学生心理要素的调整、环境氛围的适应和行为举止的约束，以更好地融入企业的生产、学习和生活环境，融洽与企业工程技术人员的关系，保质保量地开展各项教学活动。后三个月每周至少有一位学校导师到实习单位与企业导师和学生交流一次。对学生进行现场指导，培养学生创新思维能力，解答学生提出的各种问题，鼓励学生探究深层次的工程问题。经统计，本阶段企业实践活动学校导师巡查工作量高达 197 人次，另外学校导师驻扎工厂时间总计超过 30 周。

为了更好地服务同学，向学院师生以及学校展现江南大学实习学子良好的精神风貌，由学院分团委主办了四期“卓越纺织”专业实习简报。“卓越纺织”简报完全以“卓越计划”为题材，由参加“卓越工程师”培养计划的同学们所供稿编辑而成。其内容包括实习感悟、人物事迹、活动组织等。

3. 优化考核内容，完善考核体系

企业实习在学习形式上的特殊性要求采取灵活多样的方式方法评价教学活动的学习效果。因此，在校企共同制订学生企业学习阶段的评价指标体系和评价标准中，强调评价方法的多样性和评价主体的多元化，突出体现过程性评价与终结性评价结合，赋予过程性评价高于终结性评价的权重，赋予企业导师评价高于学校导师评价权重。在本次企业实践考核方式与成绩评定方法中明确指出，学生企业实践成绩由企业导师和学校导师分别对学生实践综合表现、实践记录及交流、品种开发技能及研究、总结汇报四方面进行考核，按企业实践 50%（实践综合表现 25%、实践记录及交流 25%）、品种开发技能及研究 25%、答辩总结 25% 计，企业导师和学校导师评分权重为 70% 和 30%。此外，采用“大作业、小论文”方式递交实习作业，“大作业”即完成一个产品开发（纱线、针织物、机织物）的全过程，“小论文”指每个学生针对企业在产品开发、生产工艺及管理方面存在的问题提出合理化的建议，最后留给企业，深受企业的好评。

纵观本次企业实践活动的考核和总结过程，较为客观准确地反映了学生在企业实践活动的整个学习过程中学习效果的取得和提高的实际情况；同时，校企双方根据过程评价的结果、问卷以及座谈等总结活动，能及时发现问题、总结经验，以期后续调整和改进自身的工作，为更好地继续下一环节的实践教学活动做好准备。

三、问题与建议

从企业实践过程、校企总结交流座谈以及学生问卷调查中也反映出一些值得注意的问题，主要表现在以下方面。

（1）纺织工业是将天然的或人工合成的纤维加工成纱、丝、线、绳、织物及其染整制品的工业。纺织业种类繁多，专业性强。虽然本次企业实践，学院对企业进行了考察与筛选，但实习企业还是分属纺织联合、纺纱、色织、针织经编和针织纬编五种企业类型，每位学生只能选择其一，对行业的实际情况缺乏较为全面的了解，不利于学生知识结构的全面发展。其次，由于各企业管理、生产方式、产品以及实习要求等差异，每位同学在企业得到的锻炼程度不同，对现有的同一考核体系提出了新的要求。

（2）基于“卓越计划”累计一年左右企业学习的时间要求，目前纺织工程专业本科培养方案是按前三年在校完成通识教学课程、工程基础教学课程以及认识与生产等实践环节，然后集中完整一年的时间安排学生到企业学习完成企业培养方案的要求。此方案的优点在于教学过程的延续性，但学生大四阶段正处于考研以及找工作时期，长时间的企业实习使学生精力分散，顾此失彼，同时使学生管理工作难度加大。虽然本次企业实践活动考虑到学生的实际情况，将企业实践的时间提前了一个月进行，但效果并非最佳。根据统计，本届学生考研比例较往届下降了50%。究其原因，企业实践期间复习备考时间少，学习条件有限等是不可回避的因素。因此进一步优化“纺织卓越工程师教学培养方案”势在必行，其中企业实践教学可分阶段进行，即将企业培养方案分为几个阶段予以实施。事实上，从知识学习和掌握的规律以及能力培养和提高的规律可知，分阶段实施企业培养方案能够更好地达到学习内容由浅入深、理论与实践交替循环和相互促进、能力和素质逐渐提高的目的[5]。同时又能以学生为中心，合理兼顾学生企业实践、考研以及就业。

（3）前期校企双方在“纺织工程专业企业培养方案”的大框架下制订了体现各企业生产特点的实践计划，但由于各企业对于学生的管理以及培养模式不同，学生的反映以及实践效果差异较大。

学生进入企业后，首先是培训环节，各企业执行的情况不一样，培训时间从半天至两周不等。半天培训的企业主要是进行安全与纪律教学，而有企业是将学生送入企业培养后备技术以及管理干部的企业“商学院”，进行为期两周的从安全纪律到企业文化的全方位培训。从总结以及问卷调查结果看，学生更趋向于后一种方式，其优点在于可以在相对轻松的氛围中开始企业实践活动，减少学生的压力和焦虑；适应企业的工作群体和规范，完成学校到企业氛围的初步过渡；了解企业的价值观和企业文化，增强学生企业实践的积极性以及对企业的认可。

在车间实践过程中也可分为以下三种情况，一是在实习期内各工序轮岗见习，无实际工作压力，企业只要求学生上常日班，实习期间相对轻松。二是实习期内各工序顶岗，随班轮转，部分岗位需上夜班，工作较为辛苦。三是安排学生只在某一重要生产岗位进行实践，如纺纱的细纱挡车与保养，织布的织机挡车与保养，企业认为学生只有在一线岗位才能得到真正的锻炼，才能真正考察学生的品质与素质。经过本阶段的企业实践考察以及问卷调查可以看出，“顶岗，深入学习”和“轮岗，多岗位实习”这两种学习方式平分秋色，是同学们最期望的两种定位方式。轮岗方式使学生对企业生产与管理各环节了解较为全面，但由于学生实习岗位较分散和高校专职教师数量有限，使得高校教师对学生的指导可能无法完全到位，同时学生轮岗实习的效果也取决于学生的自觉性，在缺乏督促和管理的情况下，学习积极性不足的学生容易使轮岗实习流于形式；顶岗方式使学生真正融入企业的实际生产之中，最为直接地感受理论与实践的结合，实习效果自然优于前者，但学生毕竟是新手，实践能力差，企业由于担心影响正常的生产活动，提供给学生实习的岗位可能会是简单和基础的，这样不仅会影响学生实习的积极性，而且实践教学的效果也将受到影响。

（4）高校与企业在人才培养上进行合作的主要目的在于提高卓越工程师培养质量和拓展与企业的合作领域，从而赢得更大的社会影响力。企业实践使学校获得了企业充足的实践教学资源，对学生的工程素养、实践能力、创新能力和综合素质的培养至关重要。而对企业而言，以人才培养上的合作为切入点，可以在更大范围上与高校展开合作，形成长远的战略伙伴关系，形成自身的竞争优势，同时希望获得满足企业需要的工程科技人才。

本次执行“卓越计划”企业实践教学环节的实习基地都是行业内具有一定规模和影响力的企业，其中10家是国家高新技术企业，非常重视企业科技进步与企业后备人才培养，所有企业都希望通过本次学生实践活动，增加企业与学生的沟通与了解，一方面为纺织行业做点贡献；另一方面希望能留住部分学生作为企业后备人才的储备。但在学生问卷调查中也可看出，只有不足5%的同学表示愿意留在实习企业工作。究其原因在于目前大学生普遍思想活跃，不墨守成规，具有冲劲，即使实习企业对其有一定的吸引力，但还是想到外面的世界闯一闯。虽然大部分企业表示培养纺织后备人才是企业的责任之一，但在“卓越计划”实施过程中企业要付出一定的人力与物力，长期无私奉献势必影响企业参与“卓越计划”的积极性。因此上级领导部门应该给实践基地一些实实在在的优惠政策，使企业有条件承担部分培养成本。对大学生在企业实习培养发生的费用，凡是企业承担的部分，国家应通过税收杠杆给予支持。号召企业高度重视大学生企业实习安全，确立因学生实习发生安全事故由校企双方分担责任的方式，通过社会保险机制解决安全问题所发生的费用。这样有利于“卓越计划”的长久健康发展。

（5）在企业实践教学环节中，校内导师在与企业沟通、关心学生生活方面起到了很好的桥梁作用，这也为顺利完成企业实践活动提供了最基本的保障。但在执行“卓越计划”过程中，虽然校内教师的角色从主角转为配角，但校内教师不能沦为学生的生活保姆，更不能是学生和企业之间的传话筒，而应该负责学生的组织与管理、积极主动配合企业兼职教师做好实践教学和对学生的指导工作。但本次实践活动由于校内教师以年轻人居多，普遍存在的问题是工程专业知识以及实践经历缺乏，在企业实践过程中对学生所进行的专业指导不够。因此，如何在相对短的时间内提高校内教师的工程专业知识以及实践水平，建设一支具有一定工程实践经历的高水平的专、兼职工科教师队伍，是顺利实施“卓越计划”、确保卓越工程师培养质量的一项重要而关键的课题。

四、结束语

实施“卓越计划”是一项系统工程，国内没有成功的模式遵循，需要认真总结并在实践中不断完善。因此，从卓越工程师培养企业学习质量保障的角度，只有扎扎实实做到校企组织工作到位、企业实践计划落实到位、校企导师工作到位、检查考核到位、班干部以及学生骨干的作用发挥到位等方面的工作，才能使企业学习阶段的教学质量通过持续改进得到不断的提高，从而在整体上使企业学习在卓越工程师培养上发挥期望的作用。

参考文献

[1] 林健．高校“卓越工程师教学培养计划”实施进展评析（2010~2012）（上）[J]．高等工程教学研究，2013，4：1-12.

[2] 林健．卓越工程师培养的质量保障（下）[J]．高等工程教学研究，2013，2：24-40.

[3] 武艳萍．当代大学生价值观状况及特点分析[J]．教学理论与实践，2004，(24) 12：33-35.

[4] 徐阳，王鸿博，谢春萍，等．依照“卓越工程师教学培养计划”修订纺织工程本科培养方案[J]．纺织教学，2012，(27) 1：21-23.

[5] 林健．校企全程合作培养卓越工程师[J]．高等工程教学研究，2012，3：7-23.

微时代视阈下的服装专业“翻转课堂”探索

南通大学　杨娟　王芳芳

关键词

微时代　服装专业　碎片化　翻转课堂　交互性学习

摘要

“微时代”以其特有的信息传播特征在对现代社会带来巨大冲击力的同时，也深深影响了现代教育教学。“翻转课堂”以其颠覆传统的教学模式和优良的教学效果掀起了国内外教育改革的热潮。本文结合微时代教育信息传播的特点，剖析了微时代视阈下翻转课堂的优势。服装专业“艺工结合”的特点尤其适合“翻转课堂”的教学模式，结合课程特性对服装专业实施翻转课堂的可行性和实施要点进行了较为深入的阐述，以期为现代服装专业的教与学提供一定的思路和参考。

正文

一、微时代教育信息传播的特点

“微时代”是伴随着我国网络信息技术飞速发展而产生的，微博、微信、微视等的产生和用户量的激增标志着“微时代”的到来[1]。它以前所未有的势头影响着现代高等教育教学，并对传统的教学模式提出全新的挑战。

1. 流动性与瞬时性

传统的教育信息传播主要依靠教师在课堂上的言传身教。而随着信息技术的发展，3G、4G 网络在全球范围内得到有效的覆盖，信息的传播更为快捷；电子书的出现为人们的大量阅读提供了更为便捷的途径；物联网的建设与发展使智能化逐步渗透到日常生活的各个环节，使人们的信息接收终端多元化和便捷化。信息的传播突破了时间和空间的界限，表现出极大的流动性和瞬时性。

2. 碎片化与精练性

科学技术的发展和人们生活节奏的加快促使信息的传播和更新速度越来越快。固定的、连续性的教育信息传播已经不再是人们学习的单一形式，学习的时间、空间和方式都逐步向开放而灵活的碎片化方向发展。而网络信息的海量化特征则要求教育信息不能简单地堆积，而应该在精心设计的基础上体现出其针对性和精练性的特征。

3. 个性化与分享性

移动技术的广泛应用使得传统的学习权威被微时代下的新型媒介所打破，教育知识的形式、内容和呈现方式都变得多样化。学习者可以根据自己的兴趣爱好进行学习行为的主动参与，并通过网络进行数据回放、讨论、答疑等交互活动，打破了传统教学的连续性、单一性和即时性，实现了个性化需求的满足和学习者之间的知识的协同共享。

二、微时代视阈下“翻转课堂”的优势

1. 翻转课堂的内涵

翻转课堂（Flipped Classroom）起源于美国，是对传统教学方式的一种彻底颠覆。在课前，教师为学生提供一定的教学资源，由学生进行自主的知识学习；而在课堂上，学生带着所学的知识和欲解决的问题与教师、同学进行交流、讨论等合作学习并完成作业，从而实现答疑解惑、知识内化并培养其高阶思维的能力（图1）。从根本上实现了从“教师为中心”到“学生为中心”的教学方式的转变。近年来，美国在翻转课堂的使用上已由中小学扩展到高校。美国国家科学教师协会2012年开展了题为“Have you flipped?（您翻转课堂了吗?）”的调查研究，70%的参与者表示他们已经在不同程度上试行了翻转课堂，并取得较好的教学效果[2]。

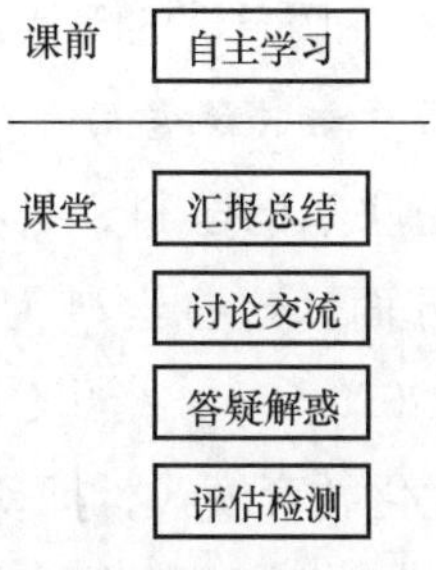

图1 翻转课堂的教学结构

2. 微时代视阈下“翻转课堂”的优势

传统的教学模式以教师为主体，采用灌输式的教学方式，缺乏对学生的个性化和差异化的关注，在某种程度上抑制了学生对知识的探索、批判精神，不利于学生创造力的培养和创新思维的形成。而微时代的教学理念则强调知识的精练性、信息的共享性和流动性，关注学生的个体差异，注重个性化的培养，有效地避免了传统课堂教学中教学内容和接收形式上的强制性和学生对教师教学的思维依赖性。学生从掌握知识本身向学会学习方法并对所学知识和方法进行拓展运用等方向发展，有助于学生创新精神的培养和创新能力的提高。

另外，通过翻转课堂的实施过程，教师可以根据学生学习的具体情况进行教学资源的优化和自身知识结构的构建，提高业务水平，实现教学的个性化，而微时代为它提供了便利的条件和资源。2011 年，萨尔曼·可汗创办了非营利性的可汗学院，通过教学视频、在线练习、进度跟踪等形式使学生在家自学，而在课堂上解决问题。这种对传统教学模式的颠覆取得了很好的教学效果，受到全球教育界的关注。通过教学视频、课外教学材料和合理的教学设计，教师在为学生搭建良好的自主学习平台的同时，也更有利于教师根据自身的研究方向、知识结构和思维方式来进行具有风格特征的教学设计。此外，教师可以通过课后学习平台或者学习软件实时地了解学生的学习轨迹，便于更好地掌握学生对知识的吸收情况，及时调整教学方案或进行有针对性的指导。例如，可汗学院开发的练习系统就完整地记录了学习者每个问题的练习记录[3]。翻转课堂的实施有利于新型师生关系的建立和全新教学思维模式的形成，为现代教育教学提供了全新的思路。

三、服装专业“翻转课堂”实施的可行性

1. 服装专业的实践性有利于翻转课堂的实施

服装专业是实践操作性较强的专业，纯理论的学历教育已不能满足当今社会生产实际的需要，也不符合应用型本科人才培养目标的要求[4]。翻转课堂的教学模式以一定的教学资源为前提，通过任务驱动的形式，让学生进行自主学习和问题探究，并通过课堂协作、完成作业来解决问题，巩固技能。这种方式在一定程度上增加了课堂活动的时间，让学生的实践技能和对知识的渗透能力得到大幅度提高。与服装专业注重实践性的宗旨不谋而合，摆脱了传统课堂上实践技能提高不足、课后没有巩固条件的现状，有利于教学效果的更好体现。

2. 丰富的教学素材和技术资源便于翻转课堂的开展

服装专业是一门与实际生活紧密联系的学科，具有综合性和边缘性的特征，涉及美学、工学、美术、管理、营销等多方面，这些学科为专业教学提供了丰富的教学素材。《教育信息化十年发展规划（2011～2020 年)》指出，要在信息技术与教育深度融合的基础上，建立新型信息化教学环境，优化教育模式，推动教育改革[5]。现代科技的发展为教学提供了丰富的技术支持。如美国加州河畔联合学区采用了基于 iPad 的数字化互动教材，融图片、文本、视频和 3D 动画于一体，兼具笔记、交流和分享等功能[6]。该教材使用后反响良好，八成学生取得优良以上的成绩。服装专业的特点非常符合这种教学方式，丰富的素材和现代的技术资源能够为翻转课堂的开展提供良好的载体。

3. 学生的形象思维能力利于翻转课堂的推进

服装专业因其“艺工结合”的专业特点，使得教学在一定程度上注重学生对人体、图形、服装成型效果等立体造型的思维能力，而这一点与服装专业翻转课堂的核心教学观恰好吻合。通过对传统的教学模式和流程的彻底颠覆，学生在课后自主地进行观察与探究、知识的建构和形象思维的初步形成，到课堂上经过有效的课堂训练将这些知识内化，有利

于学生自主学习能力的提高和知识的固化，最终实现创新意识和创新精神的培养。

四、基于微时代的服装专业“翻转课堂”的实施要点

1. 注重课程的适用性

翻转课堂虽然具有很大的优势，但每门课程有自身的特点，翻转课堂并非适合于任何一门课程。研究表明，导论课程并不适合使用翻转课堂模式[7]。例如，在服装专业课程的教学中，“服装学概论”课程因为理论性极强，由于其实学生首次接触服装知识的基础性课程，其中的众多章节内容学生很难自学；“成衣工艺基础”课程虽然操作性极强，但涉及对缝纫设备性能的掌握与控制以及操作安全等问题，学生在并不具备基础技能的情况下很难进行自主学习。

2. 注重课前学习资源设置的合理性

翻转课堂起到实效的先决条件之一就是课前学习资源的合理性设置，以便能够吸引学生的注意力，提高自主学习的欲望和热情。通常以教学视频为主，视频内容可以是教师的视频演示、知识点的讲解，抑或是讲座、动画等形式。除此之外，可以通过 PPT 演示文稿配合各种软件工具的截屏来让内容更好地呈现，微博、微信、在线互动练习等方式可以实现实时的沟通，便于学习效果的及时反馈。当然，还可以通过智能化教学系统的建立使之更加规范、合理和科学。

3. 注重知识的精练性和交互性

微时代的特征决定了翻转课堂的课前设置要注重知识的精练性，通常以单个或几个知识点为单位，切忌冗长繁杂，微课是目前翻转教学课前设计中常用的方式。另外，还要注重内容的趣味性，贴近生活，这样学生才能够结合实际感同身受，提高学习的兴趣。例如，在进行“服装结构设计”“省道转移”知识的讲解中，可以结合日常生活中服装款式案例，通过 1 ~ 2 个款例的操作，让学生在观察生活、寻找规律的过程中掌握基本设计方法。同时，网络平台或者学习软件应该具备一定的交互性，使学生在学习过程中能够及时进行沟通、反馈，便于学习效果的提高。

4. 注重课堂教学的重构与设计

要想达到翻转教学的良好效果，就要对传统的课堂教学进行重构和全新设计。在教学内容上，教师要能够根据学生的课前自主学习情况进行学习效果的预估和课堂内容的规划，做到合理适度，精心设计好需要适当引导和重点关注的环节和内容。在教学方式上，可以以项目教学、合作学习、启发式、知识迁移、焦点讨论、模拟演练等为主，培养学生的创新思维精神、团队合作意识和工程实践能力。例如“服装跟单理单”课程，可以通过跟单小组和跟单团队的真实模拟，对工厂实际订单进行操作演练，让学生掌握课前所学的操作流程和技能，实现知识的巩固和内化。

5. 注重学习效果的评价与反馈

在翻转课堂的学习效果评价中，传统的考试无法准确地对学生的学习效果进行评价。

而应该以学生自主学习的完成情况、课堂的交互表现以及对知识点的掌握、灵活运用情况等进行综合评价。采用形成性评价和总结性评价相结合的方式，改变传统学习效果评估的局限性，提高学生的实践能力和职业素养，培养其团队合作意识和创新意识。另外，教师还要对学生在课前和课堂上的学习过程轨迹和学习反馈情况进行及时的分析，以便更好地调整教学设计和安排，取得更好的教学效果。

五、结语

在微时代的背景下，“翻转课堂”以其独特的表现方式和教学效果实现了高等教育“以学生为中心”“素质教育”的教学理念，更好地完成了知识的传授、巩固和内化的过程。服装专业“艺工结合”的特点决定了其教学更应该注重实践性和学生技能、创新精神的培养，因此，在服装专业采用“翻转教学”具有很好的现实意义。

参考文献

[1] 李媛．论微时代的高等学校外语课程教学改革［J］．中国报业，2013（4）：138.

[2] 王安琪．翻转课堂在初中英语语言技能教学中的应用［D］．上海外国语大学，2013（4）：5.

[3] 顾雪林．萨尔曼·可汗：一个人的网络教学震动了世界［N］．中国教育报，2013-02-26.

[4] 杨娟，徐蓼芫，杨佑国等．服装专业本科实践教学与职业资格证书制度的结合［J］．纺织服装教育，2012（5）：470-472.

[5] 教育部．教育信息化十年发展规划（2011~2020年）［Z］.2011，(6)：5-6.

[6] 杜悦．美国“翻转课堂”成功案例［N］．中国教育报，2014-04-09.

[7] Jeremy F. Strayer. How learning in an inverted classroom influences cooperation，innovation and task orientation. Learning Environ Res. 2012（15）：171-193.

更新人才培养观念，探索多元化的创新人才培养模式

东华大学　吴晶　吴良　郭建生　何瑾馨　杨庆

关键词

创新人才培养　多元化　应用型人才培养

摘要

东华大学以培养高层次应用型人才为目标，在纺织服装拔尖人才培养上发挥优势特色，追求卓越；以国家新兴战略需求为导向，高水平科学研究为支撑，协同创新，探索多样化的创新人才培养新模式。

正文

近年来，东华大学根据《国家中长期教育改革和发展规划纲要》《国家中长期人才发展规划纲要》的精神，围绕人才培养的核心任务，贯彻“一切以学生全面发展和成才为中心”的办学理念，按照德育为先、能力为重、全面发展的要求，确立学校以高层次应用型创新人才培养为主的目标定位，面向国家发展战略和经济建设的长远需求，更新人才培养观念，优化调整人才培养方案和课程体系，探索多元化的创新人才培养模式，全面提高人才培养质量。

一、以深入实施完全学分制为基础，育人为本为宗旨，因材施教

早在2002年，学校实施第二轮完全学分制改革，2004年实施按大类招生和培养，实行“建立在加强通识教育基础之上的宽口径、柔性化专业”教育。近年来，在完全学分制改革成果的基础上，进一步探索多样化的人才培养模式，建立多元选拔、灵活选择的人才选拔制度。以教学改革为主线，针对我校宽口径专业大类招生的特点与优势，剖析在高等教育大众化情况下社会对人才的需求与发展趋势，深入进行专业类人才培养方案的系统研究与整体设计，做到教学活动的开展要为不同特长、不同兴趣、不同目标的学生创造更加

合理开放的学习空间，充分发挥学生个体的学习主动性、积极性以及在学习过程中的主体性。

按照完全学分制的框架要求，学校构建了一个完全开放，能够满足学生个性发展和专业培养需要的选课体系，已经实现学生选课的“四选”，即自主选择课程、上课时间、授课老师和学分修读进度。在培养方案制订中，在通识教育、学科基础、专业方向和实践教学等模块中都包含了学生可以自主选择的课程和内容，学生还可以根据自己的兴趣和发展需要，跨专业选读其他专业的课程，打破了原来培养计划千篇一律的弊端，尊重学生差异，追求个性发展。

2010 年学校承担了国家教育体制改革试点项目“应用型人才培养综合改革”，确立培养拔尖创新、高层次应用型人才为主的办学目标，启动了新一轮的教育教学改革。为了符合拔尖创新、高层次应用型人才的培养需要，首先对数学类课程、大学英语、大学物理等量大面广的公共基础课，根据课程特点和学生培养的不同需要进行了建设和改革。

大学英语采用分级教学，鼓励基础较好的学生直接修读高起点的课程，开设提高类课程，满足这批学生的学习需要；在纺织服装专业实行学术英语教学试点，使大学英语的教学在高中通用英语的基础上，更能符合大学培养的要求，提高学生参与各类学术活动能力，包括修读全英语课程、聆听学术报告、撰写学术论文、参与讨论、查阅资料等听、说、读、写方面的能力。

数学类课程采用分类教学，根据学生今后的发展需要，分别开设 A 类课程和 B 类课程。A 类课程以培养数学思维，提高学生分析研究能力为主，为进一步深造打好基础；B 类课程以应用为目的，提高学生运用数学工具解决实际问题的能力。目前已经实施的有“一元微积分”（上、下），“概率论”和“线性代数”等。其中 A 类课程仍采用原来的传统教材，而 B 类课程则采用了有较多实际应用的国外译本教材。

大学物理也做了大胆的改革，采用伯克里的教材，更加注重物理概念、思想方法和分析问题的能力。学校还将对电工电子、数字电路、模拟电路、机械制图等进行改革和建设，使之更加符合当今科技发展和人才培养的需要。

二、以培养纺织服装创新人才为己任，追求卓越，实现多元培养

东华大学建校 60 多年以来，培养了数以万计的纺织服装专门人才。他们在纺织行业领域，成为中国乃至世界的领军人才和中坚力量，在中国的经济发展过程中起着重要的作用。随着生活水平的提高，科学技术的发展，现代纺织服装业已经从单纯的解决穿衣问题发展到了追求品质、崇尚设计和创新等更高的层次。纺织服装产业也从单纯的纺纱织布做衣服拓展到了更多的产业用产品，例如建筑、医疗、生物，直至航空航天等高科技领域。

作为拥有一流纺织服装学科的重点高校，肩负着纺织服装教育的新的使命。一是要为纺织学科的研究创新和发展培育可造之才；二是要为纺织行业培养具有宽厚基础、具有国

际视野、富有创新和研究开发能力的高层次应用人才。

1. 设立“纺织实验班”

2008 年起纺织学院设立“纺织实验班”，探索高等教育大众化下高素质纺织专业拔尖人才的培养模式，给优秀学生营造“视野宽阔，自主发展”的培养环境。在学生选拔、培养方案和课程体系的改革与建设、导师制、研究型学习、强化专业外语能力、扩展国际视野等方面进行了全面的探索与实践。

实验班为培养拔尖纺织人才，按照通识、大类、专业（方向）课程三位一体的指导思想设立课程体系。在课堂教学之外为学生提供形式多样的学术活动、研究课题、工程设计题目以及实习实践、海外交流等机会，多方位地锻炼学生的实践和创新能力，全面培养和促使学生形成良好的创新思维习惯和意识。

实验班实行准研究生培养和导师制。学生在学习期间可以得到资深教授组成的学生学习指导小组的全程指导。每四个学生自由组成团队，联系相应的导师，进入课题组，培养科研能力和团队精神。导师对指导的学生进行选课、学习内容及科研方法等的全方位指导。学生定期参加研究生组会，并要求学生每人至少要参与一项导师科研项目的研究或大学生创新活动项目。

实验班注重培养学生的外语能力和国际视野。要求学生必须选读双语授课的专业平台课程，增设国外相关院校的专业课程，由外教英语授课。组织学生参加国外学者的讲座，参加学院承办的国际会议的志愿者活动，如组织实验班学生担任 2009 年国际纤维学会春季会议、第三届纺织生物工程和信息学会国际会议（TBIS 2010）、2010 年“国际生物医用纺织材料论坛”暨“111”年会等的志愿者，锻炼提高学生的外语交流能力和沟通能力。

实验班培养取得了显著的成效。以首届实施培养的 2008 级学生为例，13 人以团队形式申请专利 5 项，8 人以团队形式发表论文 2 篇。全班 36 人全部参加各类课外科技活动项目或科研项目。承担国家级大学生创新实验计划项目 5 项、校级创新实验重点项目 1 项，承担或参加院级创新实验计划项目 9 个。15 名学生经选拔赴美国北卡罗来纳州立大学校、加利福尼亚州立大学戴维斯分校、美国费城大学等学习交流，出国升学率达 37%，远高于该专业整体水平（约 8%）。

2. 实施卓越工程师培养计划

纺织工程专业（纺织品设计）自 2011 年起实施卓越工程师培养计划。在纺织工程专业大类招生的学生中，通过自主选择，选拔具有一定美术基础的学生进行培养。该方向以培养适应未来纺织科技进步，亦工亦艺的高素质专门人才为目标，在学习纺织工程专业的理论知识和纺织品设计相关原理的同时，注重艺术素质和人文素养的培养。按照卓越工程培养的要求，强调“做中学，练中学”，通过校企阶段的培养，将“工程技术”与“艺术”“产品”“市场”等有效结合，培养具备全面艺术素质，具有图案设计、纺织品造型的设计能力，具有织物功能及规格设计能力和制备工艺设计能力，同时具有产品市场开拓能力的新一代纺织品设计人才。

在课程体系上改变过去纺织工程（纺织品设计）专业学生培养注重产品工艺设计及实现知识，而相关艺术设计、造型设计、文化等专业知识不够的状况，充实美术、图案设计知识能力的培养，增加产品造型设计、文化与产品等方面知识的教学；同时增加品牌策划与创建、市场拓展等能力的培养；大大增加实践教学环节所占的比重。

培养模式上注重“工程技术”与“艺术”有机结合，校内教学与企业实习实训结合、校内设计训练与创意中心设计实战结合。依托“国家级工程实践教育中心”，让学生接触生产实际，能结合市场实际设计作品。采用“3 + 1”模式，培养学生基本的艺术素质培养，先进的设计理念，卓越的动手能力、工程实践能力和创新能力。

3. 拓展交流方式与渠道，推进人才培养的国际化

国际化是培养纺织服装应用型创新人才的重要途径。我校纺织服装相关专业在应用型人才培养方面，已经形成多层次、多渠道、多形式的国际交流新局面。既有双学位和联合培养的拓展，又有短期访学、国际游学和国外企业实习实践，以及国际资格认证等。20世纪80年代末，学校纺织服装学科的七个专业和专业方向的毕业生得到英国纺织学会的认可，这些专业和专业方向取得学士学位的毕业生可直接准入为国际纺织学会会员，并享有在英联邦免试开业的资格。

轻化工程专业是教育部批准的中德合作专业，近年来积极拓展国际交流与合作渠道，与德国劳特林根应用技术大学、德国莱茵－瓦尔应用技术大学、美国加州大学戴维斯分校进行交流合作，积极推进具有国际视野的“卓越工程师”的培养建设。每年选派15名本科生到德国劳特林根应用技术大学继续学习，获得东华大学和德国劳特林根应用技术大学颁发的双学士学位；选送15名学生赴德国莱茵－瓦尔应用技术大学学习一至两个学期(英文授课)，学校认可学生在德期间所获学分。除此之外，学校目前正与英国染色家学会商谈在国内设立国际认可的注册染色工程师资格认证体系，以我校为试点，学生通过双方确立的相关课程学习和考试，可获得注册染色师证书。

服装·艺术设计学院与日本文化学院联合培养卓越设计人才已有10年，实行贯通产业链式的教学。从品牌调研、服装材料、款式设计到样衣打板、成衣工艺，直至销售、展示环节，产业链的各环节都是学生的学习内容。学生的设计图稿通常由企业打分评选，邀请知名企业的资深工艺主管担任工艺老师，所有任课老师一起讨论决定课程的衔接。一学年的课程学习，学生们经历了一件衣服从设计到制造的整个产业链全过程。中日合作班在国内的课程采用日本原版教材和双语教学，引进的专业核心课程占总核心课程数的87.5%，采用的教学案例和教材基本为国际服装教育领域的最新版本。通过合作，把国外的优质课程、教学理念等核心内容引进来，提高自己的师资质量，同时学习借鉴世界一流大学的办学经验，推动本校相关学科的改革和发展，培养具有国际竞争力的应用型创新人才。2011年，在首次开展的“上海市示范性中外合作办学机构（项目)”的评选中，该项目成功入选。

2013年，学校开始筹办纺织工程国际班，面向留学生招生，采用全英语授课，纳入全日制学生常规管理。学校成立了由国际合作处、教务处、国际文化交流学院、纺织学院、理学院、化工生物学院、计算机学院、人文学院、外语学院等相关负责人组成的协调小组，制订能够符合国际化培养要求的全英文教学计划，建设英文版的选课系统。各相关学院负责全英语课程的建设和授课，首批将要建设的课程包括数学类、大学物理和实验、化学类课程和实验、计算机类、人文文化、纺织工程专业学科基础和专业方向课程等近40门全英语课程。该国际班计划将于明年开始招生。这是我校推进办学国际化的重要一步，今后将根据发展需要和条件逐步拓展其他专业。

4. 开展职业资格认证

自从纺织纤维检验工职业标准于2002年经劳动与社会保障部批准实施后，我校已经在本科生高年级试行“纺织纤维检验工职业资格”认证工作近10年，初期主要是以参加上海市职业技能鉴定中心相关认定工作为主。从2008年开始，学校经过申请，在国家质量技术监督行业职业技能鉴定指导中心的授权下，成立了东华大学纺织学院职业技能鉴定实训基地，并于2008年5月完成了第一批纺织纤维检验国家职业资格证书鉴定工作，首批有68名高年级本科生参加，通过鉴定，获取国家职业资格三级（高级技能）证书。从第三批认证开始有一些硕士生乃至博士生参加；至2011年11月6日，共进行10批认证，累计有674人通过认证。经过国家质量技术监督行业职业技能鉴定指导中心的检查和认定，于2011年11月6日，授予东华大学纺织学院职业技能鉴定实训基地国家职业技能鉴定基地，以后将能够独立开展相关鉴定工作，从而为后续专业学位和职业资格认证之间的衔接工作打下良好的基础。下一步，学校将与中国纺织工业联合会及上海市纺织（控股）集团等进一步洽谈合作，推进和加深纺织工程职业资格认证工作的开展。

三、以国家新兴战略需求为导向，发挥多学科优势，建设国家特色专业

作为“卓越工程师教育培养计划”首批试点学校，学校现有纺织工程、服装设计与工程、自动化等10个本科专业，以及纺织工程、计算机技术等6个研究生层次学科领域，被批准实施卓越工程师教育培养计划。学校正在按计划开展体制机制、培养模式、教学改革、师资队伍、国际交流等方面的综合改革，全面推进有特色开放式高水平应用型人才培养体系建设。我校“功能材料”本科专业是教育部立项建设的国家新兴战略产业相关国家特色专业，于2010年获批，2011年秋开始招生。该专业依托我校纺织、材料、化工生物等强势特色学科，下设生物医用纺织材料与技术、生物材料、新能源与光电材料三个专业方向。学校校长办公会议重点讨论了我校“功能材料”本科专业的建设，提出了“举全校之力进行重点建设，积极探索跨学科专业建设的体制机制创新”的指导思想，共同建设具有跨学科专业特征的功能材料专业，共享师资和实验室，不断优化学科专业、促进多学科的交叉和融合。为了实现培养综合型高素质专门人才的培养目标，学校组建了由不同学

院、不同学科教师组成的教学团队，共同制订培养计划，建设课程体系，真正实现跨学科的交叉培养。

四、以高水平科学研究为支撑，协同创新，探索人才培养新模式

我校材料科学与工程学院，拥有国家重点学科和上海市十大“重中之重”学科材料学，纤维材料改性国家重点实验室、高性能纤维教育部重点实验室、先进玻璃制造技术教育部工程研究中心三大创新基地，由院士、国家973项目首席科学家及40多名教授组成的高水平师资力量，承担了大量国家、省部级重点科研项目。材料学院致力于形成有特色、开放性、高水平的学科体系，建立紧密结合国家战略发展需求、国防建设和社会发展需要的科学研究、技术研发与人才培养一体化的创新基地，建设培养具有创新创业能力、开展应用基础理论研究和工程研发的高层次人才的研究型学院。学院坚持以人才培养为根本任务，注重学生创新能力培养和全面发展。2003年起学院推行“准研究生制”本科生培养模式，70%的二、三年级本科生进入课题组开展研究，近50%的学生获得各类科技创新活动奖项，50%以上的本科毕业生在国内外攻读研究生，毕业生受到科研院所、大型企业等用人单位的广泛好评。

2011年学校成立民用航空复合材料协同创新中心，主要参与单位包括上海交通大学、中国商用飞机有限责任公司等。学校依托该中心，根据国家大型飞机发展的重大需求，设立民用航空复合材料拔尖创新人才实验班（简称民航实验班）。实验班从我校纺织、材料、机械、化工生物等学院二年级在校本科生中选拔优秀学生进行培养。民航实验班不采用实体班的形式，而是一种新的培养机制——学生的学籍关系依然保留在原学院。中心协同教务处为不同学院、不同专业的学生制订专门的培养计划，学生在学习本专业必需的专业课的基础上，修读由中心提供的民用航空复合材料相关的课程，参加校企合作培养和实践。民航实验班注重校企合作培养方式在人才培养中的作用，通过企业实习、实践轮岗的方式增强学生对民用航空的认知。同时中心将提供一定的场地、指导教师、实验设备和经费等支持民航实验班的同学开展课外科技学术和创新活动。

五、创新创业培养成效显著

我校于2007年被列为首批入选的60个“国家大学生创新性实验计划”高校，目前有国家级创新项目380项，2008年又作为上海市大学生创新活动计划立项高校，受资助项目610项。学校已形成了“国家—上海市级—校级—学院级”四个层次的大学生创新创业训练项目体系。校级项目至今重点资助项目已组织进行了十四期，项目数达到3000余项，近五年创新计划投入专项经费近千万元，教育部、财政部、上海市教委到款950万元，受益学生3000余人。

在已经完成的国家级、上海市创新创业项目中有许多可喜的成果。在教育部高等教育

司主办的五届国家大学生创新论坛上，我校先后有11个项目参展，两次入选“我最喜欢的项目”，载誉而归。在“首届全国大学生创新论坛”上，我校纺织学院丁若垚同学主持的“基于生物技术的新一代固化水研究”入选全国十佳国家大学生创新性实验计划“我最喜欢的项目”；在第三届大学生创新论坛上，我校服装学院罗晓文同学主持的“野外作业用全天候可识别多功能服装的研究与开发”再次入选“我最喜欢的项目”。在今年全国大学生创业基金项目全国评审中，我校获金银铜三个奖项，是唯一报送项目全部获奖的高校，这三个创业项目得到10万~30万元不等的天使基金资助。

作为以工为主的多科综合性发展高校，学校坚持适应社会需要的办学方针，瞄准国家重大战略、区域经济发展和产业转型、创新需求，确立培养应用型拔尖创新人才为主的办学目标，对接经济社会发展需求，努力培养全面发展的高素质人才。

参考文献

[1] 牛莉莉，吴良，吴晶．“国家大学生创新性实验项目”的过程管理模式探析［J］．纺织教育，2009，24（4）．

[2] 吴良，邱高，瞿斌，吴晶．主动适应国家和上海经济建设优化调整本科专业［J］．纺织教育，2010，25（1）．

[3] 吴晶，吴良，牛莉莉．大学生创新性实验项目过程管理的探索与实践［J］．纺织教育，2010，25（6）．

基于 CDIO 的机织学协同教学方法改革与实践

嘉兴学院　黄立新　曹斯通

关键词

CDIO　协同教学　产业集群　工程实践能力

摘要

基于 CDIO 工程教育理念，针对地方性高校人才培养目标，以地方产业集群和省级实验教学示范中心为依托，在纺织工程专业学位课程“机织学”中设计了基于项目协同教学的改革方案。在实施过程中，以问题为导向，以项目为载体，依托校内外不同背景的多导师教学与指导，实施项目的构思、设计、实现和运行，协同教学激发了学生潜在的学习能动性。结果表明：基于 CDIO 理念的协同教学能有效促进学生学习积极性，工程实践能力得到显著提升。

正文

国家中长期教育改革与发展纲要出台后，全国各类院校都在思考如何在新一轮发展中找到自己的定位，为国家和区域经济发展贡献自己的力量。我校作为一所地方性的本科院校也在积极思考“如何培养人、怎样培养人”这个核心问题。高等工程教育，多年来由于受学科主导的影响，过于强调理论学习，不重视工程实践和综合能力培养，不能适应社会经济发展的需要。工程意识是工程师最重要、最基本的素质之一，如何培养既具备现代工程意识，又能综合应用现代科学理论和技术手段的工程技术人才，是高等院校亟须研究解决的现实问题。近年来，结合浙江纺织产业升级的需要，我们通过 2012 版人才培养方案的修订，提出了基于 CDIO 工程教育理念的专业课协同教学体系改革，以“卓越工程师培养计划项目”为抓手，实施了一系列卓有成效的改革措施，在课程设置、教学方法及高素质专业人才培养方面取得了较好的成效，相关研究成果获嘉兴学院第六届教学成果一等奖。

一、工科教育存在问题及改革方向

机织学是纺织工程专业的学科基础课，与其他专业课程的内容密切相关，其涉及内容广、工程实践性很强。近年来，由于扩招带来的教学资源不足以及实习实践条件的变化，使纺织工程专业学生的工程实践机会大大缩水，传统的教育理念和方法使“产”与“学”严重脱节，学生仅掌握书本上的理论知识，虽然有一部分实验课程，但学生对工程实践仍然非常陌生，缺少关于织造设备、技术及织造产品开发全过程的综合能力训练，并且由于缺少实践经验，对理论知识的理解也不够深入。因此，加强学生的工程实践能力，对传统教学方式进行改革势在必行。根据学校“教学型、应用型、地方型”的整体办学定位，纺织工程专业定位于为浙江省纺织产业升级输送“下得去、上手快、稳得住”应用型专门人才。树立全面发展观、人人成才观、多样人才观、系统培养观的“四观”人才培养理念，深化专业课程体系、教学内容、教学方法的改革，注重学思结合，智行统一是必然的要求。在 2010 年浙江省新世纪教育改革项目和 2013 年浙江省课程教学改革项目的支持下，我们开展了基于 CDIO 模式的纺织工程专业课教学方法的改革与实践，取得了显著的成效。

二、基于 CDIO 的纺织工程专业人才培养方案

针对工科毕业生不能适应工程技术发展需要的问题，麻省理工学院和瑞典皇家工学院等四所大学组成的跨国研究获得 Knut and Alice Wallenberg 基金会近 2000 万美元巨额资助，经过四年的探索研究，创立了 CDIO 工程教育模式，并成立了以 CDIO 命名的国际合作组织。CDIO 代表构思（conceive）、设计（design）、实施（implement）、运行（operate），以工程项目生命周期全过程为载体培养学生的工程能力，个人的职业道德、学术知识和运用知识解决问题的能力，终身学习能力，团队工作能力，交流能力和大系统掌控能力。CDIO 模式按照工程项目的整个生命周期组织教、学、做，将相关课程相关联，避免不必要的重复，使学生掌握各门课程之间的关系，解决综合性问题。我们按照 CDIO 标准和教学大纲重新制订以工程能力培养为核心的新版人才培养目标、培养方案和课程体系（图 1）。

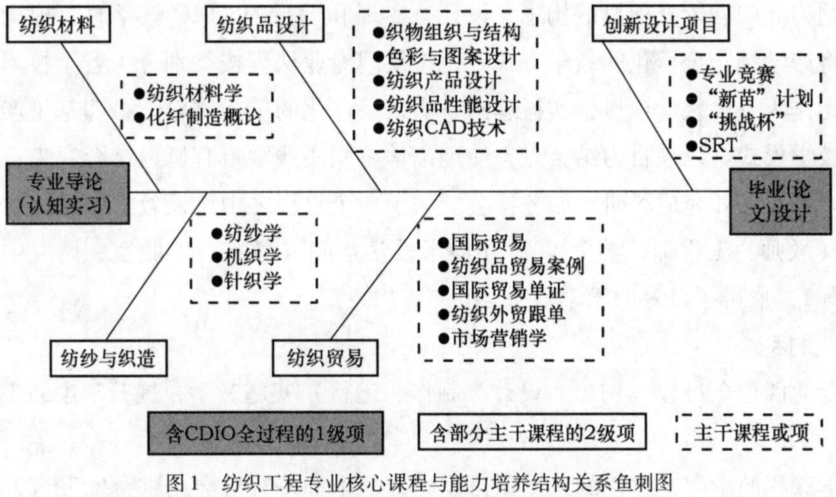

图 1　纺织工程专业核心课程与能力培养结构关系鱼刺图

在新的培养方案中，既综合考虑学科的课程体系，又以现代工程教育理念和产业环境为背景激发学生的兴趣，将理论与实践有机结合起来，强化学生能力的培养。在修订教学计划基础上，以 CDIO 国际工程教育理念所倡导的贴近实际工程教学为改革理念，依托当地强大的产业集群，以纺织工程专业课教学方法的改革为突破口，明确改革目标：由知识传授向能力培养转变。教学主体以教为主向以学为主转变，教学方式以授为主向以导为主转变，学生学习以被动依赖向自主学习转变。制订适合于学生专业课学习每一个环节的形成性评价体系，改革目前以书面考试为主要依据的总结性评价体系。通过围绕专业课的基础理论教学与项目技能训练要素相结合的形成性评价，一方面使学生看到自己的差距和努力的方向，激励学生重视学习过程，提高学生的工程运用能力；另一方面让学生在对自己的学习过程和学习效果的监察和评估过程中，培养专业学习的自主性，形成积极主动、勇于探究、实际运作的学习态度。在此基础上，为了进一步强化工程应用能力培养，实施了专业课程教学的多导师（配备一名专职老师和一名企业兼职老师）协同教学新模式，建立了面向协作创新能力培养的三位一体实践及研究平台的运作机制（图2）。

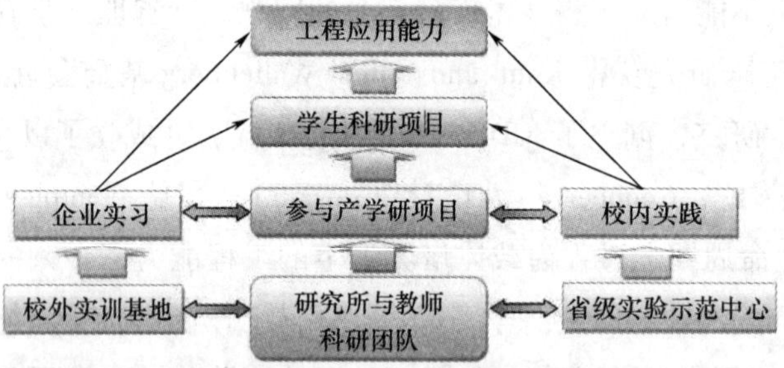

图2　纺织工程专业协同教学与能力培养结构关系

三、基于 CDIO 的协同教学的实现与运行效果

以问题为导向，依托项目的构思、设计、实现和运行的 CDIO 教学改革理念下的项目化教学是将产学结合全程化的教学方式，是将某门专业课程按类别分为若干技术单元，每个技术单元作为一个教学项目，实行理论、实践一体化的单元式教学，即基于产学全程合作的项目教学模式。以项目为结合点，使理论学习同实践学习有机地结合起来；把完成教学任务、培养人才和完成科研、服务社会统一于一个过程之中；该教学模式极大地丰富了教学主体（教师、工程师、学生等），拓展了教学空间（教室、实验室、研发中心、企业生产现场等），取得了良好的教学效果。

（一）目标

围绕专业课程全过程（构思、设计、制作、运行）实施教学，提升学生的工程能力。

（二）项目

机织学课程的学习全过程的 4 个项目设计，学生都将有机会在讲台上发言，实践中探究，项目中策划，产品中运作。

（三）评价

能力 = 理论 + 实践 + 效果

课程具有明确、具体化的教学结果（包括各种能力和学科知识），符合人才培养目标，为教育利益各方（产业、学生、教师）所认可。

（四）条件

该课程围绕“自主学习，能力培养”的理论教学知识体系较为完备，电子化理论教学与实践平台（BB 平台）已建立，课程的立体化资源构建完成。探究式、开放式（校内外教学团队）学习模式已建立，互助学习中心（学生创业创新中心）——学业朋辈（不同年级）互助支持平台开始运作。尤其是采用多导师的协同教学模式很好地解决了学生课堂教学中的审美疲劳，企业工程师的加盟给学生带来了全新的工程感受，近 3 年，已有 3 位具有多年企业工作经验的工程师正式加盟到教学队伍中，同时也带动了更多的企业兼职工程师来校授课与指导实训。

（五）实施过程

机织学课程按照教学计划共有 80 个学时，理论教学 64 学时，实验教学 16 学时，我们在教学过程中打破了时空限制，以班级成员分成若干个小组，并以 4 个相关项目全过程运作的形式来达到相关专业知识与专业技能的学习和掌握，进一步提高成员的学习积极性和工程能力。

（1）项目分组与角色定位。学生们按 5 人分组，每人扮演一个团队角色：组长、技术员、陈述员、秘书。组长全面负责小组的工作，把握项目进度，确保每个成员按时完成任务，2 位技术员为项目设计和实施的骨干，完成项目的主要工作任务，陈述员的工作是协调成员之间的工作，报告小组的学习进展和结果。秘书记录项目运作的过程，做好技术档案的整理。

（2）项目构思与设计。鉴于目前学生的实际认知水平，项目主要由专职老师进行提示或构思，学生以小组为单位阅读或观察教师提供的样品、数据或有关信息，听取老师对相关专业知识点的讲解，讨论回答一些教师提出的问题，阅读教科书上相关的部分，引出概念或得出结论，设计出本小组准备实施和运作的项目。

（3）项目实施和运作。一般每个项目从构思到运作结束要 4 ~ 5 周时间，前 2 周主要进行相关理论知识的学习，通过教师课堂讲授，结合问题的学习进行互动交流，构思、设计相关项目；后 2 周主要在兼职工程师的辅导下进行项目的实施和运行，巩固所学知识。小型的、简单的项目在开课学期内完成；复杂的、有潜力的项目进行项目完善，在后续的浙江省大学生科研计划项目、“挑战杯”等学科竞赛项目中运行和完成。在项目计划形成前，要求各小组绘制工作分解结构表——WBS（work breakdown structure）表，将复杂的系统分解成具体的工作单元，确保人人有任务，个个有压力。在此期间的业余时间内项目组成员要多次沟通和商量解决问题的方法，或小组间进行交流，比较各自的实施方案，解决可能的分歧。在基本完成项目的情况下，向老师申请在班上进行陈述与答辩，由老师和各组组长进行质疑和评价。

（4）教师的角色与成绩评定。教师巡回审阅记录员的记录，观察和倾听学生的汇报与讨论。发现学生对某个科学概念和技术工艺存在误解，给予必要的提醒，并在兼职工程师的帮助下，利用课余时间进入企业研发中心、生产车间锻炼，尽可能让学生自己发现错误，这样学生的印象就会更深。项目完成后，根据项目设计方案、项目进展、工作质量、团队合作、产品实样、技术档案6个方面的表现构成评价结果，并作为该小组专业课程成绩的主要依据，把相应的评价结果提供给相关的企业，为企业人才招聘提供可参考的依据，这一举措也受到当地纺织企业领导和人事经理的欢迎。

通过项目化协同教学的改革，学生的学习积极性得到明显的提高，使用小组学习，概念的引入在数据或信息资料分析之后，反思学习过程，教师的讲授时间通常不超过20分钟（一节课45分钟），通过启发，教师与学生、学生与学生之间的互动交流频繁，利用学校的录播教室全过程进行录像，并把录像资料作为立体化资源上传至BB网络教学平台，同学可以像看电影一样看自己的课堂表现。学生们反映新的教学方式创造了宽松自由的课堂气氛，使他们能交流分享不同的观点，有助于他们理解学习内容。

四、实施项目化协同教学的进一步思考

CDIO工程教育模式强调做人与做事的统一，为地方工科院校的教学改革提供了可借鉴的经验，但CDIO毕竟是一个“舶来品”，国内外高校的体制、管理、教学理念、教学条件等还存在较大的差距，在具体实施过程中，地方高校一定要根据学校的专业特点、师资特点、生源特点和地方产业特点有针对性地开展教学改革工作，主要应注意以下四点。

（一）立足能力培养，明确培养目标

培养目标不明确，教学工作就无所适从。地方性高校必须克服办学定位上的高攀倾向，将培养目标向研究型大学看齐，过于强调学科理论的系统与扎实，忽视工程能力的培养，以学术化代替工程化[2]。只有立足地方产业对人才的实际需求，肩负为区域经济发展的使命，才能真正从思想上重视项目化教学改革的重要性，愿意把有限的教学资源向专业教学实践活动倾斜，才能具有较强实践能力、社会适应性强的工程应用型人才。

（二）创新课程体系，强化教学过程

长期以来，高校习惯于学术化培养目标，从学科知识的逻辑性、科学性、系统性出发来设计课程体系，使原来一体化的工程被不同的课程所割裂，课程体系不能反映工程教育的创新性、综合性、实践性的特点。因此，在项目化协同教学改革过程中，我们一定打破习惯性思维，根据地方产业和现代工程的特点，创新、整合课程体系，打通工程的纵横向关系，使各门课程真正围绕工程实践展开。强化教学过程中“教”与“学”的互动，培

养学生的学习积极性，强调教师的主导和学生的主体意识，激发学生的学习成就感。

（三）坚持产学合作，保持良性互动

产学研是不同的知识运行形式，又是不同的社会性活动，各有各的目标，各有各的任务，都遵守各自的运行规律，因此，不同的社会活动联系在一起就会产生矛盾[3]。产学合作是培养工程应用型人才的必要条件，各高校都很重视，但关键是怎样才能保持良性互动，真正产生人才培养、科技开发、产品生产的双赢局面。从国外成功的实践来看，产学合作一定要在政府的政策支持下，形成一个整体的、开放的、系统的、持续的官、产、学、研系统。另外，充分利用校友资源建立兼职工程师队伍也是保证协同教学顺利实施的重要举措。

（四）教学科研互动，培育工程文化

教学、科研、社会服务是高校的三大职能，地方性高校一般定位于教学型高校，培养应用型人才，但并不意味着忽视科研和社会服务。在实施项目化教学过程中，教师如果没有足够的社会和企业资源，要实施 CDIO 理念下的工程教育改革是相当困难的；学校如果没有足够的校外资源，要培育校园工程文化，培养具有创新性的现代工程应用型人才往往也很难达标。因此，实施基于 CDIO 的协同教学的基础是强大的地方产业背景和学校良好的实验教学及科研平台。

参考文献

[1] 王刚．工科教育模式的改革和实践［J］．高等工程教育研究，2011（1）：28－32.

[2] 陈想平．CDIO 模式解析及其对地方高校工程专业改革的启示［J］．长江大学学报（社会科学版），2011（1）：128－131.

[3] 潘懋元，董立平．关于高等学校分类、定位、特色发展的探讨［J］．教育研究，2009（2）：33－38.

非织造布性能与测试研究型教学方法及应用

南通大学　李素英　张瑜　任煜

关键词

研究型　教学方法　非织造　能力

摘要

结合非织造材料与工程专业及“非织造布性能与测试”课程特点，引入研究型教学方法，并借组主题研讨、角色体验等方法设计实施研究型理论教学、实验教学及实践教学。结果表明，研究型教学方法有助于提高学生对知识的归纳整合能力，有助于培养自觉学习意识和研究探索能力，有助于形成实践动手能力，有助于激发创造创新能力、团队协作能力。

正文

一、研究型教学方法

研究型教学方法是适应高等教育改革的一种新理论，分解内涵应包括两个方面，即研究型的“教”和研究型的“学”。研究型的“教”是指教师研究课程知识体系、学生学习状态、设计知识传授方法。研究型的“学”是指学生在教师设计的模拟研究环节中，围绕题目进行文献检索、方案设计、方案实施、数据积累和处理、结果分析、项目总结等一系列活动。研究型教学模式摒弃了传统的“填鸭式”教学，教师通过教学设计，引导学生独立自主地发现问题、探究问题、解决问题，在这个过程中学生通过独立思考和研究，体验知识与生产实践相结合的过程，了解研究领域发展情况，经历科学研究实践，并在对知识重组过程中锻炼和积累应用于科研活动的创造性思维能力。研究型教学方法有助于提高教学效果，有助于培养学生的创新思维和创新能力。

非织造技术具有学科交叉突出、可使用原料品种规格多、工艺变化多样、工艺间复合灵活等特点。非织造材料形态、结构、性能多变，在非织造材料与工程的专业课教学中，引入研究型教学方法非常必要。本文以非织造布性能与测试课程为例，对教学团队在理论课、实验课、实践课中的研究型教学进行探讨。

非织造布性能与测试是非织造材料与工程专业一门必修专业课，该课程与前期课程如纺织材料学、有机化学、高分子物理与化学、纺织工艺学、高分子材料与纺丝技术、非织造学等密切联系，又直接影响后续非织造材料来样分析、产品设计、毕业设计（论文）等实践环节，在非织造材料与工程专业知识体系中占有重要地位。课程主要阐述非织造材料类别、特点、应用领域，不同非织造材料性能测试原理及测试方法，来样分析步骤、产品性能评价方法等内容，具有基础性、理论性、知识性、实践性和技能性相互融合特点。由于非织造技术的发展和新产品出现，产品测试方法有待于完善，课程内容具有研究探索性。在非织造布性能与测试教学中引入研究型教学方法，符合课程目标要求，有助于构建与教学研究型大学相适应的应用型、创新型人才培养体系。

二、研究型教学方法设计

研究型教学方法要求教师在研究的基础上为学生设定研究问题，根据课程特点分解的研究目标见表1，研究内容见表2，研究方法设计见表3。

表1　研究目标分解与具体化

研究目标	目标分解	目标具体化
课程信息对学生的有效性	重点信息的提炼	重点信息及辐射
	信息的梳理整合	将信息穿成线
	信息的再现	实验再现和实践再现
课程内容复杂、变化	按专题研究	1～2个应用领域
	按工序研究	1～2种加工方法
	按时间研究	参考书及网络的应用
学生创新能力提高	学习能力	质疑意识、想象意识
	规划能力	规划意识、规划设计
	实施能力	规范意识、劳动意识
	合作能力	尊重、信任、责任、沟通
	总结能力	数据处理、归纳、表达

表2　研究内容分解与具体化

研究内容	内容分解	内容具体化
研究型理论教学	主题模式	1～2个应用领域
	情境模式	1～2种加工方法
	文献拓展模式	对应各个专题
研究型实验教学	基础实验	传统材料
	模拟实验	与工程相关实验
	设计性实验	新材料
研究型实践教学	产品开发	原料、成网、加固、后整理
	来样分析	文献检索、性能分析

表3 研究方法设计

研究内容	内容分解	研究方法
研究型理论教学	主题模式	主题研讨
	情境模式	角色体验
	文献拓展模式	成果交流
研究型实验教学	基础实验	主题研讨
	模拟实验	角色体验
	设计性实验	自主研究
研究型实践教学	产品开发	角色体验法
	来样分析	角色体验法

三、研究型教学实践

（一）研究型理论教学实践

理论教学是大学工科人才培养的重要内容，专业理论对毕业生适应岗位要求、提升个人岗位能力都具有重要作用。在非织造布性能与测试课程理论教学中引入研究型教学方法，旨在高效利用有限的课堂教学时间，提高课堂信息对学生的有效性，适应课程内容复杂、多变的特点，锻炼学生的创新能力。

在非织造布性能与测试课程理论教学中，结合非织造材料这个研究主题，首先对课程内容进行梳理，把13章内容分解成绪论、非织造材料常规性能测试、不同用途非织造材料性能测试、来样分析四个板块，每个板块中至少设置1个专题进行研究型教学设计。研究型理论教学方案设计举例见表4。在方案设计中，只限定了目标和工艺，即要求学生筛选非织造保暖材料可以使用的纤维。

表4 纤维原料选择

目标	工艺	纤维种类
保暖材料	非织造	

研究方案下达后，要求学生分组检索相关资料，组内进行重点信息综合分析，确定选定的工艺及纤维，并阐述选择理论依据。制订的方案以主题研讨形式实现知识分享。各组得出的制备方案如图1所示。

由各组的加工工艺方案、纤维选择方案及说明可以看出，学生借鉴了文献资料中的相关研究经验，并结合了所学的纤维热学性能、纤维加工性能及针刺、热风加工工艺特点，并考虑了材料价格等因素。学生通过专题研究，总结出纤维原料选择原则，

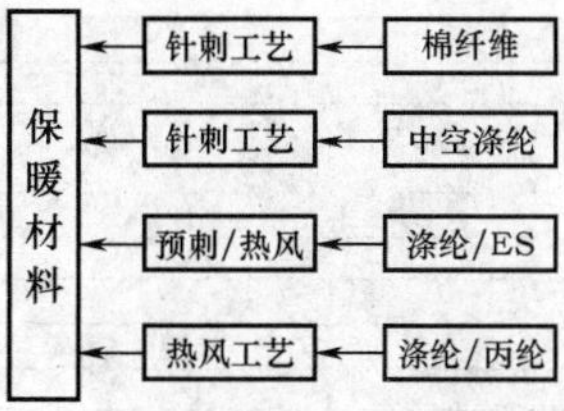

图1　非织造保暖材料制备方案

即首先从非织造材料用途及性能要求出发，还要考虑加工工艺条件及价格等因素。在纤维选择原则总结过程中，教师是引导者，学生是研究的主体，把被动接受教师课堂讲授的间接经验转变成自己主动研究提炼的直接经验，提升了学生对知识理解的深度和广度，提高了理论教学质量，提高了学生对知识的归纳整合能力，实现了科学知识的系统性和连贯性。

（二）研究型实验教学实践

非织造材料原料来源广，其加工过程可以将三大成网方法、三大加固方法、三大后整理方法等进行不同组合，获得的制品具有不同形状、不同结构、不同性能；应用领域也遍及个人卫生产品、医疗保健产品、服用产品、家居用品、车用材料、过滤材料和电器电子行业用材料、农用材料、土工材料、包装材料、国防材料等众多领域。不同材料测试原理和方法也各不相同，有限的实验教学课时无法完成所有材料的实验检测，新开发的材料缺乏成型的检测设备和检测标准。研究型实验教学是通过专题实验，使学生掌握检测原理、实验方案设计及结果分析方法。实验环节以小组为研究团队，针对教师分配的不同材料，分析原料组成、加工工艺方法、材料性质、用途等并作出初步判断，判断结果得到教师认定后再进入性能评价环节。实验测试设计以针刺短纤维土工布为例，特征性能、力学性能等常规性能指标以验证性实验方法实施，透水性能测试则运用研究型方法，着重研究理解仪器测试原理，形成按标准规范操作实验的习惯，学会测试数据处理分析方法。研究型实验教学设计举例见表5，测试结果如图2所示。

表5　非织造材料性能测试

材料用途	性能分解	测试标准	测试仪器	测试原理	测试设计
土工布	透水性能				5个不同水压值

在研究型实验教学任务下达后，学生可以在3周内按步骤完成文献检索、理论分析、性能测试、数据处理、结论归纳整理、实验报告形成等过程。在任务完成过程中，学生规范了实验操作技能，学会了检索标准和使用标准，掌握了实验数据处理与分析方法。在具体步骤中，每个学生都承担具体角色，各个角色既相互独立又相互联系、相互制约，培养了学生协作、合作、担当、严谨的做事精神。通过小组研究型实验教学方法，还可以引导

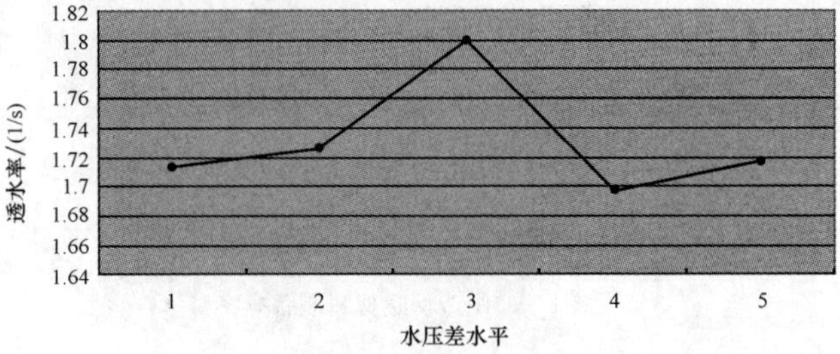

图2 水压差水平与透水率

学生利用现代信息技术手段获取新知识，对新材料的性能测试分析进行探索式研究，进一步培养学生自觉学习意识和研究探索能力。

（三）研究型实践教学实践

实践教学是工程人才培养的重要环节，实践环节可以在校内进行，也可以到合作企业实施，重要的是要求学生进入角色，从“公司”实际出发完成新产品开发等工作。以过滤材料为例，在材料开发课题中，强调对PM 2.5的过滤效率，并限定纤维原料。研究型实践教学设计见表6。学生通过对材料过滤机理、产品结构、原料特征等方面的分析，进入产品设计情境，针对普通涤纶针刺毡过滤效率低的具体问题，在材料结构后整理方面入手，得到不同的设计方案如图3所示。

表6 研究型实践教学设计

开发目标	性能分析	加工工艺	原料
过滤材料			涤纶

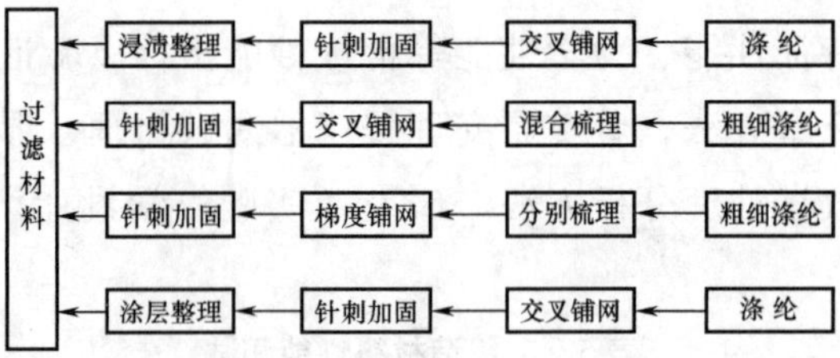

图3 新型过滤材料制备方案

设计方案综合运用了非织造材料结构、表层过滤及深度过滤等理论，尽管受到设备条件差异等因素的影响，4种新型过滤材料对PM 2.5的过滤效率均达到70%以上，而普通涤纶针刺毡对PM 2.5的过滤效率只有40%左右。在实验结果基础上开展主题研讨，学生进一步理解了纤维原料选择、混合梳理质量、加固形式对材料性能的影响，理解了后整理对材料性能改善的作用，理解了交叉铺网对材料横向力学性能提升的作用。研究型实践教学是实践型教学的重要组成部分，对提升学生实践动手能力、提取和综合有用信息能力、创造创新能力、团队协作能力都具有重要意义。

高等教育关系到国家的发展，高等教育理论研究及实施将提高高等教育质量。非织造布性能与测试课程研究型教学方法的理论基础可以借鉴布鲁纳（J. S. Bruner）的“认知—发现”学习理论、奥苏贝尔（D. RAusubel）“认知—同化”学习理论和建构主义理论，但针对具体的实施条件、实施对象，其内涵和方法都将发生变化，研究型教学理论必须将基础理论与实践结合来形成。通过对研究型教学在非织造布性能与测试课程教学中的实施情况进行总结归纳和理论探讨，可以丰富高等教育理论的内容，填补非织造材料与工程学科研究型教学方法研究方面的空白。本研究所构建的新型“理论—实验—实践研究型教学”教学模式，不但为非织造材料与工程专业课教学积累了成功经验，而且可以向本专业或其他工科专业学科推广。研究型教学方法的实施可以满足“卓越工程师教育培养计划”和CDIO模式要求，强化“企业情境”要求，有助于全面提高专业人才培养水平，促进适合不同企业需要的应用型人才的培养。

参考文献

[1] 张安富. 改革教学方法 探索研究型教学［J］. 中国大学教学，2012（1）：65－67.
[2] 史东海，谌芸，龙太会. “土壤侵蚀原理”研究型教学方法［J］. 中国水土保持科学，2011，9（2）：116－120.

服装设计教学改革的新主张——“三点一线”教学新模式的研究与探索

天津工业大学　王海燕

关键词

“三点一线”　教学新模式　服装设计　教学

摘要

传统的教学模式与现代服装行业对人才需求的不匹配，促使教学模式进行改革与创新，也是现代服装行业对培养服装设计人才专业院校的迫切要求。“三点一线”教学新模式在教学上实现了专业实践的基点、学术研究的高点、科研项目专项研究的创新点，以三点为一线在服装设计专业教学中的体现、在课程教学中的应用，切实解决了服装设计专业在教学上存在的问题。

正文

20 世纪 80 年代，各大艺术院校纷纷成立了服装设计专业，至今历经三十多年的服装专业，越来越多的学生抱着时尚艺术的情怀投身到这艺术的殿堂。同时，每年有许多毕业生心怀忐忑地走出校门，真正地进入社会，但其中能直面自己的专业职场，融合其中，成为服装行业领军人物的却寥寥无几。这意味着我们的教学模式与现代服装行业对人才的需求不匹配，教学模式的改革与创新是现代服装行业对培养服装设计人才专业院校的迫切要求，“三点一线”教学新模式在教学上实现了专业实践的基点、学术研究的高点、科研项目专项研究的创新点“三点为一”线的教学模式在服装设计专业教学中的体现、在课程教学中的应用，切实解决了服装设计专业在教学上存在的问题。

在不断探索和实践中，我们结合服装设计专业特点，在教学中研发实施了“三点一线”式教学新模式，“三点”所指：一是与企业合作完成专业实践的基点，课程的每个实践环节都尤为重要，系统地开展与企业之间教企合作的教学方式，既可以使学生达到专业基础实践训练，同时也为企业有针对性的人才定向培养提供了可能；二是课程理论深入探索的学术研究的高点，我们所教授的学生大都具有较强的学习能力，都具有分析问题、解决问题的能力，如何培养高水准的专业人员关键在于教师对学生的引领高度，高度的体现首先呈现在理论研究层面，有效地引导、启发、揭示、探索专业理论能有效地提升学生对所学专业高端水准的认知度；三是专业课程植入科研专项研究的创新点，让学生在教师的项目教学带领下，了解行业内最前沿的、人们最为关注、技术最先进领域的发展现状，挖掘潜在的可开发利用的空间，激发学生对课程的探索欲望，课程设置、课程内容在以教学大纲为基准的前提下，围绕三点贯穿每个学期，丰富、充盈每个课程。

我们在不断地探索着建构一个可行的、科学的教学模式，使学生在专业上充分地展现个人的发展空间，让整个行业看到我们所培养出来的优秀专业设计人员稳固的可持续发展的影响力，充分地肯定象牙塔里走出来的设计人才的社会价值。

一、目前服装设计专业本科生培养的现状及存在的问题

（一）不接地气的设计理念

当下很多大专院校的服装设计专业的教学都在积极进行改革探讨，呈现出呼声最高的是对服装设计的创意思想和艺术表现力的培养，在审美上趋从、效仿西方服装大师的创意设计，衍生出不接地气的赝品，在这种不结合市场实践调研的设计理念引导下，学生如何适应今后的职场，问题还是出现在纸上谈兵的教学环节上，严重缺乏市场的职业化训练，一线市场设计训练，设计作品、设计理念带有明显脱离市场需求的印记，一味讲究服装作品纯粹的艺术表达，一般都没有太多实际意义。这与我们期待的服装设计专业人才的预期产生了主旨偏离，直接导致了学生毕业后长时间的职业磨合期，正是这种挫败感和较长时间的职业再教育，也导致了大量学生转行或自我淘汰，这反映了教育的失败，值得反思。

（二）禁锢的程式化教育

多年的教学模式呈现出程式化教育形式，严谨和规范，具有完整的、系统的专业教育和专业训练、强调创意思想、创新设计，可以天马行空、没有章法；可以没人理解，自圆其说。这样的设计作品脱离市场需求，从而呈现出一贯的“学院派”风格的倾向，追求感性的艺术性和教师盲目赞美的规范性。我们的学生会流畅地说出很多世界顶尖级的设计大师，但学生很少能说出这个大师的代表作品，作品中突破性的创新点更是说不出一二，这样形式化较强的教学模式禁锢了学生与行业的关联，包括思维的规范、技巧的规范和艺术语言的规范。在艺术风格上，学生创作作品带有共同的倾向，就是排斥一切服装市场所谓粗俗的艺术语言，讲究新奇、无厘头、未来感等所谓的时尚前端，其严重地脱离了服装本质的结构、穿着的舒适度、大众的审美倾向，反对激烈的市场个性表现，讲求创新的理智与共性，这与当今的时尚产业多元化、个性化的要求是相悖的。

（三）学生专业研究目标倾向不明确

在拥有良好的基础训练、专业技能和审美能力有所提升的条件下，就专业学习能力培植的层面上如何引导学生进行深入的专项设计，本人认为这个环节对于培养高质量设计人员尤为重要，在大一统的教学方式下很难培养出高、精、尖的专项领域的优秀设计人才，也无法挖掘学生的潜质，就课程的安排很难做到深入地研究，例如服装饰品设计，45 课时分为三个教学阶段，首先专业理论的讲述 15 课时，其次分类进行设计 25 课时，创意实践设计 5 课时，课时的分配是非常有限的，我们要在这有限的时间里把要讲的内容都传达给学生，实践的环节被挤压得所剩无几，这对于其中某一项类型的深入研究和探讨几乎是无法进行的，由此造成教育成果的损失。

（四）课程与课程之间的衔接不连贯

课程与课程之间的衔接不连贯妨碍了服装设计专业层层深入研究的递进效果，降低了课程内容升级的空间，课程内容的脱节使学生的学习状态呈现出迷茫，缺少专业归属感，体会不到专业厚重的底蕴。课程与课程之间的衔接应遵循与服装设计教学人才培养的定位紧密相连的原则，我们在不断的反思中修正、完善服装设计教学课程之间的衔接关系，使课程之间教学更符合时代的要求，更符合市场的需求。

二、“三点一线”教学模式在服装设计专业中的体现

市场产品开发、理论授课、科研探索“三点一线”的教学模式，为培养社会复合型人才提供了可行性，产品是市场检验设计师能力最直接也最有说服力的环节，在授课的过程中，课程与企业合作使学生第一时间认识到最真实的专业特点，由浅入深地培养学生的实践能力及动手能力，充盈、坚定了学生在走向社会的专业自信，准确快速地选择自己的专业角色，有效地为学生今后的个人发展空间与可持续发展力提供了保障，授课环节为学生系统地讲授完整的专业理论知识和最前沿的创意思想，这不仅培养学生的专业底蕴，也要求学生具有厚积薄发的专业态度，科研探索对于开发培养多元化、个性化人才提供了平台，时代的发展，供需方不断的细化，要求我们培养的专业人员是全面的，是在某一领域有独特见解引领时尚的尖端设计人才，这就需要更深入的专项研究，“三点一线”的教学模式相互依托，相互制约。

具体体现在教学上有以下几个方面：

（1）结合授课的实际情况，在企业内部、学校内建立配合教学的实践基地，在市场及网络构建成果销售展示平台。

（2）结合教师的科研研究方向或学生申报的科研研究倾向，集成小组形式，建立专项研究专业工作室，延伸课程内容的深度、广度。

（3）结合授课内容，学生撰写论文进行专业理论课程的论文答辩，更清晰地揭示专业知识，让学生迸发出更为深刻的思考和专业理念。

（4）为学生提供最现代的教学硬件设施，为教学改革的顺利进行给予保障。

三、“三点一线”教学模式在服装设计课程教学中的应用

教学改革的最终目的是与时俱进，让我们培养出来的学生适应这个瞬息万变的社会职场。陈旧的教学模式阻碍了学生与社会、现代职场的紧密接触，削弱了学生最初对专业的那份热爱，通过以上“三点一线”的教学改革、教学实践，不断探索，涌现出许多创新的教学内容，学生在市场、科研及专业赛事上都取得了好的成绩。

成果应用主要表现在以下几点。

（一）在课程实践环节中的应用

教学改革的实施，大幅度地提高了学生专业的素养，激发了学生学习本专业的积极性，每个课程的结课展示都得到专业同行的肯定，在全国各大赛事上都能见到我们学校学生获奖。在专业设计授课的过程中，授课教师有计划，有目的及时植入相关的研究课题，例如大三的职业装设计课，在课程的实践环节，我们把某市的一项公益活动不同岗位志愿者的整套服装设计任务作为课程的课业来完成，大四学生的结构设计课程，实践环节选定一间濒临破产的服装企业，对其过时的积压服装进行结构创新改造，在老师的指导及学生扎实的专业基本功和奇思妙想的创意下，每个学生都设计了多个系列方案，企业由此起死回生，一改服装设计专业的大学生无实践能力的一贯定论。在此过程中学生对专业的热情异常高涨，在实践的环节中展现了自己的专业价值，课程的内容也得到升级，课程教学的定位有效地与市场需求紧密相连，把象牙塔里的艺术设计融合到商业中，提升商业的艺术品位，同时也能让服装设计教学跳脱固有的框框，两者相得益彰，达到双赢。

（二）在课程科研环节中的应用

每年大量的科研项目是现代大学教师必须履行的教学质量提升环节，也是衡量一所学校教学质量高低的重要审核指标。在授课期间结合课程内容有效地嫁接在科研基础上，例如由本人主持的“时装画课程的教学改革”项目，学校在分配课程时特意安排在大一学期，就此我们师生迈开了对时装画课程实践改革的步伐，由前期案头理论的指引到课程实践操作的实施，为传统时装画教学打开一扇窗，契合了“90后”学生的审美情怀和专业起点，掀起时装画创新的热潮。课程以最终的一场丰富饱满的时装画展作为结课，验证了改革对课程的合理优化，又保障了学生对基础课程的专业水准，大三学生的创意服装设计课程在收集专业资料的环节，我们及时切入一项师生合作教学资源建设课题“创意服装设计资源共享平台建设”，为此学校提供了有力的硬件设备。在教师的指导下，每位学生分工不同，在极短的时间里聚合组建了一个庞大的资源平台，大家在这个平台上共享资源，节省了时间，拓展了视野，也增加了专业交流。在这样的教学模式下，不仅提升了课程内在的品质也促进了学科科研的研究进程。

（三）在课程学术环节中的应用

以往的理论授课大部分都是听老师的讲授，很少能够进入深层的有独到见解的理论思考，我们忽略了对学生专业理论拓展的开发，禁锢了学生的思维，我们新的教学模式启发要求学生对所讲的内容进行归纳总结，提出新的构想，延伸辐射相关的领域，撰写论文进行阐述或以调研报告的形式进行研究，有许多学生的论文在老师的引领下被各大专业杂志发表；组织学生进行专业的调研报告的讲座，在一问一答的过程中你会细细地体会到，新知识、新理念、新技术在生动地流动，在激烈的辩论中知识升华到想象不到的高度，不同的视角揭示出事物的多样性，学生的思维异常活跃，表现出对知识的渴望，理论知识变得不再枯燥，真正架起一座学生与专业的桥梁，为今后的设计打下稳固的基石。

四、“三点一线”教学模式应解决的问题

（一）“三点一线”式教学模式对教师的综合专业素养有了更高的要求

我们的专业教师都出自本专业硕士或博士毕业，有强大的理论基础和科研能力，我们所缺乏的是一线市场设计，这成为授课过程中的软肋，在“三点一线”的教学模式下，企业的介入，实践基地、设计工作室的建立为教师提供了科研成果的转化平台，使科研的新理念、新技术切实地服务于社会，为企业带来新的商机。教师综合能力的提高直接有效地促进了教学的改革进程。

（二）“三点一线”式教学模式优化了服装设计专业课程结构

新的教学模式打破传统的单一、偏理论、脱离市场、缺乏实践训练环节的教学模式，着重在课程结构的深度和维度上进行实质性的优化，力争把课程结构整体功能最大化，及时把理论课程与实践课程合理有序地对接，融合国际潮流，保障课程的厚基础、人文化、重商业、国际化，调整理论学术类课程、市场实践类课程及研发类课程在课程体系中的比例，形成科学、合理的专业课程结构。

（三）“三点一线”式教学模式提高了课程的考核标准

以往的专业课评分标准只是通过直观和老师一贯常规的专业评判，缺乏实质性、量化的考核，在新的教学模式下，与企业合作的反馈、科研结题的成果及学术完结的专业价值、社会价值，课程中“三点一线”教学模式的综合指数的评判都可以精准地考核一个学生在课程中的专业表现，公平、公正的评判阐述了在课程中学生的不足，从而明确了努力方向和奋斗目标。

（四）“三点一线”式教学模式构建行之有效的社会空间链接

培养学生与社会的紧密联系避免走向社会的尴尬与无助，“三点一线”的教学模式在很大程度上扩展了学生与社会的接触，与企业合作，我们会把学生分成小组形式来完成设计任务，这其中就包括与同学、与设计部、与市场部的协作运行，不同意见的碰撞、协商、沟通、妥协都在这个过程中，学生有了长足的进步，面对社会活动不再茫然、青涩，

与人交往也变得顺畅，培养了学生与人合作的团队精神，让学生在步入职场时能迅速完成职业转化。

（五）“三点一线”式教学模式拓展学生个性化发展

以往我们的学生在程式化的专业培养下，表现出整齐划一的人才模式，步入专业职场才发现，自己的目标定位并不十分明确，或许这个学生在校每门课程成绩优秀，由于课程细化、深度、广度都不到位，导致学生对自己职场规划的模糊，行业分工细化在现代企业中尤为突出，通过“三点一线”式教学模式优化课程结构，进入企业对各个专业职位工作内容的了解和尝试，结合老师的指导对专属项目的深入探讨和研究，学生也逐渐对自己的专业倾向有了清晰的路径，在大四的毕业设计展示中我们看到的不再是千篇一律的仿造，而是彰显个性引领时尚潮流的原创作品。

五、前景与展望

时代的变迁，科技的迅猛发展，服装专业教学在庞大的产业发展、日益成熟的行业效应的趋同下不断地进行改革，整合新的教育资源，不断升级教学体系，优化办学理念，服装设计教学模式要不断地更新才能适应当下产业发展语境下对复合、实效、可持续发展人才培养的需求。

参考文献

[1] 首都经济贸易大学劳动经济学院．教改：从教学研究开始［M］．北京：首都经济贸易大学出版社，2014：79－82.

[2] 刘道玉．拓荒与呐喊：一个大学校长的教改历程［M］．北京：知识出版社，2011：115－118.

[3] 陈惠雄．探索与创新：人本管理教改刍论［M］．杭州：浙江工商大学出版社，2013：27－28.

[4]（美）芬斯特马赫，（美）索尔蒂斯著，胡咏梅，等译．卓越教师专业发展译丛：教学的方法［M］．北京：教育科学出版社，2008：55－60.

[5]（美）戴尔蒙德著，黄小苹译．课程与课程体系的设计和评价实用指南［M］．杭州：浙江大学出版社，2006：107－109.

[6] 徐同文著．大学课程设计［M］．北京：教育科学出版社，2011：69－72.

[7]（美）多尔，（澳）高夫主编，张文军，等译．课程愿景/世界课程与教学新理论文库［M］．北京：教育科学出版社，2004：38－40.

[8]（加）范梅南著，李树英译．教学机智（教育智慧的意蕴）/世界课程与教学新理论文库［M］．北京：教育科学出版社，2001：19－21.

卓越计划下课堂有效教学的探索与实践

天津工业大学　刘丽妍　李津　宋广礼　杨昆

关键词

卓越计划　针织学　有效教学

摘要

为在“卓越工程师教育培养计划”下培养出具有扎实的专业知识和丰富的实践及创新能力的高水平专业技术人员，需增加学生的实习实践学时，将部分课堂学习转为企业实践积累。为使学生在有限的课堂学习中具有扎实的理论基础和充足的实践积累，必须提高课堂教学的有效性。针对“卓越计划”的指导思想，以本校实施“卓越计划”的纺织工程专业针织与针织服装方向课程为例，对其教学模式、方法及教学内容等方面进行调整和改进。通过教学探索和实践，使学生能够在有效的课堂学习中更好地实现专业素养和能力的培养，提高创新意识和能力，增强了学习的积极性和主动性，从而提高教学质量和效果。

正文

一、前言

“卓越工程师教育培养计划”（简称“卓越计划”）对于我国高等教育，尤其是以工科为主要特色的高校及其专业教育模式提出了更高层次的要求[1-3]。本校在2011年开始在纺织工程专业针织与针织服装方向启动“卓越计划”，为培养学生的工程实践能力，实施“3+1”培养模式，即学生在校进行3年的基础及专业知识的系统学习，在企业进行1年的实习和实践。由此将部分课堂学习转为企业实践积累。教学中为了顺利实施“卓越计划”，在有限的在校学习时间内确保学生具有扎实的专业理论基础和较强的理论应用及工程实践能力，课堂教学的效果显得尤为重要。

自20世纪80年代以来，课堂有效教学的研究内容涵盖教师的有效教学行为、有效教学技能、有效教学模式、有效教学内容、有效教学艺术以及学生学习的有效性等方面[4-6]。本文通过对纺织工程专业针织与针织服装方向“针织学”课程课堂教学模式、内容、教学艺术以及学生学习实践的有效性等方面进行调整和改进，使卓越工程师教育中的课堂学习更为有效，使学生能够在课堂学习中更好地完成专业知识和能力的训练与培养，从而顺利完成从单纯的理论学习接受者到理论联系实际、具有一定实践经验的卓越工程技术人才的转变。

二、课堂有效教学的必要性

国外关于课堂有效教学的成功模式均具备以下特点：首先，课堂教学有效性体现在教师对课堂的调控策略上，在课堂中教师和学生的互动，可以有效地激发学生的积极性，促进学生对问题的思考；其次，教学中关注学生的进步发展，以学生为主体，师生共同探索教与学的实践创新；最后，重视与生产实践的结合能有效提高学生的工程应用能力。

目前，我国高校教育在理论和实践中存在这样一种现象，即认为高等教育不同于基础教育，大学生作为成年人，其思维方式和学习能力已相对成熟，因此，教师对教学过程中激发学生积极性的问题不够重视[6]。另外，教师教学方法不够专业，大多数大学教师所学专业并非师范类，虽然具有很强的科研能力及自身专业能力，但对教学方法的研究相对较少，多习惯用一种“压倒性的”思维进行教学活动，教学方式较为单一，多为单向的讲述与解释分析，理论与实践的结合也相对较少。由此学生缺乏主动思考和形象的认识，从而失去学习的积极性。“针织学”课程中概念及术语介绍、原理讲解以及应用设计等方面所占学时相对较多，学生主动思考和创新性训练的机会较少，这对于有效激发学生的主动学习热情，培养学生理论联系实际以及创新能力方面有必要作进一步的改进和提高。同时，根据“卓越计划”培养方案的要求，在限定学时的课堂教学中，使学生充分并扎实掌握所学理论专业知识，课堂有效教学的模式及方法等有必要进行相应的探索和实践。

三、“针织学”课堂有效教学的探索与实践

（一）有效教学模式的探索与实践

以针织与针织服装方向专业课“针织学”为例，该课程是一门关于针织编织原理及应用技术的专业课程，内容涉猎广泛，信息量大，实用性强。因此，为保证课堂的教学效果，必须把握本门课程特点，改变以往单一的“授—受”教学模式，采用启发式、讨论式、问题式和研究式的教育教学方法。

为提高学生学习的积极性，根据不同教学内容选择不同的教学方法。对于概念性内容，进行简单的讲解和介绍。对于织物的特点及实际应用部分的内容，可适当采用案例式教学与研究式教学的灵活运用，提高教学的实际效果。例如，对于讲解经编部分衬纬形成的绒类织物特性时，可结合生产及应用较多的金光绒为例，进行织物结构、特性及编织方法的逐一讨论和分析。学生经过实际动手画图及模拟织物效果并进行探讨和分析后，得出编织工艺的要求，即衬纬纱作为起绒纱需采用同向垫纱。由于同向衬纬纱线在组织中会产

生一定针距数的滑移，衬纬纱线与地组织延展线之间交点个数减少，有利于后续起绒整理。通过实际分析和动手绘制织物组织图，学生更加容易掌握衬纬起绒部分的知识并且印象深刻。又如对于织物的某些设计和应用部分，教师在课堂对此部分内容不再做单纯的讲授，而是通过研究报告的形式，鼓励学生以小组的形式分工合作主动进行某一织物特性及应用方面的资料查阅和汇集，并根据课堂展示及汇报进行评价和激励。对于织物花型及组织设计部分，鼓励学生根据所学知识，充分发挥创造性，大胆设计出合理的组织及花型，教师及其他同学对其设计结果进行评价，从而激发学生的学习热情。

（二）有效教学内容的探索与实践

针对卓越计划的指导思想，课堂教学除了完成本门课程教学大纲要求的内容以外，还要着力培养学生的创新思维和能力。由此需要对原有的教学内容进行适当的调整。学生的创造力是无限的，为了在课堂教学有限的时间内，最大程度激发和提高学生的创造力，必须将培养学生创新能力的意识内化到教师教学活动的点滴中。

专业任课教师在讲授专业课的同时，适时地穿插一些有助于启发创新思维及能力的内容。如将一些与行业有关或其他具有代表性的发明创造实例，适时地穿插在课堂教学环节，用以开阔学生的思维并激发其想象力和创造力。对于第一台针织机的发明过程及发明人的发明动机及原理用讲故事的方式讲述给学生听。通过课堂实践发现，学生对此类创新性思维及创造性的故事实例非常感兴趣，潜移默化地激发了自身潜质，对所学专业更加自信，从而对专业课的学习和掌握具有很好的促进作用，逐渐提高了在本专业领域的创造力。

（三）有效教学艺术的探索与实践

教学是一门科学，也是一门艺术。教学艺术属于教学实践活动的范畴，是一种高度综合的艺术。教师在教学活动中起到主要引导作用，教师自身的能力素质（包括基础知识储备、语言表达能力、思维逻辑方式等）和教学感知（包括教学经验、教学情感等）都对教学活动产生影响[7,8]。教学艺术具有表演性，机智幽默的语言和恰如其分的笑话等表演手段，使教育教学寓于娱乐之中，教师独特的教学风格使教师具有吸引学生的独特魅力。

在针织学课堂教学中，可以使用幽默的语言将原本单调的理论知识灵活地与当下学生感兴趣的话题相结合，时刻吸引学生的注意力，提高学习效率。例如在讲述满穿双梳织物特点时，对于经斜编链组织，由于经斜组织延展线较长，横向延伸性较小，稳定性好；编链组织纵向延伸性小，稳定性好。由此经斜编链组织的纵横向稳定性用学生非常熟悉的“甄嬛体”来说那是“极好的”。每次讲到此处如此描述时，引得学生满堂大笑，使其对此双梳组织的特性记忆深刻，从而实现有效的教学效果。

（四）学生有效学习及实践的探索与实施

在上述教学模式及教学内容改进的同时，学生学习方法、学习过程乃至学习效果均会随之产生一定的改变。通过上述教学模式以及教学内容的调整，学生提高了学习兴趣和主观能动性。通过探索和发现，归纳和总结，变被动接受为主动获取，学习效果明显。

众所周知，实践是检验真理的唯一标准。针织与针织服装作为工科专业之一，实践在整个教学环节必不可少。通过实践，可以将所学理论知识进一步消化和应用。根据“卓越计划”的要求，以培养学生的创新思维和能力为主要目标，就要重视实践过程中的创新意识与动手能力相结合。在课堂教学中，通过鼓励学生自主设计到动手实践，实现编织等后续加工环节，同时参与本专业的实验及课外实践活动。例如讲授针织学课程的教师将自身及团队所承担的科研项目介绍给学生，并带领有兴趣和意向进行科研实践的学生参与到项目中来，并承担部分任务。同时教师引导并帮助本专业学生负责国家级大学生创新训练计划项目的研究工作。学生通过进行项目的计划和具体实施，增加了其动手动脑的机会，提高了学生自主创新和研发的能力。在进行科研工作的同时，学生能够更加合理地自主统筹安排和利用时间，更加有效扎实地学习专业课程，从而实现学研相长，相互促进。

四、结语

为了在“卓越计划”指导下培养出具有扎实的专业知识和丰富的实践及创新能力的高水平针织专业技术人员，课堂教学内容和教学方法均要随之调整和改进，以达到良好的学习效果，实现课堂教学的有效性。作为专业课教师，必须具备扎实的针织专业知识。在培养学生创造力的同时，自身首先要具备一定的创新能力和创新思维，以自身人格魅力影响和感召学生。同时针织专业教师要不断学习和钻研教学方法，找到一条适合的教学之路，在课堂上做到游刃有余，带领学生畅快地学习和汲取专业知识，提高课堂教学质量和效果。

通过对本课程课堂有效教学模式及内容等方面的探索和实践，学生的学习热情和学习效果有很大提高，通过教师的引导和影响，一定程度上激发了学生的创新潜质，增加了学习动力，从而提高课堂教学的效果和质量。

参考文献

[1] 叶树江，吴彪，李丹．论“卓越计划”工程应用型人才的培养模式［J］．黑龙江高教研究，2011，(4)：110－112.

[2] 宋眉眉，马仲力．基于卓越人才培养的基础课程教学改革设想［J］．教育与职业，2012，(29)：132－133.

[3] 许西美，刘银．面向卓越工程师培养计划的英语教学和考核体系探索［J］．中国电力教育，2012，(29)：152－154.

[4] 包镕．国外高校课堂有效教学的基本经验与启示［J］．高等农业教育，2010，(9)：90－92.

[5] 姚利民．有效教学研究［D］．上海：华东师范大学，2004：12－23.

[6] 盖立春，郑长龙．美国教学行为研究的发展历史与范式更迭［J］．外国教育研究，

2009，(5)：36－38.

[7] 朱昌平，徐杉，朱陈松等．“卓越计划”课堂有效教学实践探索．实验室研究与探索［J］．2012，(9)：113－117.

[8] 宋彩萍，王江红．教师教学效果评价研究［J］．教育理论与实践，2001，(2)：28－31.

计算机辅助设计课程教学改革与实践
——以印染 CAD 为例

绍兴文理学院　王维明　钱红飞　刘越　虞波

关键词

CAD　自主学习　团队合作学习　综合能力

摘要

针对计算机辅助设计课程特点，以“强化自主学习”为主轴，辅以网络教学、团队合作自学、多媒体教学等多种教学方法，结合监督与激励并存的督学机制和强化阶段性学习效果考核的体制对“印染 CAD”课程进行教学改革。平行班对比分析和学生评价表明新的教学模式有利于培养学生自主学习能力、实践应用能力和团队合作精神。

正文

CAD（Computer Aided Design，计算机辅助设计）是利用计算机及其图形设备帮助设计人员进行设计工作的软件，其在工程实践中的广泛应用，从根本上提高了设计效率和工作质量[1]。近年来，随着 CAD 技术在纺织服装领域的广泛应用，国内几乎所有开设纺织相关专业的本科和高职院校都设置了纺织 CAD、服装 CAD 和印染 CAD。目前，CAD 课程的教学主要采用教师示范、学生练习的模式进行，授课内容基本以介绍软件功能及工具的使用方法。现有授课模式虽然在知识传授方面具有容量大、花费时间少等优越性[2]。但是这种教学模式授课内容枯燥无味，学生积极性和主动性不高，严重影响了教学效果。

为了改善 CAD 课程的教学效果，不少承担 CAD 课程教学工作的教师对教学模式、方法和考核体系进行了探索与实践，如金艳苹等[3]将“服装 CAD”与其他图形设计及绘画课程有机结合，让学生运用所学知识完成后续课程的作业，以此强化学生运用 CAD 软件的能力。王慧玲等[4]以课程网站为载体，把教学大纲、教案、作品和作业等内容发布在网站上，为师生互动和学生学习提供了便利。韩丽君[5]将讲授法、演示法、练习法和讨论法有机结合，并将其应用于“纺织 CAD”教学实践。

由此可见，CAD 课程教学改革主要集中于教学方法的整合与实践训练的强化两个方面，在一定程度上改善了教学效果，提高了学生实践应用能力。但是，CAD 技术不仅具有实践性强的特点，而且具有相同功能的软件版本众多，所以提高学生实践应用能力之外，培养学生自主学习能力至关重要。本文针对计算机辅助设计课程自身的特点，以“印染 CAD”课程教学为例，积极探索并实践一种有利于培养学生自主学习能力、实践应用能力和团队合作精神的教学方法。

一、教学模式改革

教学模式是在一定的教育思想、教学理论和学习理论指导下，为完成特定的教学目标和内容而围绕某一主题形成的比较稳定且简明的教学结构理论框架及其具体可操作的教学活动方式。由此可见，教学模式应根据课程自身的特点、教学内容和教学目标而定，构建合适的教学模式有利于提高教学效果。

“印染 CAD”课程的本质是应用计算机技术取代传统纺织品印花图案设计和分色描稿的工作，是一门技术性和操作性较强的课程。“印染 CAD”课程的基本任务是使学生掌握印花分色软件系统的功能及工具的具体操作，关键任务是使学生熟悉不同工具在分色描稿中的具体功用与应用技巧，并具有一定的自学能力和分析比较能力，以便能够快速响应系统软件的发展与更新。

为此，本课程采用“布置任务→小组合作自学→演示→练习→案例讨论式辅导→练习→综合练习”的教学模式进行改革，将教学过程分为课前、课中和课后三个过程，其主要特点如下：首先要求学生在课前以学习团队的形式合作学习教师布置的模块内容，培养学生团队合作精神和协同工作能力；其次是由学习团队的代表在课堂上就学习内容进行演示，其间，教师除了对演示内容进行补充讲解外，还要对讲授方式与表达技巧给予适当点评与建议，这样不仅有利于培养学生自主学习能力，还有利于培养学生语言组织和表达能力；最后是强化实践练习，通过反复练习不仅可以增强学生对软件功能和工具基本操作掌握的熟练程度，而且可以促使学生在实践活动中主动探索、积极思考。在这种新的教学模式下，教师从知识传授变为学习引导，使学生变被动学习为主动学习，真正成为知识的主动构建者。

二、教学内容重整

以金昌 EX9000 印花分色设计系统为例，目前所使用的教材以东华大学出版社出版的“印花 CAD 应用教程”为主，内容设置大致分为软件中常用的基本概念、菜单中各功能的操作方法和工具栏中工具的操作方法三个部分。据前几届学生反映，按序讲授教材中的内容，学生仅仅掌握了工具和菜单的功能与基本操作，而未能熟悉工具在纺织品印花图案分色与描稿中的具体功用。为此，重整教材内容和教学顺序是提高学生实践应用能力的关键。

针对上述问题，本课程以分色与描稿的操作流程为主轴，根据功能将工具分类，并分析比较具有相同功能工具的应用模式和处理效果。通过内容重整，学生明确了工具在实践操作中的具体功用，有利于提高学生实践应用能力，达到更好的教学效果。

三、教学方法改革

（一）课程网站与课堂教学相结合

印染 CAD 软件系统中菜单和工具众多，学习任务繁重，要求学生在有限的学习时间及数次答疑辅导就能熟练掌握印花分色设计系统的应用技巧存在很大的困难。此外，学生学习领悟能力存在较大差异，在课堂教学中难免存在这样那样的问题，很多学生碍于面子或性格原因而不愿意在课余时间主动向老师和学生请教，从而影响了学生对知识点的掌握。针对上述问题，本课程采用课程网站辅助课堂教学，不仅可以拓展学习空间和学习时间、弥补课时不足，而且有利于学生自学课堂上未理解或未学透的知识。

以课程网站为教学平台，将学习目标、阶段性学习任务、课件、作业、考核题库和影像教案等基础资料发布到网站上，其中影像教案不能仅有软件工具的简单操作或是课堂教学的影像视频，更应包括实践应用中常见的技术性难题及其相应的解决方法。

此外，课程网站的内容需要进行及时更新与添加，将软件应用过程中遇到的技术性问题与相应的解决方法以文字或视频的形式补充到网站中，用于弥补课本知识的不足和更新速度较慢的缺陷。同时，可将往届学生的优秀作品与教学延伸过程中取得的优异成果公布于网站，鼓励学生认真学习，提高学生对该课程的学习兴趣和积极主动性。

（二）团队合作自学

“印染 CAD”是一门计算机软件操作课程，要求学生具有一定的计算机应用能力。因地域性差异和学生对计算机的兴趣不同，学生应用计算机的熟练程度参差不齐，这不仅影响“印染 CAD”课程的教学进度，而且会影响学生的学习兴趣和主动性[6]。

为此，本课程在教学之前先对学生计算机技能进行摸底，根据实际情况将学生分为 3 ~ 5 人/组，以学习团队的形式自学完成教师布置的学习任务，并由团队代表在课堂上演示所学内容，根据学习任务的完成情况、学习效果和演示情况评定团队成绩，再根据团队成员贡献率评定个人成绩纳入课程考核成绩。团队合作学习不仅可以起到互相帮助和督学的效果，而且可以培养学生团队合作精神、交际能力和集体荣誉感。

（三）构建监督与激励并存的督学机制

“自主学习”容易“放羊”，但是绝不能“放羊”，教学过程中建立合适的监督机制和考核体系在一定程度上可以督促学生学习，但监督应适量，不可以太多太严，否则“自主学习”会变成“家庭作业”，学生为了完成作业而学习，不仅无益于学生自主学习能力的培养，而且会使学生产生抵触心理，这必然与我们预期的目标相去甚远。此外，在督学的同时辅以适当的激励政策将有助于激发学生的积极性和主动性。

在“印染 CAD”课程改革过程中，以阶段性考核来督促学生学习，以学生互评来激发学生的“斗志”和主动性，以优秀成果展示和竞赛获奖来激发学生的学习兴趣与积极性。具体做法如下。

（1）根据阶段性学习内容设置考核试题，形成试题库，将其发布在课程网站上，既可以方便学生下载练习，也可以用于阶段性考核。经过阶段性学习之后，教师在试题库中随机抽取试题册，要求学生在规定的时间内完成，并将其作为课程总成绩的一部分。考核不是目的，而是以此检查学生自学效果，督促学生自主学习。

（2）好胜之心人皆有之，只有激发学生的好胜之心，才能调动学生的积极主动性。上课之初，告知学生本课程的考核总则和成绩评定方法，让学生知道期末作品需要大家互评，以此引导学生积极主动地学习。本课程以大作品的形式作为期末考核，学生完成期末作品并上交后，教师统一安排时间进行作品成绩互评与点评。期末作品成绩采用集中点评与学生互评的方式进行主要有以下两点积极作用，其一是学生对软件掌握的熟练程度不同，在应用过程中会出现这样那样的问题，而且不同的作品所应用到的工具与技法不同，在作品互评过程中通过老师点评可以让学生掌握更多的操作技巧；其次是因为自己的作品要拿出来给大家评分，教师还要当众点评，因碍于面子而不好意思将作品做得太简单，作品越复杂，所应用的工具和技巧就越多，越有利于激发学生学习的主动性。

（3）鼓励学生在课余时间运用所学印染 CAD 知识为印染企业及相关企业承担印花分色或花型设计工作、参加各级各类花型设计相关的技能竞赛、申报知识产权，以专栏的形式将学生的优秀作品及取得的优秀成果公布于课程网站，以此激发学生的学习兴趣与积极性。

四、考核机制改革

目前，CAD 课程普遍采用的考核方法是期末作品成绩加平时成绩，平时成绩的形成主要包括课堂点名、迟到早退、课堂问答与互动和课后作业，这种考核机制虽然能在一定程度上反映学生对 CAD 系统软件的掌握情况，但缺乏阶段性考核，导致很多学生仅掌握了期末作品中应用到的工具和功能，而处理实际问题时仍然不能合理地选择工具。此外，期末作品成绩基本是由任课教师单独评定。显然，现有的考核机制存在一定的缺陷。针对印染 CAD 课程教学大纲要求和实践性很强的特征，本课程采取更能突显学生对软件功能和工具掌握的熟练程度的方法对教学质量进行评价。

（一）课程总成绩组成

课程总成绩以百分制进行考核，具体分配如下：

总成绩（100%）=平时成绩（10%）+团队学习成绩（20%）+阶段性考核（30%）+期末考核（40%）

（二）成绩评价方法

1. 平时成绩

平时成绩主要包括迟到早退、考勤、课堂纪律、课堂互动、课后练习，占课程总成绩的 10%。

2. 团队学习成绩

由教师评价和学生评价两部分组成，占总成绩的 20%。教师评价内容主要有学习态度、课堂演示效果、演示时的语言组织与表达和解答师生疑问情况几个部分组成，占团队学习成绩的 60%；学生评价内容主要包括课堂演示是否全面、语言表达是否顺畅清楚，占团队学习成绩的 40%。个人学习成绩由学习小组根据各成员的贡献率进行分配，根据贡献率的不同，分为 5 个级别，具体分配见表 1。

表 1　个人学习成绩分配表

贡献率排名	A	B	C	D	E
得分	$Z\times100\%$	$Z\times90\%$	$Z\times80\%$	$Z\times70\%$	$Z\times60\%$

注　Z 为团队学习成绩，贡献率分配时可以多个学生相同。

3. 阶段性考核

根据阶段性教学内容设置一定量的技能操作题目（包括软件工具的基本操作和综合应用两种类型），要求学生在计算机房于规定的时间内完成并提交答卷，根据完成情况对学习情况进行考核。考核次数总共 3 次，占课程总成绩的 30%。

阶段性考核的目的是督促学生学习，使学生尽可能多掌握工具操作。所以，本课程允许考核不及格的学生在考核后再提交一次答卷，成绩超过 60 分的按 60 分计，成绩仍然不及格的按两次最高成绩计入总成绩。

4. 期末考核

期末考核以大作品的形式进行，大作品的成绩由教师评价（60%）和学生评价（40%）两部分组成，占课程总成绩的 40%。为了让学生更好地了解印花 CAD 软件系统的功能，尽可能多地应用系统中的工具，并发挥学生的想象创造力，本课程将期末作品分为两大类，即对已有印花图案分色描稿和自主设计印花图案。

五、改革效果

本课程采用学生实践应用能力与学生对课程的评价来综合评价改革效果。

(一) 学生实践应用能力

本课程以轻化工程101班和轻化工程102班（改革试点班）为实践对象，采取平行班的方式对新教学模式下的教学效果进行了分析。

1. 期末作品类型分析

本课程的期末作品分为“分色描稿”和“自主设计”两类，其中分色描稿作品受原图中颜色套数和图案结构的限制，制作难度较大，而自主设计作品可充分发挥学生的创造性，制作过程所受限制较“分色描稿”作品少，故其制作难度较小。期末作品类型的统计分析结果见表2。

表2 期末作品类型分析表

班级	学生人数	设计作品数	分色描稿作品数	设计作品数/作品总数
轻化101班	29	20	9	0.6897
轻化102班	28	8	20	0.2857

一般而言，软件操作掌握较差的学生会选择自主设计作品，一是可以减少工作量；二是可以减少作品制作过程中的错误。所以，从表2中数据可以看出，改革试点班的学生对金昌EX9000系统软件掌握程度较好。

2. 作品制作难易程度分析

对于印花图案来说，颜色套数的多少决定了作品制作的工作量大小和难易程度。所以，本课程以期末作品颜色套数为改革效果的一项评价指标。期末作品的颜色套数统计分析结果见表3。

表3 期末作品颜色套数分析表

班级	颜色套数			
	1~4	5~7	8~10	>10
轻化101班	4	11	6	8
轻化102班	3	9	11	5

由表3可见，普通班学生作品的颜色套数分布的分散性较大，这是由于学生对计算机课程的兴趣存在较大差异，而且学生学习态度也会影响作品的质量。改革试点班学生作品的颜色套数大多集中在5~10套色，占总人数的71.4%，表明学生对所学知识的掌握程度相当。

由此可见，新的教学模式和教学方法在一定程度上可以激发学生学习兴趣和积极性，减小学生因自身因素而造成的差异，从而使更多的学生熟练掌握印染CAD软件的功能与应用技巧。

（二）学生评价

为了进一步检验新教学模式下教学方法的可行性，本课程教学结束之后，要求学生对教学改革进行评价，这种要求遵循自愿原则。部分学生的评价内容见表4。

表4 学生评价

班级	姓名	评价
轻化102班	钟海峰	我觉得课程的进行方式很不错，这样既能让我们锻炼与人交际的能力和当众演讲的能力，也能让我们很好地学习课本的知识，即使再不想学的人也能掌握部分知识
轻化102班	贺子姣	在学习过程中，我们先进行小组讨论学习，然后在课堂上分别为大家进行演示，这样的方式是一种比较新的学习方式，不仅可以锻炼我们团队合作和学习能力，还可以训练我们的PPT讲解能力，为以后在工作中完成产品介绍等任务奠定了比较好的基础
轻化102班	徐丽媛	我认为这种授课方式挺适合这门课的，一方面可以促进小组内成员的团结与合作意识；另一方面与其他小组的比较学习更能促进每一个同学的学习动力，老师设置的阶段性考核和期末的自主作业等都很好地督促了我对自己学习成果的及时检查与巩固
轻化102班	刘晶	这门课程主要采取自主学习与老师面授有机结合的模式，这种模式既一定程度上加强了学生的自主学习能力，又能让学生真正去做并学到知识

由此可见，新的教学模式充分体现了学生在教学过程中的主体地位，有利于培养学生自主学习能力、实践应用能力和团队合作精神。

参考文献

[1] 唐舵．CAD教学方法初探［J］．辽宁行政学院学报，2009，11（9）：131－132.

[2] 陈树洪，吕红晓．合作学习教学模式构建及实践［J］．中国教育学刊，2011（9）：59－61.

[3] 金艳苹，王利君，唐洁芳，等．服装CAD课程改革与建设［J］．浙江理工大学学报，2012，29（3）：446－449.

[4] 王慧玲，周彬．《纺织CAD实训》课程教改思索［J］．山东纺织经济，2011，4：75－76.

[5] 韩丽君．纺织CAD教学模式探讨［J］．山东纺织经济，2007，（3）：89－90.

[6] 王维明，钱红飞，刘越，等．“印染CAD”课程教学模式和考核体系的改革［J］．纺织服装教育，2013，28（4）：323－325.

纺织工程专业多种培养模式的构建与实践

青岛大学　邢明杰　孔凡栋　王守春

关键词

纺织工程　培养模式　地方特色　构建

摘要

本文介绍了纺织工程专业的三种培养模式，即“一专业多方向”培养模式、“创新班”培养模式和“卓越工程师计划”培养模式，分析了各自的特点和适用范围，认为多种培养模式共存，是现代纺织发展对纺织教育的必然要求，可以实现纺织教育个性化、针对性培养，满足不同特点学生对专业教育的不同要求。各院校可以根据各自办学条件，依托地方行业特色与优势，设置不同的教学内容，构建和实施多种培养模式。

正文

长期以来，纺织高等教育为我国的纺织行业培养了大量的人才，为行业的发展与进步做出了贡献，不断构建并实施新型的培养模式，提高培养质量，也是纺织教育工作者长期探索的重要方向。纺织工程专业作为一个具有代表性的传统工程类专业，其人才培养也离不开纺织行业的发展和技术进步，离不开依托纺织行业各个地区的地方优势与特色。

一、结合纺织行业人才需求特点，构建多种形式的培养模式

目前，各地纺织高等学校中，大都是以专业方向培养的形式制订培养方案，即在学习了纺织工程专业基本理论之后，再在某一个方向或领域进一步学习与提高，这些方向涉及纺织技术、检验、贸易、服装、管理、材料、产品设计等方面，大都是根据本校的办学优势和地方特色设置，谓之“一专业多方向”，即在一个纺织工程专业下的多个方向。

当前纺织工业正在重新崛起，并面临着许多新的问题和挑战，这就更需要高水平、高质量的纺织教育，以培养高水平的人才为行业服务。十余年来，“厚基础、宽口径、复合型”人才培养一直是纺织教育中重要的办学理念和指导思想，然而，分析当前和未来纺织行业发展趋势，可以得出，纺织行业的发展已为纺织教育提出了新的要求，本文认为，未

来纺织行业需要的人才应具备以下特点。

(1) 全面掌握纺织基本原理，又在某一方面有一定基础，如机电、贸易、材料、艺术设计等，在纺织行业既能从事纺织专业又能从事其他相关专业的人才，即所谓的复合型人才。

(2) 有深厚的纺织基础理论，扎实的纺织工程技能，有很高的纺织工程实践能力，在纺织企业从事产品开发、生产工艺设计、技术改造、生产管理、质量控制等工作。

(3) 既具有扎实的纺织专业基础，又具有创新思维意识和创新能力，能够走在前面或者引导行业发展，即所谓的领军人物、拔尖人才。

因此，这样的人才需求特点，必然对纺织教育提出了更高的要求。知识的膨胀、经历的多样性，已经使学生在专业学习之前就已具备了各种能力，形成了不同特点，而且个体之间的差异也较大，因此，学生个性化、针对性培养或者订单式培养成为了必要和可能。

基于这样的原因，就需要对现有的培养模式进行创新与改革，必须多种培养模式同时实行，以满足不同特点学生的需求。本文探索构建三种培养模式，分析了各模式的特点及相互关系。三种培养模式是“一专业多方向”培养模式、“创新实验班”培养模式和“卓越工程师计划”培养模式。

“一专业多方向”培养模式，是指在一个纺织工程专业下，设置多个专业方向，学生在学习完基本的纺织理论与技术之后，再选择一个方向学习，方向涉及材料、工艺、管理、机电等多方面。

“创新实验班”培养模式，是选拔部分学生进行重点培养的创新型人才培养模式，旨在培养高素质的纺织及相关行业的拔尖人才，突出学生的创新能力培养。

“卓越工程师计划”培养模式，是对实践能力较强的学生，结合企业实践，培养其工程实践能力，使其在产品开发、生产管理、市场营销等方面获得突出能力。

二、明确各培养模式的特点，突出各模式的优势

三种培养模式在培养目标、培养方案、师资队伍、管理机制、实践环节等方面，各有不同，相互补助，充分体现出各自特点与优势，使不同天赋的学生都能充分发挥各自的天赋，得到充分的提高。

(一) 培养目标

“一专业多方向”培养模式作为专业的基本培养模式，涵盖了专业的主要基本理论与基本能力的培养，体现出专业培养适用社会发展与国家建设需要，获得具有较强的人文、艺术、社会、外语、科学、工程等方面的知识与能力，德、智、体、美全面发展，系统掌握现代纺织科学与工程的基础知识与基本能力，能在纺织领域及相关行业从事纺织科学研究、纺织品开发、纺织工艺设计、纺织生产过程与产品质量控制、市场营销与贸易、计算机应用以及企业经营管理等工作的高级研究人才、技术人才和管理人才。

“创新实验班”培养模式是在全面学习掌握纺织工程专业基本理论的基础上，选拔部

分学生进行重点培养的创新型人才培养模式，旨在培养高素质的纺织及相关行业的拔尖人才。

“卓越工程师计划”培养模式是以培养本科工程型纺织人才为定位，坚持校企联合办学、理论教学与工程实践相结合的培养原则，密切结合经济建设和行业发展需求，旨在培养面向纺织行业生产加工、产品开发、经营管理等方面的需要，尤其是面向地方行业发展需要，掌握纺织工程理论与技术，获得工程师良好训练，基础理论扎实，专业知识宽厚，有较强的工程实践能力，能胜任纺织工程设计、开发、生产、经营等工作的高素质工程技术人才。

所以，三种模式的培养目标既有共同的要求，也各有自己的特点。

（二）培养方案

培养方案的制订，也就是学习内容的安排，要充分体现各方案的培养目标。培养方案应当包含两方面的内容，一是各模式共同的课程或者共同的教学内容，包括外语、数理、计算机、道德修养、专业基本知识等方面的课程，这些课程可以共同开设与学习；二是各模式各自的特色内容。一般教学计划中包括通识教育、学科基础、专业基础、专业方向、实践教学等模块。

“一专业多方向”培养模式作为专业的基本培养模式应当设置比较全面的和专业有关的教学内容，可以以模块形式体现，由学生根据自己的爱好与特点选择学习，设置的学习模块可以是纤维材料与产品检测、产品设计与开发、贸易与市场、生产与管理、机械与自动化、服装与品牌等方面，结合各学校的培养条件，结合地方纺织行业特点，即人才需求市场等进行设置。方向课的学分比重以占总学分的12.5%左右为宜。

“创新实验班”培养模式主要在培养方式上体现出创新的特点，加强学生在科研、设计、规划等方面的培养，可以结合各学校自身的优势，重点设置创新类的培养环节，一般可以在新型纤维材料与产品开发、纺织新技术、管理与品牌等方面，确定一个方面进行重点训练与培养，创新实验班的名称可以是“新型纤维材料”创新实验班、“纺织新技术”创新实验班、“纺织管理与品牌”创新实验班等。

“卓越工程师计划”培养模式的教学计划包括基础科学、工程基础、专业知识、实践教学等模块。基础科学模块，包括政治法律、语言文字、自然科学、技术科学、军事体育和人文素质等方面的课程与实践，培养学生所必须具备的人文素质、科学素质和技能，也为学科领域的后继学习打下坚实基础；工程基础模块，按纺织工程卓越工程师教育培养的人才培养目标，以及纺织卓越工程师应具备的知识结构、能力和素质要求设置纺织工程模块课程体系，进行面向纺织工程专业的工程基础教育，掌握扎实的纺织工程技术基础知识、设计能力和创新能力；专业知识模块，根据纺织行业对人才的需求，设置有特色的专业和专业选修课程组，这些课程组也应当有所重点，比方可以是“纺织产品开发与工艺设计”“纺织技术与生产管理”等，使人才培养有针对性；实践教学模块，通过对实践教学的各个环节进行整体设计，形成包括实验课程、工程实训、工艺与产品设计、毕业设计（论文）等实践环节组成的实践教学体系，培养学生的工程实践能力。要设置与企业有关的教学环节，即企业培养，包括企业课程和企业实践环节。培养方案又由校内培养方案和企业培养方案构成。校内培养方案主要包括教学计划、专业培养标准；企业培养方案包括学生在企业实践阶段要达到的目标要求、学生在企业实践期间的教育教学活动安排、学习模式和实习内容的安排及考核要求。

总之，三种模式的课程与培养环节既要有共同内容，以体现出纺织专业的基本特点，又要有各不相同、各有侧重点的内容，以体现出各自特色。

（三）师资队伍

根据不同培养模式的特点，师资队伍也各有不同。

“一专业多方向”培养模式的师资队伍要体现出多专业的特点，即教师除了要掌握纺织基本理论与技术之外，还要在某一专业方向有一定的基本功底，如机械、自动化、贸易、管理、服装、材料等，以满足不同专业方向对师资的要求，也就是说，从事方向课教学的教师是在学习了纺织专业之后再学习其他相关专业，只有这样的师资，才能满足方向课的教学需要。

“创新实验班”培养模式的师资队伍应当有较强的科学研究实践，有一定数量的研究课题，可以实行导师制，学生参与指导教师的课题研究工作，以培养学生的探索与创新能力，学生参与的创新性研究课题可以涉及多领域、多方向，但必须是指导教师的研究方向。

“卓越工程师计划”培养模式的师资队伍要有较强的纺织实践能力，要有纺织企业工作的经验，可以从企业引进部分教师，或者派出师资在企业挂职工作一定时间，另外，应当聘请部分企业工程技术人员作为兼职教师。

针对上述师资队伍的不同特点，必须长期加强师资队伍的培养与建设，只有这样才能满足不同培养模式的教学需要。只有拥有高水平师资队伍才能培养出高水平的学生。

坚持高水平人才引进与在职培养的原则，努力提高师资队伍的职业道德素质和业务素质，打造一支教育理念先进、教学能力强、实践水平高、结构合理、熟练掌握现代教育技术手段的高水平师资队伍。除有足够专职教师外，还要聘任足够的、合格的兼职教师，要校内教师和企业教师相结合。要鼓励支持教师尤其青年教师在职学习，包括工程实践经验学习、专业学习、教学方法学习及其他学习，建立以老带新的青年教师培养制度，确保青年教师有半年到一年的企业实践经历和助教经历，完善骨干教师培养机制，鼓励中青年教师和骨干教师积极参加国内外访问学习、现代教育技术培训、外语学习等，提高教师科学研究、现代教育技术、双语教学的能力。

（四）管理机制

加强教学管理、不同模式采用不同管理机制，是高效实施多种模式培养的保证。

“一专业多方向”培养模式一般在二年级下学期组织学生自愿选择，三年级开始进入方向课的学习，教学管理上实行方向负责人负责制，方向负责人负责教学方案的制订与实施、方向的发展规划与师资队伍的培养等，由相关教师组成方向选择指导小组，指导学生根据自己的兴趣、爱好、特点自由选择感兴趣的专业方向。

“创新实验班”培养模式学生一般在完成一年级课程学习后选拔培养，规模以学生总数的15%左右为宜，选拔符合培养目标的该专业的优秀学生进入创新实验班学习，选拔的标准是既要有良好的道德品质和行为习惯，又要学习勤奋、基础扎实、成绩优秀，还要思维敏捷、勇于创新，具有较强的分析问题、解决问题的能力。选拔程序可分初选、复试两个阶段。在学生自愿报名的前提下，结合一年级学习成绩及其表现，经创新实验班选拔小组审核，确定进入复试学生名单，复试分为笔试和面试两个环节，最终根据笔试和面试成绩综合选拔一定数量学生，组成创新实验班。“创新实验班”培养模式在学习上采取导师负责制，选派德才兼备、具有深厚纺织理论和实际工作经验的教授或具有博士学位的教师担任导师，指导学生的学业规划、专业学习、课题研究等，每位导师以指导2～3名学生为宜。任课教师采用遴选制，教师需具备丰富的教学经验和较强的科研能力，原则上应具有副高及以上职称或具有博士学位或具有国外学习、工作经历，同时聘任部分具有科研部门工作经历或正在科研部门工作的高级研究人员担任教师。创新实验班实行进出动态管理，经过1年的学习，学习成绩位于后20%的同学，根据学习成绩和日常表现，由创新实验班选拔小组审核后，确定是否继续学习，淘汰的学生转入其他方向学习。同时，其他专业方向成绩位于前5%的学生，可以申请转入创新实验班学习，由创新实验班选拔小组审核后，确定其是否进入。创新实验班学生除严格执行学校相关规定及专业要求外，还要求参加相关竞赛与学术活动，原则上每人要发表一定数量的学术论文、申报一定数量的专利或获得一定的竞赛奖励。

“卓越工程师计划”培养模式以（3＋1）方案实施，即3年在校学习，累计1年在企业实习和毕业设计。校内学习主要进行基础课、专业基础课以及基础实验课的教学，企业学习主要完成专业课教学、见习、实习等重要实践教学环节和毕业设计，以及参与项目设计与研发等。教学管理上实行负责人负责制，负责人负责教学方案的制订与实施、发展规划与师资队伍的培养等，这里需要指出的是，对于“卓越工程师”培养模式学生的选拔，应当以学生对工程实践、纺织企业的兴趣和爱好为主，不需要设定选拔数量，只要是有学习纺织企业工程实践的兴趣和能力，愿意未来从事纺织企业的生产、技术、管理、开发等工作的学生，都可以进入该班学习。实行双导师制，依托校企共建教学科研基地，建设一支具有深厚理论基础和实际工程经历的高水平专兼职教师队伍，采取“双师指导＋校企培养＋思政辅导”的指导模式，为学生配备由校内教师和企业专家担任的双导师，校内导师负责学生学业规划，企业导师负责学生现场实践和工程课题的指导。建立合理的进入和退出机制，在学术型人才和工程型人才两个培养体系之间，除招生选拔外，允许学生通过选拔、测试等程序，选择进入工程型人才培养体系接受卓越工程师培养计划的培养学习，而对不能适应工程型人才培养的学生，允许其转出到原专业方向或其他专业方向继续学习。真正实现因材施教、多级进入、互相转换、分类培养的人才培养目的。

（五）实践环节

实践教学是纺织工程专业学习的重要内容，近几年来，越来越受到纺织教育工作者的重视。三种模式的实践环节既有相同之处，也有各自的重点，除了都要有必要的纺织材料性能测试分析、纺织加工工艺等方面的基本试验与实习外，“一专业多方向”的培养模式的实践环节还要结合方向学习的内容设置，比方机电、贸易等，涉及的方面较多、规模较大；“创新实验班”培养模式的实践环节要有较大比重的创新性实践环节，包括大型综合性试验、创新课题、参与教师科研工作等；而“卓越工程师计划”培养模式以工程实践为主，而且实践环节比重较大，以在企业为主。特别强调的是，前两种模式的毕业环节应当以课题研究、撰写毕业论文为主，而“卓越工程师计划”培养模式应当以毕业设计为主，可以是产品开发、纺织工厂设计、纺织加工工艺设计、纺织生产组织管理方案等内容。

实训基地是完成实践教学的重要场所，因此要加强实训基地建设。实训基地包含校内基地和校外基地。校内基地是为满足纺织基本理论与技能的实验与实训，满足创新型、设计型、综合型实验的需求，完成相关方向学习的实践而建设的，可以建成几个板块：纤维测试分析，新型纺织快速反应实验线，即“纤维制备—新型纺纱—新型织造（机织、针织）—染整—服装制作”实验体系、数个不同学科特色的实验室等，同时，要重视实验师资队伍的培养；校外基地应当根据培养要求，选择部分各有专业特点和优势的合作企业，共同建设校企人才培养基地，建立校企合作人才培养机制，此外，特别要重视企业教师的聘任与培养。

三、依托地方行业优势，构建实践三种培养模式

我校坐落于山东省青岛市，为山东省地方重点大学，担负着为山东省、青岛市地方服务与人才培养的主要任务，青岛素来有纺织“上青天”与“百年纺织”的美誉。

目前青岛的纺织行业有着新的特色与优势，主要体现在：纺织新材料、新产品的开发与应用，其中海洋纤维的开发与应用处于领先地位，以“青纺联”为代表的企业，在差别化纺纱与产品开发方面取得了突出成绩；青岛已是重要的纺织机械生产基地，青岛宏大、东佳、环球、天一等集团与品牌，已在青岛地区形成了从纺纱到织造，较为完成的纺机生产链，而且有较高的水平；青岛是山东省，乃至全国重要的纺织品与服装进出口基地，据统计纺织品与服装贸易的进出口比例占 1/3 以上；青岛周边地区已经形成了我国重要的针织及其服装生产基地，以即墨即发、雪达及其海阳县针织群为代表的诸多针织与服装企业已形成了重要的品牌；山东省为我国重要的纺织生产大省，在诸多领域已得到了国内外业界的广泛认可与重视，山东省在“蓝”“黄”经济建设中，已把纺织行业的建设作为了重

要的行业。

总之，山东省及青岛具有新材料应用、纺织机械、纺织进出口贸易、针织与服装等领域的特色与优势，具有很好的纺织高等教育的人才市场和培养基础，我们构建并实施的三种培养模式紧密结合了山东省、青岛市纺织服装发展的特色与优势以及我校纺织工程专业的办学特点。通过几年的实践，取得了良好的效果，实现了学生的个性化培养和特色培养。

“一专业多方向”培养模式，我校共设置五个专业方向，学生在学习完基本的纺织理论与技术之后，再在五个方向之一学习。这五个方向是纺织材料与纺织品设计、纺织与服装、纺织机械与计算机应用、纺织与纺织品贸易、现代纺织技术与应用，既涵盖了纺织行业的主要环节，又突出了山东、青岛的地方行业特色。

“创新实验班”培养模式，每届选拔 30 名学生进行重点培养的创新型人才培养模式，旨在培养高素质的纺织及相关行业的拔尖人才，突出学生的创新能力培养。我校结合山东省“蓝色”经济建设和青岛市海洋科研与产品开发基地的特点，把海洋纤维作为创新实验班学习与探索的内容之一，此外，青岛为重要的纺织机械生产基地，学习并探索新型纺织技术（机械）也是创新实验班的培养方式。

“卓越工程师计划”培养模式，对实践能力较强的学生，结合企业实践，培养其工程实践能力，使其在产品开发、生产管理、市场营销等方面获得突出能力。校内建设了教学基地，包含从原料到服装各环节的生产设备、测试仪器、分析方法等，校外重点面向山东省建立了四个企业培养基地：建立“青岛大学—青岛纺联集团培养基地”，主要用于学生的纺纱、机织领域的实习实训；建立“青岛大学—即发集团培养基地”，主要用于学生的针织领域的实习实训；建立“青岛大学—山东如意集团培养基地”，主要用于学生纺织品进出口及市场营销等方面的实习实训；建立“青岛大学—山东南山集团培养基地”，主要用于学生学习毛纺织生产、产品开发等知识及实践。与这四家企业共同制订培养目标，共同确定课程体系和教学内容，共同参与培养过程，共同评价培养质量，尤其是实践教学内容或者企业教学内容，而且结合各企业特点，分别制订各企业完成的培养任务。

四、结语

实行纺织工程专业多种培养模式共存的培养体系，是纺织行业发展的必然要求，也是纺织教育培养高水平人才、提高教育水平的必由之路，纺织行业的发展和纺织教育的进步使这种培养体系的实现成为了可能，具有了培养的基础和实施的背景。

坚持特色、适应发展、依托优势，一切以学生的全面发展与成才为中心，形成普通培养与拔尖创新人才培养、工程师能力培养相结合的培养格局，采用多元化、个性突出的人才培养模式，对于完善纺织人才培养体系，培养高水平的纺织专业人才，促进纺织工业的不断进步，具有重要意义。

参考文献

[1] 郑燕升，李军生，林海涛，孟陆丽．地方高校化工特色纺织工程专业人才培养模式探讨［J］．科技创新导报，2008（20）．

[2] 吕立斌，王春霞．纺织工程专业课程体系研究探讨［J］．山东纺织经济，2010（09）．

[3] 夏风林，蒋高明，孔震．纺织工程专业学生实践能力的培养［J］．纺织教育，2008（05）．

[4] 林海涛，唐忠锋，凌新龙．依托地方行业优势，改革纺织工程专业的实习教学模式［J］．广西轻工业，2009（09）．

职业教育组

一等奖

以职教集团为平台的中高职教育衔接的研究

山东轻工职业学院　梁甜甜　刘仰华　杨永亮

关键词

职教集团　中高职教育衔接　人才培养模式

摘要

本文以淄博市纺织服装教育集团为例，探索以职教集团为平台的中高职教育衔接的研究，充分发挥职教集团的优势，从招生、人才培养模式、课程体系、评价机制等全方位地进行分析研究。

正文

近年来，我国高等职业教育取得了突破性发展，但在与中等职业教育人才培养、课程体系等方面的贯通衔接却还存在许多不足，影响了办学效益，因此针对中高职教育衔接的研究显得尤为重要。

一、中高职衔接中存在的问题

1. *高职生源多样，人才培养“一刀切”*

高等职业教育当前的生源主要有两部分：中职毕业生和普通高中毕业生。中职学校主要招收参加中考的低分段的初中生为主，其培养目标偏重于技能培养和就业能力培养，具体表现在轻理论、重操作、轻文化、重实践，学生知道怎么做，但是知其然而不知其所以然。因此中职学生升入高职后，很难适应高职教育的理论学习。同时由于中职学生很多在毕业后就参加工作了，因此升入高职的数量也很少。高职院校的主要生源为普通高中毕业生。因此在人才培养方案的制订上就以普通高中学生的起点进行设置，导致了中职学生理论课程听不懂，专业技能课程一部分还要重复学习，大大降低了学生的学习兴趣，也使高职学生的技能优势无法得以发挥。

2. *教学模式雷同，课程内容重复*

在课程设置上，中高职各自为营，独自规划课程，把培养目标分解成相应的能力体系，根据能力体系构建课程体系，确定教学标准和教学内容。由于中高职院校之间缺乏沟通，造成有些专业课程重复设置的现象没有考虑中高职课程的递进与统一，没有形成中职高职一体化模式，导致很多课程内容重复，造成教学资源的浪费和学习效率的降低。

3. 教学过程、评价机制大同小异

中职学校在学生评价方面，加强了相关技能的等级鉴定，学业评价呈多样化，包括形成性评价、技能评价、能力评价、学生自我评价等。虽然高职院校在学生的评价体系上也不断改革探索，但评价体系与中职院校的体系大同小异，无法体现高职阶段与中职阶段的区别。高职与中职相比，在教学内容、知识掌握程度、能力要求上都有更高的要求。

二、中高职教育衔接的解决策略

职业教育集团简称职教集团，是由相关行业、企业和中、高职院校共同构成。通过组建职业教育集团，最显著优势在于能够通过一个统一的机构将学校、企业与行业紧密地联系在一起，从而营造出良好的职业教育氛围，不同主体可以充分发挥支持和参与到职业教育发展中来，有利于协调解决中高职教育衔接的问题。

1. 对口招生，独立编班

以职教集团为单位，实现内部中高职院校的联合，邀请职教专家、中高职骨干教师、行业企业专家共同制订中高职统一的人才培养方案。同时职教集团内部应充分发挥组织协调作用，协调集团内部的各高职院校，保证对口生源，在中职、高职段实现独立编班。还可以实行技能优秀中职毕业生免试升学政策，不仅可以解决中职生提高自身综合素质的难题，而且也为高职院校提供了大量的优质生源，有利于提升职业教育的竞争力和吸引力。

通过建立集团内部的中高职相衔接的现代职业教育体系，疏通中高职衔接教育的渠道，有利于高素质高技能人才的培养，对形成合理的教育结构、促进职业教育可持续发展具有重要的意义。

2. 师资培养，共同提高

职教集团内部中高职院校的教师需进行统一培训，共同制订课程标准，共同开发课程，保证课程的统一、协调和递进的关系，使得中高职课程既有区别又有联系。

加强集团内部一体化师资培养，采用多种组织形式，加强教师实践培训环节，双师型教师培养可以充分发挥在中高职教育衔接中的作用，实现中高职的一体化教学。

同时中职学校和高职院校要进一步明确各自的办学定位，结合现有的中职专业课程改革的基础和成果，根据中职毕业生的文化基础和专业水平，科学合理地确定每个专业在中、高职不同阶段的培养目标、教学任务、教学要求和教学方法，制订和实施中等、高等职业教育相互衔接的专业课程体系和专业教学指导方案，尽量避免课程内容重复和资源浪费，努力实现学生综合技能的横向拓展与纵向提高，实现就业范围的扩展和从业能力的提高。

3. 建立集团内部中高职衔接的考核评价机制

中高职衔接评价体系涵盖中职课程评价、中高职共有课程评价与高职课程评价，而中高职衔接评价是中高职衔接的难点，也是考量中高职是否真正实现有效衔接的指标。

建立新评价制度，应把握以下原则：对学生的评价，无论是诊断性评价、形成性评价还是终结性评价，都要注重评价综合职业能力，而非单纯的学科知识或操作技能。建议吸取传统的职业资格考试、技能大赛、世界技能大赛和学生职业能力测评四种评价方式的优点，或将四者有机结合。对专业课教师的评价，既涉及教学能力成分，又涉及专业技术能力成分，因此建议将教师职业能力测评和教师教学绩效两种方式相结合。

三、中高职教育衔接的实施方案

下面以淄博市纺织服装教育集团为例开展中高职教育衔接方面的研究工作。

1. 做好职教集团内部的中职与高职的调研分析

进行岗位调研和生态调研。

岗位调研是对职教集团内中高职学生的人才需求情况、学生的就业情况、企业各有关岗位对中、高职学生的供需情况等方面进行调研，通过收集整理大量的资料，对主要岗位典型工作任务、主要岗位职业能力、企业与学校对应专业的供求情况、校企合作等多方面进行统计分析，结合岗位职业标准，合理设计中高职有效衔接的专业课程体系，提供制订人才培养方案的指导方案。

生态调研是对职教集团中高职院校当前人才培养的现状进行调研，从招生情况、就业对口情况、升学情况、师资队伍情况、实验实训室情况、教学资源建设情况等方面收集大量的资料，对相应的数据进行统计分析，从而了解该专业在办学定位、课程体系、教学内容设置、教学模式、评价体系、课程标准等方面存在的深层次问题，明确中职与高职的科学定位，合理分工，探索在高职的引领下，通过有效的资源整合，培养出社会需要的不同规格技能人才的教育教学模式。

2. 确定中高职相应的职业资格证书

中高职都是要培养应用型技能人才，因此在专业设置和能力培养方面具有一定的共性。结合国家相关职业资格标准与中高职人才培养定位，明确中高职各专业在专业知识、专业技能和能力上的培养目标，中职定位在培养专业技能型人才，考取相关的中级证书即可；高职定位在培养高端技能型人才，需考取相关的高级证书。中高职职业资格证书应相互衔接，逐步提高。

通过建立职业资格证书制度，规定证书等级对两个不同层次职业教育的职业能力等级要求，使得高职入学新生做到起点高，专业技能合格，并能在高职院校进一步培养中得到提升发展，逐级晋升职业资格证书。

3. 确定中高职相适应的人才培养模式

与职业教育集团内部企业进行深度融合，针对岗位群能力要求，选取便于组织生产、组织教学的典型产品，进行系统性规划，实施任务驱动式项目化教学；根据典型案例，将生产过程与教学过程相互融合；在生产和教学过程中全面培养学生的专业能力和职业素质。构建以学生为中心、工作工程为导向的人才培养模式，促进学生全面发展，并成长为高端技能型专门人才。

4. 制订中高职贯穿的人才培养目标和课程体系

在构建中高职贯穿的人才培养体系上，中高职在培养目标和规格上都具有职业性、实用性、技能性等特点。培养目标都主要从行业的职业岗位不同要求及相应规范中去确定，中职课程重基础，强应用，让学生初步建立职业概念；高职课程重实践，强创新，鼓励学生在真实或模拟的工作场景中发挥主观能动性和实践性，培养高端技能型人才。

统一的课程标准是构建课程体系衔接的核心。中高职课程不仅仅是累积，要在制订时避免重复，既要体现课程的连贯性又要拓宽、加深内容，实现课程内容的顺序性、连贯性、整体性。以职教集团为平台，将课程体系教学内容的综合化、模块化、阶段化设计，构建以学生为本位、以就业为导向的课程体系。同时关注职教集团内部行业、企业的最新发展，通过学校与企业合作等形式，及时调整课程设置和教学内容突出专业领域的新知识、新技术、新流程和新方法。根据实际的工作情况，推进课程形成围绕工作需求的新的课程教学模式。

5. 制订中高职贯穿的课程标准

中高职教师通过共同分析、研讨，结合专业人才培养目标，并根据国家相关职业资格标准对职业能力的要求、企业岗位对人才的需求来确定课程内容。课程内容一方面坚持以工作过程为导向，以职业功能为主线，以工作任务为载体，优选教学内容；另一方面以模块化、层次化的思路实现统一开发，将多个教学单元换为独立的教学模块，同时根据学习的递进性要求和知识关联性、独立性的特点，将教学模块组成一个有序的、连贯性的中高职课程结构体系；通过对上文实施过程中各个环节的考察和评价来进行课程的考核；编制高职和中职的相关专业的课程标准。

6. 构建中高职贯穿的评价方案

中高职的教学评价要遵循以就业为导向、以能力为本位、以生为本的教育理念，建立职教集团内部由学校、用人单位和行业部门共同参与制订的学生考核评价机制。

职教集团内部，不管是中职学校还是高职院校，都要建立以能力为核心的评价模式，促进中等和高等职业教育人才培养质量评价标准和评价主体的有效衔接。特别是高职教育，更要与职教集团内部企业进行联合，打造实习基地，实现资源共享，以全面提升高职教育。

同时也需要建立中高职衔接评价的反馈机制，充分发挥评价的诊断和反馈功能，调整教学目标与教学过程的回应，建立健全考核结果评价的反馈机制，促进教学质量的提高。

四、结语

本文通过分析中高职教育衔接中存在的问题、解决策略的研究，以淄博市纺织服装教育集团为例，探索并提出了以职教集团为平台，中高职教育衔接，依托职教集团的优势，从招生、人才培养模式、课程体系、评价机制等全方位实施的方案，为以职教集团为平台的中高职教育衔接的研究与实践提供了借鉴。

参考文献

[1] 袁丽萍．中高职衔接贯通模式研究——以职教集团为依托［J］．淮南职业技术学院学报，2014（1）．

[2] 盛健，唐林伟．基于职业教育人才培养目标定位的中高职衔接问题研究［J］．职教论坛，2013（28）．

[3] 朱有明．基于职教集团平台的中高职衔接实证研究［J］．杨凌职业技术学院学报，2013（3）．

[4] 陈幼芬．基于职业能力的中高职课程体系衔接研究与实践［J］．科技视界，2014（2）．

[5] 崔敏静．构建现代职业教育体系，实现中高职课程体系衔接［J］．时代教育，2013（23）．

二等奖

现代纺织技术专业“订单式”人才培养模式的理论探索与实践

山东轻工职业学院　赵秀芳

关键词

“订单式”　人才培养模式　纺织企业　实践

摘要

“订单式”人才培养模式是深化高等职业教育改革的主要措施之一。本文通过现代纺织技术专业“订单式”培养的实践体会，阐明校企合作“订单式”培养人才是市场的需求。实现订单式培养，既是学院的一个创新项目，也是学院迫切需要实现的目标。

正文

纺织行业是一个劳动密集型行业，需要大批高技能、高素质人才在一线从事生产与管理。目前行业发展与人才缺乏的矛盾日益显著，一方面是企业对高技能、高素质人才的求贤若渴；另一方面是某些大专院校纺织专业毕业生不能适应纺织专业特点而转行；再者，为数不少的毕业生忍受不了从基层做起的行业特点而转行，使现代纺织技术专业队人才的培养付诸东流。面对纺织业对人才的渴求，应该采取什么样的教学模式，才能保证现代纺织技术专业毕业生既符合行业要求，同时又可逐步成长为纺织企业生产与管理的骨干力量，这是“订单式”人才培养模式力求解决的实际问题。

一、“订单式”人才培养模式的理论探索

教育部《关于以就业为导向，深化高等职业教育改革的若干意见》（教［2004］1号）提出要把“订单式”人才培养模式作为深化高等职业教育改革的主要措施之一。订单培养模式是指职业、学校根据企业对人才规格的要求，校企双方共同制订人才培养方案，签订用人合同，并在师资、技术、办学条件等方面合作，共同负责招生、培养和就业等一系列教育教学活动的办学模式。实现校企合作办学，实行订单式培养，既是学院的一

个创新项目，也是学院迫切需要实现的目标。

“订单式”人才培养过程较好地落实了“工学结合”，其特征有三个方面：一是学校与企业共同制订人才培养计划；二是学生的职业技能主要由就业单位负责培养；三是学生毕业后直接到就业单位上岗，实现学生学习与就业零对接。这种“订单式”培养不但解决了现有高职学生理论不能联系实际、职业能力差的问题，而且避免了目前存在的高职学生“毕业 = 失业”的现象。

二、“订单式”人才培养模式的实践

为了适应市场对人才需求的变化，2009 年 12 月，山东丝绸纺织职业学院与鲁泰纺织股份有限公司签订了联合办学协议，即“订单式”人才培养协议，校企合作实现新突破。本次合作在学院 2009 级开设现代纺织技术、染整技术、服装制板与工艺 3 个普专“鲁泰班”，3 个专业每个专业 1 个班，每班定额 45 人，单独组班进行管理。招生、教学计划、培养目标、学生管理和实习都由双方共同协商管理，缩短了学校和企业的距离。

以现代纺织技术专业为例说明“订单式”人才培养模式的实践过程，我们冠名为“09 纺织鲁泰班”。

1. “纺织鲁泰班”组班过程

第一步：确定组班时间，入校后第一学期末进行宣传，确定学生班级人数。第二步：组班原则，公平、公正、公开、自愿。第三步：鲁泰企业宣讲，主要介绍企业全面情况、工作岗位、基本待遇、发展空间等。第四步：学生报名及面试，根据组班原则，学生报名后，企业对报名学生进行面试、笔试、体检等。第五步：录取及组班，根据体检情况、入学成绩、面试成绩、笔试成绩等，由校企双方确定录取名单，冠名组班。

2. “订单式”人才培养教学过程

在实施过程中，我们将“订单式”培养的教学过程分为三个阶段。

第一阶段：学生进校后的第一学期为第一阶段。教学重点主要放在巩固学生的专业思想，培养学生的职业意识上。入校后学生首先学习基础课和专业基础课，进行专业思想的培养，学生对自己今后所从事的行业和行业所要求的人才有一个初步的了解，这样有利于学生巩固专业思想，树立脚踏实地从基层做起的思想，为他们今后在这个领域的发展奠定良好的基础。另外注重学生综合素质的培养，使学生养成良好的习惯，例如礼节、礼貌、仪表、劳动观念、卫生习惯等。

第二阶段：第二学期至第四学期是学生专业知识的学习与专业技能的培养阶段。本阶段主要是在学校完成。在这期间，学生按照人才培养方案和课程标准的要求，完成理论和实践课程教学所需的一切技能与能力，获得相应的学分。其间部分实践课程比如棉纺认识实习、机织认识实习等实践课程是到鲁泰公司进行的。企业安排专门技术人员指导学生实习，学校由专业老师带队，负责学生的日常管理和实习成绩的评定。

第三阶段：第五学期开始是学生顶岗实习阶段。顶岗实习过程是学校教学环节的重要组成部分，是学生将理论知识转化为实际操作技能的重要环节。对学生来说，它更是一个能够在真实工作环境培养严谨的工作作风、良好的职业道德和素质的重要步骤。“鲁泰班”学生的顶岗实习直接到鲁泰公司进行。由企业安排学生的顶岗实习，负责学生在厂里的技能培训和日常管理。学院安排专业教师定期与企业、与学生联系，定期到企业检查学生实习情况。学生按实习大纲要求完成实习任务、实习报告，完成毕业设计。最后需要进行职业资格技能考核，考核中技能部分由企业监督完成，理论部分由学院安排完成，合格后学生获得相应的职业资格技能证书，达到企业工作岗位要求。

3. 实施“订单式”人才培养模式的效果评价

09 纺织鲁泰班“订单式”培养实施两年多的时间，得到鲁泰公司和学院的大力支持，同时得到学生和家长的认同和理解，收到良好的效果。

（1）“订单式”培养实现“三赢”。“订单式”培养在一定程度上缓解了学生就业难、用人单位找如意的人难、学校找实习企业难的问题；通过企业接收实习，学院节省一定的实习费用，也在一定程度上补充了教育成本；企业为学生提供一定的生活和学习补贴，实现了学校、学生和用人单位的“三赢”。“订单式”培养更重要的意义应是促进高职院校的教学改革。

（2）采取“订单式”培养，学生学习目标明确，无后顾之忧。因为“订单式”培养，是学生在校期间就与企业有约，将来毕业就去签约单位工作。所以，学生能自觉按企业要求努力提高自己的能力，将来成为企业的合格员工。大家知道，高职生没有考研的目标动力，升学教育导致的职业目标不明确，入学后学习目标模糊，学习动力不足。“订单式”培养使他们明确了学习目的，特别是学生未来工作的企业提出的各种要求有较强的号召力。

在我院纺织系所有班级中，09 纺织鲁泰班的学风、班风是最好的。班级课堂气氛活跃，与老师互动好，课下问问题的学生特别多。勤学好问，是全体任课老师对班内学生的高度评价。全班学生积极向上，集体荣誉感强，在学院组织的文明班级评选活动中，09 纺织鲁泰班已经连续两学期以全系第一名的成绩被学院评为文明班级，这无疑是“订单式”培养模式带来的变化。

（3）有利于学生融入企业文化，缩短企业培训时间及学生对企业的适应期，减轻了企业“二次培训”的费用。在传统的培养模式下，学校的毕业生在进入岗位后，用人单位还要再根据自己的特点对毕业生进行“二次培训”，造成了人才培养成本和时间上的浪费。而“订单式”培养方式，学生在企业进行教学实习和生产实习，在完全的职业环境下接受教育，熟悉企业规章制度，增强了学生对企业的认同，学生提前融入企业。学生在校期间就已经融入了用人单位的个性需求，从而极大地节约了培养成本和时间，提高了学生的职业能力，同时也大大降低了企业盲目进入的成本。

比如在教学过程中，根据教学安排，学院邀请鲁泰纺织股份有限公司的相关管理、技术人员到学院为学生进行讲座，介绍鲁泰的发展历史、生产情况。公司还组织学生进行拓展训练，培养学生的吃苦耐劳和团队精神。定期发放公司的报纸，使学生及时了解公司的生产状况和发展情况，激发学生的学习热情。迄今为止，学生已到鲁泰公司实习三次，分别实习纺纱、准备、织造三个工序。公司周到的安排、工人师傅热情的指导以及公司先进的生产设备、严格的管理、员工强烈的团队意识，都给学生留下了深刻的印象，他们说选择鲁泰公司、选择鲁泰班是他们正确的选择。实习结束后，学生对鲁泰公司有了进一步的了解，对所学的知识有了感性的认识，学习积极性更高了。

（4）企业对实习学生的激励。企业为学生提供奖学金，减轻学生家长负担。企业为鼓励学生努力学习，帮助学生完成学业，为“订单式”培养的学生提供奖学金。这些学生同时享受学校的其他奖学金，这样对困难的学生是一个很好的机会。2010 年 11 月份开始，企业为学生提供的第一次奖学金已经发放，发放比例占全班人数的40%。以后每年按此比例发放，直至毕业。这一举措极大地激发了学生学习的热情，同时也让“订单式”培养的学生充分认识到企业在他们成长的过程中所付出的努力，教育学生主动地按企业要求锻炼自己，学成后不违约，力争为企业做贡献。

三、“订单式”人才培养模式的完善与补充

“订单式”培养在我国已由探索阶段逐步走向完善阶段，需要教育观念、企业用人机制、社会人才观念等随社会发展共同完善，也需要高职院校教学模式、教师素质的跟进，就目前看还需要进一步完善与补充。

1. 订单企业的选择

实施“订单式”培养，在坚持满足企业需要、资源共享、互惠互利原则的基础上，选择适合“订单式”培养的企业是合作成功的关键。在确立“订单式”培养前，学校应了解“结对子”企业其所在行业的经营状况及其他情况，如企业发展处于什么阶段？发展趋势如何？企业产品是否有较强的竞争力？企业的核心竞争力怎么样？高职院校应建立适合于自己“结对子”的企业群，并在此基础上，对企业优中选优，多方面的分析比较、统筹兼顾，方能找到可以担负起重任的企业。

2. 沟通协调问题

合作办学首先遇到的问题就是学校与企业的协调、磨合问题。虽然合作之前有协议，但是要做到在一些具体问题上都能达成一致，需要沟通。校企在时间和空间上的分离，给合作带来难度，一个很简单的问题，有时也要反复几次协调才能解决好。因此，在合作过程中，学校、企业的沟通与协调是很重要的一环。

3. 教学组织和教师

“订单式”教学打破了以课堂和课本为中心的传统方式，需要改变教学组织形式、教学管理模式、课程设置和任课教师都要有一个较大的转变。学校应本着“宽基础、

活模块”的思路设置基础理论课程，在教学计划中留出一定的空间，以填充与职业岗位相关度高的项目化课程。同时“订单式”教学改革的关键是教师，提高“订单式”培养的质量，关键也在教师。应采取一定措施激励教师参加生产实践，参与教育教学改革，以增强教学工作的针对性和教学内容的实用性，这也是高职高专教师成长的重要途径。

4. *校企合作教材的开发问题*

教高［2006］16号《关于全面提高高等职业教育教学质量的若干意见》明确指出，要建立突出职业能力培养的课程标准，规范课程教学的基本要求，提高课程教学质量，建设工学结合的优质核心课程及配套教材等教学资源。目前适用于行业、企业技能型人才培养的教材还比较缺乏，特别是与企业签订“订单式”培养目标的教材。因此，以生产过程的岗位设置、岗位技能要求、岗位生产情况为指导，开发校企合作教材，对于高等职业院校培养企业所需的高技能型人才具有重要意义。

5. *学生质量考核与评价*

“订单式”培养的学生打破了传统的教育、教学方式，学生质量评价也是一个新问题。校企联合办班的学生管理与考核应由学校与企业共同负责，学校负责考核理论教学部分，企业负责考核实践教学部分。学生操行管理，学校侧重于学生在校期间的考核，包括成才教育、纪律教育和专业教育。企业侧重学生在实习期的间接管理，包括岗位规程、职业道德教育以及企业规章制度的教育等。

四、结束语

随着学院教学改革的不断深入和现代纺织技术等专业“订单式”培养班级的良好运行，学院通过市场调研，2010年起继续与鲁泰纺织股份有限公司合作办学。目前我院已有2012、2013两届“订单班”的学生进入相应的企业工作。学院也对这些学生进行了跟踪调查，从调查情况看，企业对这部分学生比较重视，给他们安排技术过硬的师傅进行指导。这些学生到企业后能够很快适应企业文化氛围和工作岗位，吃苦耐劳，虚心学习，能够安心于本职工作。目前已有部分学生成了企业的技术骨干，通过层层考试和选拔进入企业的人才储备库。同时学院与海信惠而浦（浙江）电器有限公司、山东江辰服饰有限公司、山东佳怡物流有限公司、山东润丰化工有限公司、孚日集团、世博动漫等多家企业签订了订单培养协议，定向培养高职毕业生，为企业培养更多的高端技能型人才。

参考文献

［1］王英俊，张晓庆，李新会．校企合作“订单式”培养学生之研究［J］．教育教学，2010.6.

[2] 孙中伟．从订单式培养谈高职音乐专业的课程改革［J］．郑州铁路职业技术学院学报，2009.9.
[3] 张雪荣，张之东，闫志谦．浅析“订单式”人才培养的问题与对策［J］．职教论坛，2009.9.

高职院校专业教学团队实施教管研一体化建设的探索

盐城工业职业技术学院　瞿才新　秦晓　刘华

关键词

专业教学团队　教管研一体化　建设　实施　探索

摘要

高职院校专业教学团队建设是培养高技能人才的重要保障。盐城工业职业技术学院深入探索“教管研”一体化模式建设专业教学团队，着重提高专业教师实践动手能力，建设双师结构优化的专业教学团队；将教学团队管理重心下移，师生一体化管理实验实训场所；倡导科研与教学融合，推进工学结合、校企合作。学院为“教管研”一体化模式建设专业教学团队提供了充足的软硬件保障条件，专业教学团队建设成效卓著，特别是人才培养与科研工作，取得了较大突破。

正文

一、专业教学团队在高职院校教育中的建设

（一）专业教学团队建设的意义

专业教学是高职院校教育中的核心工作，专业教学质量直接影响到毕业生的自身质量。目前，建设一支好的专业教学团队，加强专业教学团队的建设已成为提升专业建设水平和质量的一个重要举措。

推行工学结合的教育模式是高职教育模式改革的重点，一支具有双师素质、专兼职结合的专业教学团队，是目前高职教育培养具有一定专业知识同时又具有较强操作能力的高技能人才的需要。

（二）专业教学团队建设的现状

自 2007 年教育部提出建设高水平教学团队以来，全国涌现出一批国家级、省级优秀专业教学团队。但是，当前高职教学团队建设中还存在一些问题。张喜顺等提出专业教学团队的师资结构、知识结构、学历结构、职称结构等存在建设不合理的现象，教师团队中

双师型和双师素质的教师人数偏低。湖南铁路科技职业技术学院的于训全老师指出，专业教学团队理论强、专业技能不足、校企结合程度不高。广西电力职业技术学院的韦抒指出，目前教学团队建设目标不明确，管理制度不够完善。

（三）专业教学团队实施三个一体化建设

1. 三个一体化的理解

教管研三个一体化是教学一体化、管理一体化、科研一体化，也即教学做一体化、教管学一体化、教产研一体化。

教学做一体化，就是理论与实践相结合，教中学，学中做，教学做一体化的教学模式。它具有两大特点：一是体现技能训练的目标地位。根据技能训练要求，设计理论教学内容，设置教学环节，理论教学服从于技能训练。二是理论教学与技能训练相互融合。教管学一体化，就是在高职院校二级院系中将党组织建设、教学教研和学生培养与管理工作结合在一起，以实现“降低管理重心、加强教师主人翁意识、提高人才培养质量”。教产研一体化，就是生产、教学、科研相互渗透、相互促进、相互包容，做到“以学出研，以研促产，以产助学，以产养研”，实现教师作为科研人员的优势互补、资源共享，充分发挥产学研合作的综合优势，形成更强的核心竞争力。

教管研三个一体化将高职院校专业教学团队的教学、管理和科研三大任务有机结合。教学做一体化不仅有效解决了高技能人才培养的需求，而且让教师从传统课堂教学解脱束缚，以实际生产案例教学，极大地提高了实验实训场所的使用效率，学生在学习和生产过程中建立了更加深厚的专业情感和师徒情感，专业教师落实学生培养与管理工作更加直接、有效；教师在教学做过程中发现、解决实际生产难题，教学过程融入生产过程，教学项目的开展即是企业研究开发项目的开展。教学做一体化的开展使得教管学一体化的管理模式成为必然，教学做一体化不仅培养、管理了学生，而且培养了专业教师的技术应用科研能力，为教产研一体化提供了温润的土壤。

2. 专业教学团队实施三个一体化建设的理论依据

近年来，我国的高职教育发展迅速，办学规模不断扩大。高职教育的发展坚持以人为本，突出能力本为，根据高职培养目标要求来建立新的理论教学体系和实践教学体系以及学生相关能力培养体系，开发职业能力实训模块。加强学生的基本实践能力与操作技能、专业技术应用能力与专业技能、综合实践能力与综合技能的培养。

沈建厅长在 2014 年江苏省教育工作会议上指出：要“全面推行工作结合、校企合作、顶岗实习的人才培养模式，探索现代学徒制”。苏教高 15、16 号文中也强调，课程建设要以就业为导向，以工学结合为切入点，融“教、学、做”于一体，重视学生校内学习与实际工作的一致性。我国陶行知先生提出的“教学做合一”理论，也是要求“教”与“学”同“做”结合起来，要求教师尊重学生，注意教学之外的生活，指导学生在实际的活动中学好本领，培养他们的生活能力。

可以看出，专业教学与教师能力有一定关系，与专业团队的建设也密不可分。在专业教学团队建设过程中实施“教学做一体化”“教管学一体化”“产学研一体化”有着重要意义。

二、如何实施专业教学团队三个一体化建设

（一）如何实施专业教学团队教学一体化建设

1. 提高专业教师的实践动手能力

在教学过程中，实施教学做一体化，打破原来“三段式”的课程教学组织，取消阶段实习环节。将专业核心课程与专业职业岗位核心技能训练相结合，通过采用理论和实践一体化相结合的教学模式，将理论知识与所学知识相联系的实验、实训，纺织生产、管理过程中的工艺设计、工艺上机、半成品或成品检测、设备维护等核心技能相结合，使学生毕业后尽快适应企业生产一线的实际工作。同时，为提高学生的实践应用能力，促进就业，提高他们的社会竞争力，将主干课程与考证相结合，做到课证相通。

教学做一体化的采用，改变了教师重课堂轻实践、重理论轻技能的观念问题，这同时也要求专业教师要经常下企业挂职锻炼，提高自身的实践动手能力，为满足教学做一体化的需求，开发适合进行教学做一体化的课程，编写适合一体化教学的教材，建设满足一体化教学的全真型生产实训基地。

专业教师授课时采用教学做一体化模式，解决了理论教学和实践教学脱节问题，减少了理论课与实操课之间知识的重复，增强教学直观性，充分体现学生主体作用，有助于高技能人才的培养和教学质量的提高。

2. 建设一支双师结构优化的专业教师团队

随着示范性高等职业院校建设项目的推进，我国高职教育步入快速发展时期，工学结合、校企合作成为高职院校发展的目标，这就需要建设一支“双师结构”优化的教学团队。

传统的教学模式和方法，不善于调动学生的学习积极性，难以开展师生间的互动交流，教学活动缺乏系统设计，教学无积极性和创造性，难以科学有效地按照示范院校建设课程设置要求进行教学改革。

在实施教学做一体化过程中，专业教师的实践能力得到提升，师资队伍的整体水平也得到提高。为了做好项目驱动的教学实施，专业教师要有和兼职教师一样的理念，同时参与企业生产、经营等活动，在深入企业一线的过程中总结归纳课程教学项目、任务。在这个过程中，专业教师取得了相关技能证书或者工程师的称号，整个教师队伍的双师结构得到优化。

（二）如何实施专业教学团队管理一体化建设

1. 管理重心下移，细化目标提高效率

在专业教学团队建设中实施教管学一体化，改变过去党支部按党员对象划分的做法

(教师党支部和学生党支部)，以专业相同的教师党员和本专业的学生党员组成党支部，破除支部只单纯开展思想政治工作的单打一局面，而将本单位（专业教学团队）教学工作和学生管理作为支部工作成效的两个方面综合考核，赋予党支部更多的责任，使高等职业技术学院二级院系管理的重心下移，目标更加细化。

在专业教学团队建设中实施教管学一体化，党支部、专业教学团队和辅导员有机融合在一起，专业教师直接面对学生、处理问题，尤其是在学生顶岗实习过程中流动党员的管理与专业教师指导学生实习与毕业设计有机地结合起来，共同检查、指导与考核，这大大减少了管理的中间环节，提高了管理效率。

同时，专业教学团队负责本专业的专业建设、教学文件的制订、教学组织与管理、教学评价和校企合作。同专业的教师研究方向相同，其在教学、管理和科研方面可以互相借鉴、互相学习、互相促进、彼此合作、共同提高，大大增强了专业教学团队的凝聚力。

2. 重视学生参与，以人为本，师生一体管理实验实训场所

在专业教学团队建设中实施教管学一体化，将支部建立与专业教学团队合二为一。专业教学团队负责教学与专业建设，支部负责本专业班级学生的管理。同时，学生活动是专业建设的直接载体，各党支部根据各专业教学需要开展一些学生活动，如赴企业开展对口专业团员联谊活动，赴纺织品市场开展社会调查，以支部为单位开展学生专业技能大赛等，参与实验实训场所的管理，也可参与到专业教师的科研项目和社会服务中，这大大提高了人才培养的质量，同时也构建了和谐的师生关系。

(三) 如何实施专业教学团队科研一体化建设

1. 教学与科研融合，提高专业教师的科研能力

教学是教师的基本任务，在长期的教学过程中，教师要运用专业基本原理分析生产实际问题，并从理论上总结提高，再去指导生产实践，在教学过程中捕捉课题，在科研中凝练教学项目。教学与科研相互融合，在实训中心中论证课题、在项目化教学中模拟课题、在毕业设计中研究课题、在校企合作中突破课题、在日积月累中支撑课题、在项目申报中争取课题。专业教师的科研能力不断提高，同时也促进了教学做一体化教学能力的提升。

2. 促进工学结合、校企合作的开展

实施教产研一体化，专业教师在教学过程中不断探索凝练选题，与紧密型合作企业共同申报课题，在科研过程中提炼子项目实施于教学，将科研成果转化为企业真实产品。专业教学、科学研究、企业生产相互渗透，并相互促进，同时也促进了高职院校工学结合、校企合作的开展。

三、专业教学团队实施三个一体化建设的保障条件

(一) 实验实训场所建设

全面加强实验、实训教学设施的建设，建成国家级纺织服装实训基地、新型纺织机电

实训基地和省级生态纺织工程技术研发中心，形成“全真式”的实训教学平台，建有40多个专业实验实训室、一体化教室，仪器设备总值1300多万元。拥有全国纺织行业特有工种技能鉴定站，保障了“双证融通”有效实施，实现了毕业生与企业的无缝对接。

（二）双师素质建设

按照身份互认、角色互换的原则，以提高专兼职教师能力为重点，坚持教师“服务一个企业，研究一个项目，贡献一项成果，教好一门课程，带好一批学生，联系一个师傅”，加强访问交流，培养专业带头人；实施“青蓝工程”，培养骨干教师；培养人生导师、专业教师和技能训练工程师，建成一支“三师型”的优秀教学团队；提升教师业务能力，建立一支专兼结合的师资队伍。培养专业带头人3名，骨干老师6名；聘请能工巧匠作为兼职教师，确保专兼职教师教学课时比例达1∶1。

（三）教材课程建设

大力创新人才培养模式，围绕“以就业为导向，以服务为宗旨”的职业教育目标，全面实施“教学做一体化”，构建“基于典型职业岗位”的二级课程体系，实施“毕业证书+职业资格证书”的双证书制度，实行“项目化+阶段化+一体化”的教学组织形式，突出了技术应用型、技术技能型和操作型高技能人才的培养，体现了“行知和谐、双证融通”的人才培养创新模式，培养了学生良好的职业道德和职业素质、熟练的职业技能、可持续发展的能力。专业教师先后承担了七项省级教改课题，主编、参编了十多部全国纺织高职高专规划教材。建设有“纺织材料”“纺纱技术”“针织服装技术”等十余门学校精品课程和教改课程立项，出版了《纺织材料基础》《纺织实用技术》等三门省级精品教材。这些为专业教学团队实施三个一体化建设提供有力的保障。

表1　近几年主、参编的部分规划教材

教材名称	主编或参编	出版社	出版时间	合作企业
机织物分析与设计	刘华	学林出版社	2012.8	
现代纺纱与操作技术	王前文	学林出版社	2012.12	江苏悦达纺织集团有限公司
纺织专业英语	毛雷	中国劳动社会保障出版社	2010.6	
纺织导论	张荣华	学林出版社	2012.8	江苏悦达纺织集团有限公司
纺织检测基础	瞿才新、张荣华	中国纺织出版社	2012.8	江苏悦达纺织集团有限公司
针织服装设计	吴益峰、秦晓	东华大学出版社	2014.4	江苏华艺时装股份有限公司

四、专业教学团队实施三个一体化建设的成效

（一）毕业生素质

毕业生的综合职业能力得到用人单位高度肯定，毕业生入职后，能够立即胜任分析与检测试验员、面料设计师、工艺员等企业核心技术岗位，实现了毕业即顶岗，顶岗即出

色。现代纺织技术专业通过省特色专业验收，建设了江苏省现代纺织重点专业群。

（二）技能大赛

基于教管研一体育人模式的教学改革大大提升了学生的学习兴趣，培养了学生自主创新能力、动手实践能力等，通过在现代纺织专业群全面推广与实践，教学效果大幅提高。近几年来，学生在全国纺织面料检测大赛中连续三届荣获团体一等奖，2012 年，在全国纺织面料设计大赛中荣获团体一等奖，同时，一名同学更是荣获大赛唯一的“全国纺织院校学生职业技能标兵”称号。

（三）科研项目

产学研合作是高校服务区域经济发展的重要形式之一，是高校自身加强内涵建设的重要载体之一，是合作企业提升核心竞争力的重要手段之一。专业教学团队实施三个一体化建设，加强校企合作，积极申报科研课题、项目，成果丰硕。近几年来，在新产品开发、重大技术攻关、科技成果推广、生产技术服务、科技咨询和科技开发中都取得了优异的成绩，承担省市级各类科技项目 30 多项。在《纺织学报》《棉纺织技术》等杂志发表论文三百余篇，其中在权威核心期刊发表论文数十篇，并有数篇论文被 CA、SCI、EI、ISTP 等收录。

表 2　承担的主要省市级科研项目

序号	项目编号	项目名称	主持人	项目来源	总经费（元）
1	BC2012451	含纳米级凹土粒子涤纶/聚乳酸纤维/棉混纺户外休闲面料的研发	林元宏	江苏省科技厅苏北专项项目立项	40000
2	SBE201230460	利用桑树秸秆制取纤维及其高品质色纺服装面料的产业化开发	瞿才新	江苏省科技厅农业支撑项目立项	10000
3	BY2013059	采用浆印工艺生产功能性家纺产品的前瞻研究	瞿才新	2013 年省产学研前瞻性联合研究面上项目	150000
4	BY2013058	超短细柔纤维聚绒纺关键技术前瞻性研究	张圣忠	2013 年省产学研前瞻性联合研究面上项目	150000
5	BC2013123	三防一阻经编童装面料的产业化开发	瞿才新	2013 年省苏北科技发展计划——科技型企业技术创新资金项目	300000
6	BC2013127	汉麻黏胶/莫代尔 PTT 长丝金银线嵌入纺花色纱抗菌记忆产品的开发	张圣忠	2013 年省苏北科技发展计划——科技型企业技术创新资金项目	300000
7	BC2013128	棉/木纤/羊绒/绢丝混色柔洁纺清洁化生产及其产品开发	李桂付	2013 年省苏北科技发展计划——科技型企业技术创新资金项目	300000

续表

序号	项目编号	项目名称	主持人	项目来源	总经费（元）
8	190	三维生物打印制备结构可控丝蛋白小口径血管支架材料关键技术的研究	王曙东	2013 年省基础研究计划（自然科学基金）面上项目	100000
9	2013JX－X001	“三防一阻一抗”童装面料的产业化开发	瞿才新	江苏省标准化研究院——标准信息服务及应对技术性贸易壁垒信息平台专项项目	80000
10	2013JX－X007	欧盟 REACH 法规对江苏省纺织品服装出口影响的实证分析及对策研究	刘华	江苏省标准化研究院——标准信息服务及应对技术性贸易壁垒信息平台专项项目	60000
11	2013002	生态阻燃特种防护面料的关键技术研究	张圣忠 毛雷	2013 中国纺织工业联合会科技指导性项目	
12	2013007	含纳米级凹土胶体粒子的 PTT/桑皮/棉抗菌防紫外户外休闲服装面料的研究与开发	刘华 王圣杰	2013 中国纺织工业联合会科技指导性项目	
13	2013014	汉麻黏胶/莫代尔 PTT 长丝金银线嵌入纺花色纱抗菌记忆产品的开发	秦晓	2013 中国纺织工业联合会科技指导性项目	
14	2013023	阻燃腈氯纶短纤/棉色纺服装面料的开发与推广	王建明	2013 中国纺织工业联合会科技指导性项目	
15	2013049	经编间隔织物舒适性能的研究	陈燕	2013 中国纺织工业联合会科技指导性项目	
16	2013053	竹浆纤维弱捻转杯纱及其巾类产品的开发	毛雷	2013 中国纺织工业联合会科技指导性项目	

近两年来，专业教学团队的建设依托技术服务平台，在科学研究的过程中，先后申请了一批发明专利和实用新型专利，其中发明专利 32 项、实用新型 42 项，已授权 44 项。

表 3　部分授权专利一览表

序号	专利名称	专利类型	专利号
1	自动络筒机自动捕纱纱库	发明专利	201310140172. 4
2	一种利用超声波和微波的染色方法及其装置	发明专利	201110028467. 3
3	一种相变调温机织物及其制备方法	实用新型	201110058428. 8
4	一种纱线线密度检测装置	发明专利	201120075895. 7
5	一种浆纱上浆率测试装置	实用新型	201120099833. X
6	并条机用折叠踏板机构	实用新型	201120147184. 6

续表

序号	专利名称	专利类型	专利号
7	一种桑皮脱胶装置	实用新型	201120140349.7
8	一种高精度配色仿样染色装置	实用新型	201120184211.7
9	桑枝剥皮机	实用新型	201120222646.6
10	一种快速成卷开清棉小样机	实用新型	201120314954.1
11	一种纺织用浆液相对黏度自动测试装置	实用新型	201120369409.2
12	广角布织造用滑动钢筘	发明专利	201120525206.8
13	钢筘横动机构	发明专利	201120552808.2
14	特宽型缩幅定型机	实用新型	201220207488.1
15	特宽型缩幅定型剪切机	实用新型	201220207496.6
16	托盘络筒机输出筒管掉头装置	实用新型	201220247225.3
17	功能性立体机织物	发明专利	201320271704.3
18	自动络筒机自动捕纱纱库	实用新型	201320204984.6
19	一种双经三纬提花保暖机织面料	实用新型	201320117094.1
20	一种含胶类纤维成膜装置	实用新型	201320088348.1
21	一种浆纱印经联合机	实用新型	201320088356.6

五、结语

专业教学团队的建设是高职院校改革发展的重要任务，是实现高校发展目标的根本保证，同时也是提高高职教育质量的根本保证。

在专业教学团队建设中实施教管研一体化，将教学团队的建设与教学、管理、科研三个一体化紧密相连。建设优秀高职专业教学团队的同时，凝练出“学案导学”的教学模式特色、创新了“校园合作”的办学形式，提高了师生的实践动手能力，促进了高职教育的发展。

参考文献

[1] 瞿才新，刘华，等．教学、管理、科研三个一体化模式探析［J］．教育与职业，2011.35（711）：30－31.

[2] 瞿才新，周红涛．纺织类专业产学研一体化模式的探索与实践［J］．中国职业技术教育，2013.5：46－48，67.

[3] 林元宏，瞿才新．高职院校校系部实施党建、教研、学工一体化管理的实践与思考［J］．教育与职业，2011.5（681）：36－37.

[4] 刘华．苏北高职院校会（园）合作“订单式”人才培养模式的探索与实践［J］．中国职业技术教育，2011.26：44－47.

高职院校现代纺织技术专业教育教学改革与实践

山东轻工职业学院　陈爱香　杜世凤　陈艳

关键词

现代纺织技术专业　人才培养模式　高职教育　教学改革

摘要

根据纺织行业转型升级和区域经济发展需求，结合学院实际和学生特点，通过校企合作项目、工学结合教学模式，及时对专业建设和人才培养模式提出明确要求，调整专业课程体系，进行教学内容和教学方法的改革，有力推进了高职教育教学改革，人才培养质量也得到了显著提升。

正文

2012 年 5 月中国纺织工业联合会发布了《建设纺织强国纲要》，吹响了“2020 年实现纺织强国”的号角。该纲要明确提出了科技创新、品牌建设、可持续发展和人才培养四大战略。近年来，学院的人才培养模式发生了重大转变，随着专业规模的不断扩大，纺织服装产业进入了转型升级阶段。在这种形势下，纺织服装教育如何向前发展，人才培养模式的改革、教学标准体系的建设等一系列问题都需要认真研究、梳理。以往那种重理论轻实践、重知识轻能力的教学模式，已难以适应产业的发展及社会的需求。这就迫使我们必须进行现代纺织技术专业教育教学改革，以探索新的人才培养模式。

一、体制机制建设

我院依托淄博市纺织行业协会、淄博市纺织服装职业教育集团，联合淄博银仕来纺织集团有限公司、鲁泰纺织股份有限公司等企业，以及山东丝绸研究所、高青县职教中心、学生和家长代表等组建纺织工程系校企合作理事会，在专业建设、课程体系、实训基地建设、师资队伍建设、招生就业和人才培养质量控制等方面发挥指导作用。系主任担任理事长，主要合作企业领导担任副理事长，聘请行业与职教专家担任顾问。理事会下设综合办公室、专业建设指导委员会、招生就业指导委员会、技术应用委员会，组织架构如图1所示。

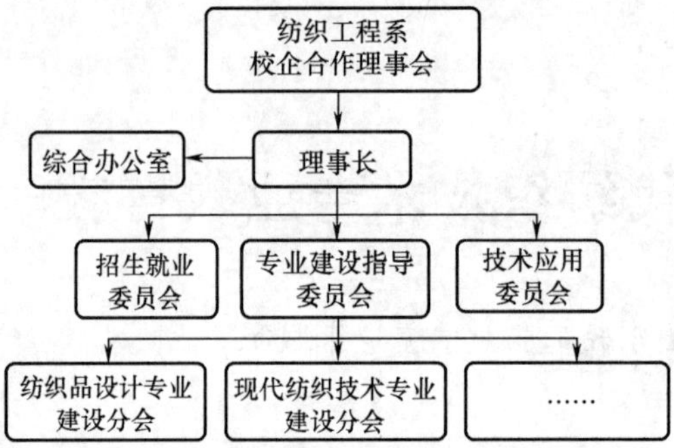

图1　理事会组织架构图

理事会主要负责研究、制订纺织工程系的发展规划，新专业申报方案审核，审定人才培养方案和教学改革等重大事项。理顺各理事会成员关系，探索校企合作机制，进一步明确校企在人才培养、专兼职教师管理、实训基地建设、技术服务等方面的责任、权力和利益。校企共同制定《校企合作理事会章程》《企业兼职教师聘任办法》《校内专任教师企业顶岗管理办法》《教学质量管理制度》《顶岗实习管理办法》《青年教师培养制度》《人才培养方案修订制度》等，保证校企合作的互利共赢及良性运行，运行项目见表1。

表1　纺织工程系校企合作理事会项目运行表

校企合作项目	项目内容
人才培养模式	1. 共同完善专业建设标准，创新人才培养模式 2. 共同设计、共同实施人才培养方案，实现人才素质的全面提升 3. 校企合作创新“闭环式”教学质量控制系统
课程与教材开发	1. 根据专业技能与职业能力，共同构建课程体系，完善课程标准 2. 与合作企业共同建设核心课程，编写特色院本教材
教学团队建设	1. 专业骨干教师到企业挂职锻炼机制 2. 兼职老师担任实践技能课程教学任务机制 3. 青年教师进企业技能培养机制
先进技术共享	1. 制订产学研合作办法，通过与企业设计营销团队对接，使人员双向嵌入，实现教学、产品开发、技术创新与市场的有机结合 2. 完善技术研发链条，建立立项—应用—推广一体化成果转化模式
实训基地共建	1. 按合作企业标准和要求建设并管理纺织实训基地 2. 提供社会培训与技术服务 3. 合作企业作为校外实习教学基地，完善顶岗实习校企共管机制
招生就业	1. 开展联合招生和订单培养，拟定相关协议 2. 加强学生职业规划与就业指导工作，提高学生就业质量 3. 建立毕业生跟踪调查制度，校企合作协助学生的发展，及时调整培养定位，更好地适应企业要求

二、人才培养方案优化与人才培养模式创新

1. **人才培养方案优化**

（1）深入纺织企业调研。为适应纺织行业“转方式、调结构”对专业人才需求规格的不断变化，每年至少组织一次省内纺织企业调研，合理设计专业调研方案，深入企业、人才市场及职业院校，综合人才需求、岗位分布、就业岗位所需专业能力和素质等，形成专业调研报告，用于人才培养方案的调整。专业调研设计方案见图2。

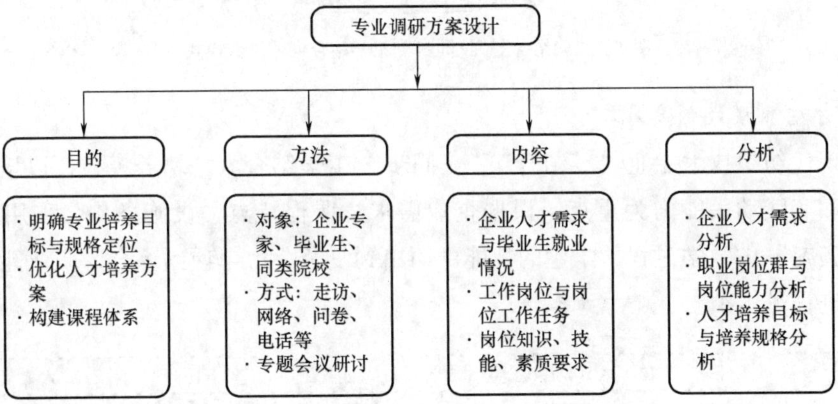

图2　专业调研设计方案

（2）动态调整人才培养方案。按照学院“一定三年，每年修订”的人才培养方案动态优化要求，由专业建设指导委员会对调研报告进行分析论证，在综合专家意见的基础上对人才培养方案进一步系统优化，确定人才培养目标和培养规格。通过校企合作理事会会议审议人才培养方案，提出会审意见，依据会审意见进一步完善人才培养方案。本专业人才培养目标为：培养拥护党的基本路线，从事纺织生产工艺设计、技术管理、质量检验、跟单与贸易等工作，“精技术、通工艺、会检测、能管理、懂贸易”的高端技能型人才。

2. **人才培养模式创新**

以高职教育教学理念为先导，按照校企合作、工学结合的原则，创新“三结合、三同步”工学结合人才培养模式。“三结合”指的是：培养目标与企业需求相结合，教学过程与生产过程相结合，学习过程与工作过程相结合。“三同步”指的是：项目实训与产品生产同步，课程考核与证书考核同步，技能培养与素质提高同步。人才培养模式见图3。

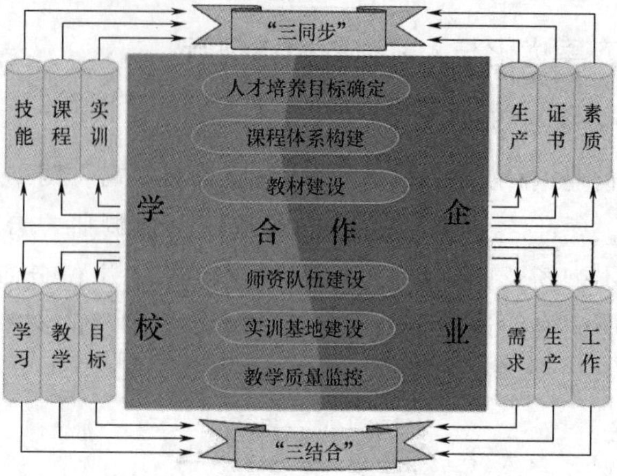

图3 “三结合”“三同步”工学结合人才培养模式

3. 人才培养模式的实施

基于现代纺织技术专业“三结合”“三同步”工学结合人才培养模式，以培养学生的创新精神和实践动手能力为重点，根据企业需求、课程特点、设施条件，采用“能力递进，分段实施”的教学过程，学生的技能由简单到复杂，由单项到综合，职业能力逐渐提升，实施进程见图4。

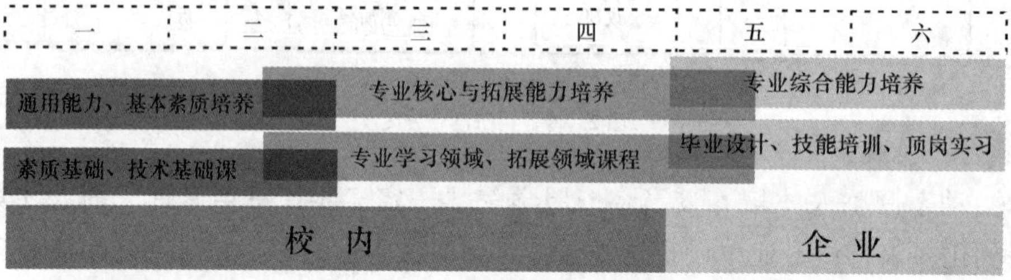

图4 工学结合人才培养模式进程图

第一阶段，基本素质培养。完成素质与基础学习领域课程并开始专业基础课程的教学，重点加强英语、计算机及纺织专业基础等课程的教学，使学生具备较强学习能力和扎实的专业学习基础。

第二阶段，专业能力培养。教学在教室和实训室交叉进行，并结合企业参观，专业单项技能训练，模拟实训等方式，完成纺织技术及管理专业核心能力与拓展能力的培养。

第三阶段，专业综合能力培养。学生到校外企业顶岗实习，以企业员工身份参与实际生产过程，在生产中选取课题进行毕业设计，校企共同管理考核，完成专业综合能力的培养。

三、课程体系构建和核心课程建设

1. 课程体系构建

通过对现代纺织技术专业岗位群、工作任务及岗位核心能力的分析，依据人才培养目标及培养规格，整合学习内容，形成专业学习领域核心课程，为课程体系的构建奠定基础。调研分析见表2和表3。

表2　岗位职业能力分析表

岗位群	工作岗位	工作任务	岗位核心能力
生产技术岗位群	纺纱、机织工艺员	纺纱、机织工艺制订及控制	§ 纱线、织物来样分析及产品规格设计 § 纺纱、机织生产工艺制订与实施
	纺织品贸易跟单员	贸易接单与跟单	§ 分析纺织品订单，落实订单的生产 § 跟踪各个生产环节的进度和质量
	纺纱实验员	原料及半成品指标检验	§ 原料性能指标的检测及原料选配 § 纺纱半成品质量指标的检测及分析
生产管理岗位群	质量控制员	产品质量检验及操作管理	§ 产品质量控制 § 生产操纵管理
	生产调度员	生产计划实施及跟踪	§ 制订生产计划，监督检查计划的执行 § 原料调度及生产工序间的协调
	设备管理员	设备运转维护	§ 纺纱设备日常运转维护 § 机织设备日常运转维护

表3　专业核心课程构建表

岗位核心能力	知识要求	技能要求	支撑课程
§ 原料性能指标的检测及原料选配 § 纺纱半成品质量指标的检测及分析	掌握常用纺织材料的基本性能 掌握有关纺织原料各项性能指标检验的国际、国家标准	能够正确检测纺织品的性能指标 能够根据纺织材料性能正确使用纺织材料	纺织材料性能与检测
§ 织物来样分析及产品规格设计 § 机织生产工艺制订与实施	掌握织物结构设计的基本知识	能够分析设计简单的织物组织，具有仿制一般品种的技能及试织打样的能力	织物结构设计与应用
§ 纺纱来样分析及产品规格设计 § 纺纱生产工艺制订与实施 § 纺纱设备日常运转维护 § 产品质量控制 § 生产操纵管理	掌握纺纱生产工艺与设备的基本知识 掌握纺纱设备的基本机构与工作原理	能够正确设计纺纱生产工艺，具有工艺实施的能力 纺纱主要工序生产操作能力	现代纺纱技术及应用

续表

岗位核心能力	知识要求	技能要求	支撑课程
§ 机织生产工艺制订与实施 § 机织设备日常运转维护 § 产品质量控制 § 生产操纵管理	掌握机织生产工艺与设备的基本知识 掌握机织设备的基本机构与工作原理	能够正确设计机织生产工艺，具有工艺实施的能力 具有工艺执行和半成品质量控制能力	现代机织技术及应用
§ 制订生产计划，监督检查计划的执行 § 原料调度及生产工序间的协调	掌握纺织企业管理的一般知识 掌握纺织工艺计算的知识	制订和实施生产计划、调度和协调能力 产质量统计、生产成本核算分析能力 生产任务分配及人员管理等综合能力	纺织生产质量控制
§ 分析纺织品订单，落实订单的生产 § 跟踪各个生产环节的进度和质量	掌握市场营销的基本理论和方法，能够初步分析和解决市场营销活动实际问题	跟踪各个生产环节的进度和质量，检验成品质量	纺织品贸易实务

在职业岗位能力分析的基础上，遵照教育部、教育厅对大学生的政治教育、身心健康教育的要求，遵循我国人文素养教育规律，执行学院的“三维课程体系”规划。在专业上，以职业岗位能力分析为依据，以培养学生纺织生产工艺设计与实施能力与岗位适应能力为目标，完善“基于培养纺织生产工艺实践能力为目标”的专业课程体系，见图5。

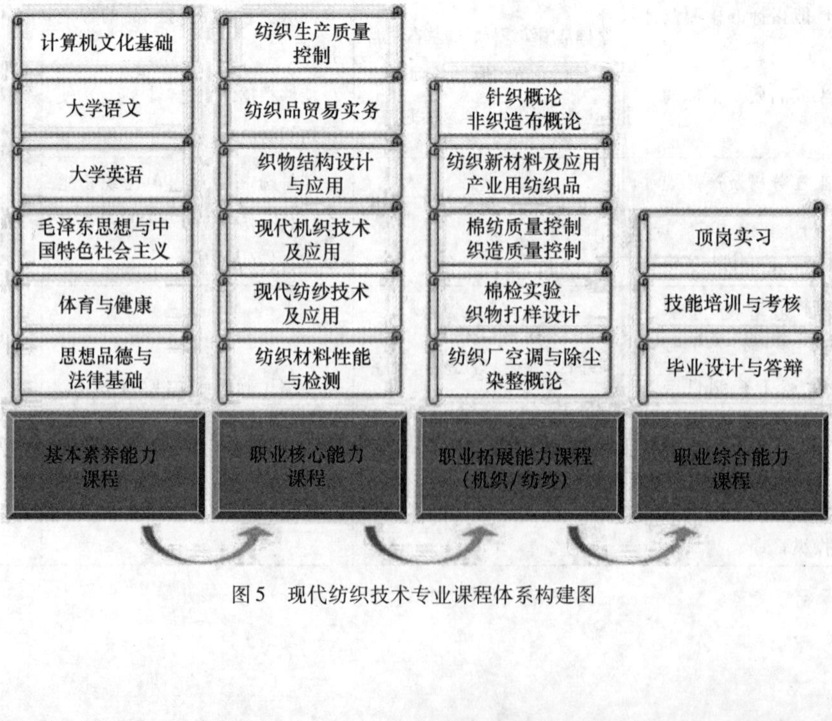

图5 现代纺织技术专业课程体系构建图

2. 课程标准制订

根据专业人才培养目标和岗位定位，通过企业调研、毕业生信息反馈、行业专家及技术人员座谈等多种渠道，按照山东省大中型纺织企业岗位技术标准对知识、能力和素质的要求，结合职业资格标准，确定课程的教学目标、教学内容、教学方法及考核方式等，制订课程标准。

3. 教学模式改革

根据人才培养目标的基本要求，序化课程内容，设计教学项目，提炼工作任务，实施以生产工序为项目导向，以工艺设计为任务驱动的“教学做一体”教学模式。由专兼职教师共同授课，其中兼职教师重点承担实践性强、与生产联系紧密的教学内容部分，使学生获得的知识、技能真正满足职业岗位的要求。

4. 核心课程建设

以纺织生产工艺实践能力与岗位适应能力培养为主线，引入纺织行业企业技术标准，按照纺织生产工序，对专业课程进行项目化设计，重构教学内容，将纺织材料性能与检测、现代纺纱技术及应用、现代机织技术及应用和织物结构设计与应用四门专业主干课程建成工学结合的优质核心课程。专业核心课程建设思路见图6。

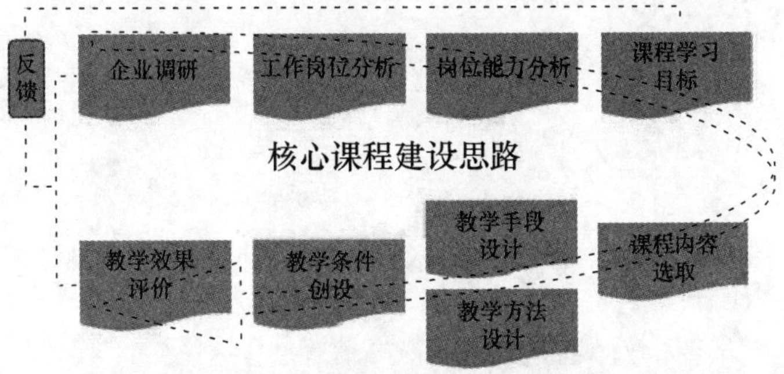

图6　专业核心课程建设思路

5. 教学资源库建设

根据专业人才培养方案的要求，以学院数字校园平台为支撑，校企共建专业课程教学资源，包括典型的企业案例、质量标准、工作规范、操作流程等资料，人才培养方案、课程标准、课程网站、专业课程及技能测试题库、工学结合教材、电子教案与电子课件、教学录像等内容。通过教学资源库建设，一方面满足教师授课与学生自主学习的需要；另一方面为同类专业及企业提供共享服务。

6. 顶岗实习

在专业建设指导委员会指导下，制订顶岗实习计划，确定实习单位。学生与合作企业通过双向选择确定实习单位。学生与学院、实习单位签订实习协议，明确三方责任、权利和义务，以保障实习单位和学生的合法权益。学生在顶岗实习过程中，以企业员工身份参与实际生产过程，定期轮岗，掌握纺织专业相关工作岗位的操作技能，完成职业综合能力的培养和岗位适应能力的提升，实现由学生到专业人才的角色转换。在生产中选取毕业设计项目，进行毕业设计；通过技能考核，获得职业资格证书。

7. 人才培养质量评价

在校企合作理事会领导下，组建由利益相关方组成的教学质量评价、监控、督导和信息收集队伍，建立毕业生跟踪反馈系统，构建学校、企业、教师、学生共同参与的“四方评价”体系，完善教学质量评价与保障等制度，改革课程考核办法，加强实习实训全过程管理，将学生双证书获取率、毕业生就业率、就业稳定率、企业满意度等纳入教学质量核心评价指标，稳步提高人才培养质量。

四、结语

教育教学改革是衡量高职院校内涵建设的重要指标，是实现教育目的和培养目标的重要手段。我院现代纺织技术专业通过人才培养方案优化和人才培养模式创新，紧紧围绕岗位需求对专业课程提出的技能要求，重新整合教学内容，同时改进了教学方法和考核方式，这不仅提高了教学效果，而且锻炼了学生的综合素养，促进了高职现代纺织技术专业教育的稳步发展。

关于中职学生顶岗实习的六阶教学模式

广州市纺织服装职业学校　庄鹏姬

关键词

中职教育　顶岗实习　六阶教学模式

摘要

顶岗实习是中职生把在校所学知识，通过去企业顶岗实习，通过“在做中学”“在做中内化与升华”的方式将间接知识转化为自身内在的直接知识与技能的重要过程。在不同的实习阶段，所产生的问题与教学工作的重点是不同的。笔者以中职生顶岗实习一年这一条时间的纵向主线，将实习期分为不同的阶段，根据其不同的工作重点提出了“实习动员”“制订实习方案”“岗前培训”“定岗实习”“定期巡视指导”“实习总结与毕业”六阶教学模式。研究成果对于当代职业教育在顶岗实习过程中提高教学质量有重要的参考指导作用。

正文

一、研究的背景、起点与课题的提出

2007 年，中国教育部为了提高职业学校的教学质量，提高中职生的就业素质，提出了“2 +1 教学模式”（即在三年全日制中职教育中，前两年在校学习 + 第三年下企业顶岗实习）的教育政策，并正式将这一政策落实并在全国推广。顶岗实习是中职生通过去企业某个具体的工作岗位实习，把在学校中所学的知识，通过“在做中学”“在做中内化与升华”的方式将原间接知识转化为自身内在的直接知识与技能的重要过程。根据国家教委的要求，这重要的一年需要学生完成从“在校学生”到“企业实习生”再到“毕业生再就业”的角色转变。是从“预备生”到“企业人”的重要蜕变过程。这一年的顶岗实习作为从学校到企业的重要转折阶段，其实习教学质量的高低将直接影响到学生的前程，影响到学生将来的就业。因此，必然对中等职业学校实习指导教师的教学方式与师资素质提出更高的要求。

在“2+1”顶岗实习模式推行实施七年来，各地中职学校对此进行了积极的探索。但在教学实践过程中，也发现存在一些比较突出的问题。主要表现在：第一，学校与不同企业合作时会产生各种矛盾，这些矛盾如果不能协调解决，不能达成共识的话，会直接影响到顶岗实习的教学质量。第二，不同的专业、不同的学生走进不同的企业，从事不同的岗位，存在适应期长短的个体差异与团体差异。且学生心理矛盾最激烈、心理波动最频繁的时期，往往就发生在下企业顶岗实习的头三个月内（也就是适应期内），这时期学生的心理冲突如果没有得到正确的指引与教导，容易导致实习生离岗的高流失率。第三，在顶岗实习的不同时间段，学生在实习过程中所遇到的困难与问题是不同的，作为学校与企业之间起“桥梁”作用的顶岗实习指导教师，怎样在不同的阶段针对不同的问题采用合适的教学措施，是摆在实习指导教师面前的一道难题。

笔者在中国知网中对“中职生顶岗实习”专业文献进行搜索，得到38篇相关文献资料。其研究的侧重点分布如下（表1）。

表1　中职生顶岗实习相关文献研究重点一览表

序号	研究侧重点	篇数	总篇数	占比
1	存在的问题与对策	8	38	21.1%
2	实习生权益保护	8	38	21.1%
3	现状调查	6	38	15.8%
4	实习过程离岗流失率研究	4	38	10.5%
5	顶岗实习德育	3	38	7.9%
6	心理问题与对策	3	38	7.9%
7	实习管理	2	38	5.3%
8	安全教育	1	38	2.6%
9	顶岗实习的利弊分析	1	38	2.6%
10	顶岗实习价值	1	38	2.6%
11	实习指导教师的职责	1	38	2.6%
合计		38	38	100.0%

注　统计日期：2014年3月20日。

其文献发表的年限见图1和表2。

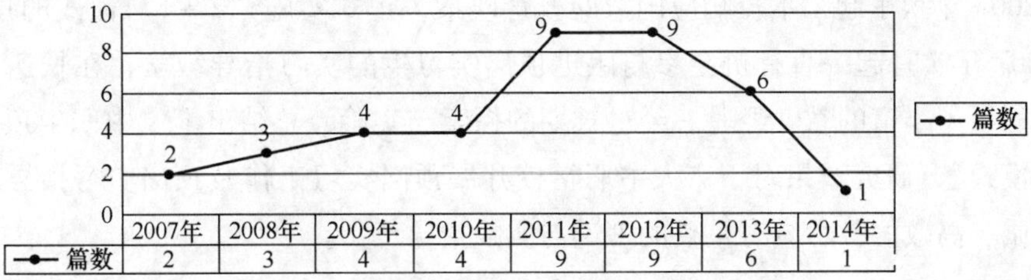

图1　中职生顶岗实习在中国知网中的发表年限一览图

表2　中职生顶岗实习在中国知网中的发表年限一览表

序号	发表年限	篇数	总篇数	占比
1	2007	2	38	5.3%
2	2008	3	38	7.9%
3	2009	4	38	10.5%
4	2010	4	38	10.5%
5	2011	9	38	23.7%
6	2012	9	38	23.7%
7	2013	6	38	15.8%
8	2014	1	38	2.6%
	合计	38	38	100.0%

注　文献来源：中国知网；统计时段：2007年1月1日至2014年3月20日。

根据上述研究成果可见，在当前针对中职生顶岗实习教学的研究还处于起步阶段。在现有的、正规刊物发表的论文文献中，研究的重点多数停留在局部的问题研究，尚未形成系统、全面的理论体系，尚未有提出能够广泛应用于各职业学校顶岗实习的、科学可行的教学模式。同时，在上述两表中也可以看到，从正式实施中职生顶岗实习的2007年起，对于该领域的理论研究已经开始了，且随着时间的推移，研究的数量也逐渐多起来。但是，当前已有的研究成果对于每年具有2200多万（注：据2011年教育部发布《中国中等职业学校学生发展与就业报告》统计数据）中职生参加顶岗实习的中国来讲，这一数字是非常渺小的。这同时也意味着，在中国职业教育这一条道路上，还有相当多的问题存在，还有相当多的问题有待解决。尤其是中职生顶岗实习这一领域，如何能够根据中职生的年龄特点、学习特点、与企业合作模式等特点，探索出科学高效的、优质的、能够被广大中职学校借鉴与应用的中职生顶岗实习教学模式，具有相当重大的意义。

笔者是广州市纺织服装职业学校的服装专业课一线教师（同时也一直担任班主任工

作)，从2007年秋季起，本校响应国家的教育政策，正式实施“2 +1”模式的顶岗实习。笔者从2007年7月起一直有机会参与跟进顶岗实习生的实习指导教学，在长达七年的教学实践中积累了丰富的教学经验。经过长期的探索与实验，总结出了“中职生顶岗实习的六阶教学模式”，研究成果对于广大中职学校开展顶岗实习工作及顶岗实习指导教师实现科学、优质、高效的教学具有重要的理论与实践指导意义。

二、中职生顶岗实习的六阶教学模式

经过长期的教学实践观察，笔者从时间这一维度入手，以顶岗实习一年期为纵向主线，将实习期按照先后次序分为六个不同的阶段来展开研究，提出了六阶教学模式，如图2所示。

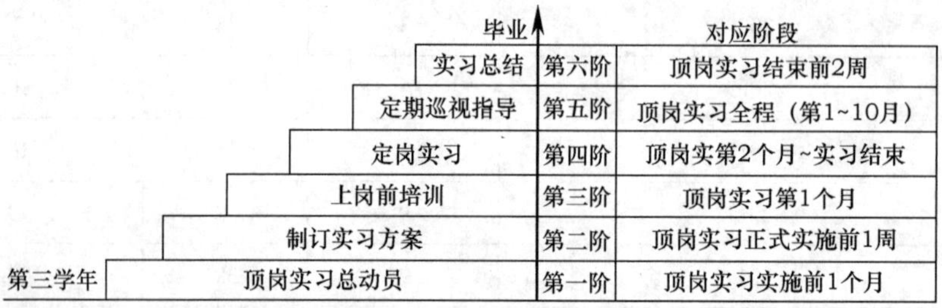

图2　中职学生顶岗实习的六阶教学模式

第一阶：顶岗实习总动员。学校应在顶岗实习实施前一个月，召开全年级学生顶岗实习动员大会。分好班，定好企业，指定实习指导教师。同时签订学校、实习生、实习企业三方协议。

第二阶：制订实习方案。根据不同专业、不同企业的特点以及实习生特点制订实习方案，一般最迟须在顶岗实习正式实施前一周最后落实。

第三阶：上岗前培训。到企业后进行上岗前集中培训，对实习生进行分组定岗。一般顶岗实习的第一个月均应为上岗前培训期。

第四阶：定岗实习。学生到岗后第一个月实行四周轮岗实习，第二个月基本确定岗位直至实习期结束。基于专业特点与企业特点的不同，尤其是专业特点的不同，不同专业间、不同企业间、不同学校间存在着校企合作模式的差异，因此，顶岗实习的方案会有所不同，岗位的设置与变动的频率也应允许存在差异，应以灵活的方式进行设置。

第五阶：定期巡视指导。学校的实习指导教师在顶岗实习的全过程中，定期下企业进行巡视指导。

第六阶：实习总结。实习期结束进行总结并确定实习生未来就业走向。

下面就六个不同阶段的实习教学进行详细的论述。

第一阶：上岗前召开顶岗实习全年级动员大会。

每一届的实习生在正式进入企业实习之前，均需要进行动员大会，进行离校实习前培训。目的在于养成实习生转变学习观念，形成从“在校学生”到“企业职员”身份转变的心理认可，强化职业道德，辅助学生能够尽快适应实习角色的转变，为下一步正式成为“实习生”做好相应的心理准备。这一步是整个顶岗实习阶段中不可缺少的重要根基课程，起着重要的“打基础”的作用。

实习动员应做好以下“四个动员”的工作：第一，班主任动员；第二，学生动员；第三，家长动员；第四，实习指导教师动员。除了家长动员完全可交给各班的班主任去完成外，其余三个动员都是与教学有关的，其中“实习指导教师动员”主要是对即将被派往实习一线的指导教师进行岗前专业培训。

第二阶：根据每个企业的特点与实习生特点制订实习方案。

每一批实习生分配到企业正式实习之前，需提前根据专业特点、实习企业的特点与实习生特点制订明确的实习方案。一个好的实习方案实际上是一个完整的教学计划，作为整个实习的工作指南，是顶岗实习可以顺利进行的重要保证，即可以消除校、企、生三方的顾虑，促进三方的心理交融，降低实习生的流失率，有利于接下来实习的顺利进行。

制订好的实习方案，学校方需要同时从企业与实习生这两个维度考虑：一方面需要考虑到企业的经营模式、人员规模、岗位需求、生产特点；另一方面需要考虑到实习生的数量、学习起点、家庭情况、性格特点、就业意向等。学校应尽可能做到知己知彼，做好企业与实习生之间的桥梁，一方面使企业愿意接收实习生，愉快地接收实习生；另一方面使实习生愿意到该企业实习，愉快地到该企业实习，能够在工作岗位上学到实际的技能，顺利地融入到企业的文化中去。可见，制订一个好的、健全的顶岗实行方案是促进校、企、生三方共赢的重要一环（附《顶岗实习方案》参考范例，见附页）。

第三阶：到企业后进行上岗前集中培训，对实习生进行分组定岗。

实习生到企业后，首先集中进行企业文化与劳动法制法规、劳动规章制度与安全教育等专项培训。其次，由企业负责人带领参观企业，对企业有基本的、直观的认知。上岗前集训结束后，要求每位实习生撰写600字的心得总结，下一周实习指导教师来企业指导时由班长收齐后交上来。

随后，对本批实习生进行分组定岗。将整批实习生分为若干小组，分配到不同的工序岗位上。整批实习生选定班长一名，每个实习小组选定组长一名。建立健全的组织结构。

顶岗实习路线：

①教学线：实习指导教师→班长→组长→组员（实习生）。

②实习线：企业培训主管→各部门主管→工序主管（师傅）→实习生（组员）。

实习成效评估：

①每周指导与评估：实习生每天写工作日记→实习指导教师每周定期巡查时，收齐并检查、点评。

实习指导教师每周下厂巡查时，到每一个实习岗位聆听学生的心声，做好各方面的协调与指导工作。

②每月指导与评估：实习生每月填写"实习生月报表"，由本人撰写个人实习总结→由工序主管（师傅）撰写评语→由企业培训主管撰写评语→每月上报给实习指导教师撰写实习评语并给予等级评定（优秀/良好/中等/及格/不及格）。

第四阶：学生到岗后实行四周轮岗实习，要求实习生每天坚持写实习日记。

实习生分为若干个实习小组，分配到实习岗位后进行实习。实习生需要根据每个岗位的工作要求，保质保量完成工作任务，并要求每位实习生每天撰写实习日记，可参考的格式如下（表3）。

表3　××企业××年顶岗实习工作日志

班级：　　　　姓名：　　　　学号/工号：　　　　实习单位：

实习日期：　　　　年 月　　日　（星期　　　）	描述
实习岗位： 岗位师傅：	
1. 今天我在工作过程中学到了什么？	
2. 今天我在工作中遇到了什么困难？	
3. 我采取了什么方法去应对工作中的困难？	
4. 工作中遇到的困难解决了吗？	
5. 我从解决困难的事件中应吸取什么经验教训？	
6. 今天的我与昨天的我相比，有了什么样的进步？	
7. 我对自己明天工作绩效的期望？	
8. 还有其他的心得体会吗？	
我对自己今天的实习表现评价是：（请在合适的评价结果中打钩） 优秀（　　）　良好（　　）　中等（　　）　及格（　　）　不及格（　　）	
实习指导教师的评价结果： 优秀（　　）　良好（　　）　中等（　　）　及格（　　）　不及格（　　） 教师的巡视日期：　　　　　　指导老师签名：	

在实习的过程中，实习生遇到问题时的处理途径：

①先问师傅。

②师傅解决不了的，找实习小组的组长，由组长向部门主管反映情况，寻求解决。

③部门主管仍解决不了的，由组长反映给班长，由班长向企业培训主管反映，寻求解决。

④如果遇到棘手问题，经由班长与企业培训主管协商仍难以解决的，应及时反映给实习指导教师，由教师与企业进行协商。

第五阶：实习指导教师定期下企业进行巡视指导，贯穿实习全程。

实习生确定岗位开始工作后，学校实习指导教师需要定期或不定期下企业进行岗位巡视指导。但在顶岗实习的不同阶段，工作的侧重点是不同的。实习指导教师需要用敏锐的触角，抓住不同阶段的特点，耐心做好企业与实习生双方的工作，在平衡各方利益的前提下，尽可能地做到校、企、生三方共赢。

笔者七年来对顶岗实习教学工作进行了持续的跟进与实践观察，根据这七年来出现问题的类型与频率，笔者把顶岗实习一年的总时间段，分为前三个月的适应期、中间五个月的稳定期与最后两个月的结束期三个阶段，并指出了这三个不同阶段的工作重点（表4）。

表4　中职学生顶岗实习三个阶段的状况与对策

第三学年	第一学期					第二学期				
月份	9月	10月	11月	1月	2月	3月	4月	5月	6月	7月
分期	适应期			稳定期					结束期	
状况	问题最多，实习生离岗流失率最高			开始进入了较为稳定的时期，这一时期相对来说，学生已经度过了适应期					会出现一个新的实习生离岗动荡期	
对策	实习指导教师应每周下企业巡视，或至少保持较密的巡视频率，帮助学生完成“三大适应”的平稳过渡			实习指导教师下企业巡视的频率可稍减弱，维系顶岗实习的稳定与引导学生“在做中学”的基础上争取“通过实习获得持续的进步”					实习指导教师需要在该时期适当增加下企业巡视的频率，聆听学生的心声，做好思想辅导工作，尤其是职业生涯规划工作	

（1）实习最初的三个月是巡视密度最大的时期。

工作重点：帮助学生完成“新环境、新岗位、新角色”的三大适应。

这最初的三个月是学生对新环境的适应期。对于新环境的适应，对于新工作岗位的适应，对于新的实习生角色转变的适应，可以说是经典的实习生“三大适应”。这三个月是学生心理变动最大的时期，也是实习生流失率最高的时期。实习指导教师如果在这个时期里做好学生的辅导工作，同时也做好实习生、学校与企业三者之间的协调工作，那么顶岗实习工作也就做好了一大半。如果学生在这一时期里实现了平稳过渡，有了好的开始，那么后续的工作能够顺利开展的可能性就高很多。

在第一阶段，实习指导教师需要每周下一次企业进行巡视指导，从三个方面对学生进行了解与辅导：第一是从企业培训主管那里了解整批实习生近期的工作表现，了解企业对实习生的评价，了解当前存在什么问题；第二是直接下到学生实习的每一个具体岗位去关心他们的实际工作，聆听他们的心声，帮助解决一些他们难以解决的问题；第三是从实习生的直接主管（师傅）那里了解他们的工作表现与对他们的评价。

这一阶段下企业巡视的密度是最高的，也是问题出现最多的时期。教师需要有足够的耐心、细心与关心，对企业、实习生两个方面做好协调的工作。实习指导教师对企业与实习生双方的组织与协调工作做得好不好、细致不细致、周全不周全，将对整年度的顶岗实习工作能否顺利进行发挥着重要的作用。

（2）中间七个月的稳定期，实习指导教师定期下企业巡视。

工作重点：维系顶岗实习的稳定与“从做中学”争取持续的进步。

实习生在度过头三个月的适应期后，开始进入了较为稳定的时期。这一时期相对来说，学生已经度过了适应期，开始进入稳定的工作阶段。实习指导教师可以将每周一次的下企业巡视改为半月一次甚至一月一次（视情况而定），但需与学生代表（班长及组长）保持密切的联系。虽然不需每周亲自下企业，但仍需每周保持电话联系或 QQ 联系。可以采用建立 QQ 群或者微信群的方式，保持密切的联系，关心学生的工作情况、思想动态，及时地给予关心、帮助与指导。

（3）最后两个月的结束期，实习指导教师应稍增加下企业巡视的频率。

工作重点：帮助学生完成从“实习生”到“毕业生就业”的角色转变。

实习生在整个实习期（一年）的最后两个月，往往对自己将来的就业去向有着各种想法。有些已经适应了企业环境，且对就业岗位满意的，很可能会继续留下来工作。但更多的学生会产生离开该企业寻求更好发展空间的想法。尤其是籍贯是外地的学生，多数会产生离开该实习企业的想法。此时，会出现一个新的实习生离岗动荡期。实习指导教师需要在该时期适当增加下企业巡视的频率，了解学生的心声，做思想辅导工作，尤其是做好实习生的职业生涯规划的辅导工作，帮助学生顺利地完成整个顶岗实习，顺利毕业，毕业后顺利就业，尽快成为一名合格的企业员工。

实习指导教师作为学校、企业与实习生之间的桥梁，担任着组织者、协调者与辅导者的角色，行使着重要的又特殊的教学作用。顶岗实习指导教师需要在不同的实习阶段，抓住工作重点，解决不同的问题，发挥不同的作用。对于实习指导教师的任职要求是很高的，需要其具有高尚的职业道德与饱满的敬业精神，掌握系统、全面的专业理论知识与动手能力，具有较高的组织协调能力，具有对学生们真挚的爱与关怀。这些从业素质将直接影响到顶岗实习工作的教学质量。

第六阶：实习期结束进行总结并确定实习生未来就业走向。

这一阶段是顶岗实习的最后一个阶段。实习指导教师除了需要稍增加下企业巡视的频率，也需要对该批实习生的全年度实习资料进行汇总与总结。包括将所有的工作日记做好整理归档，将每月的“实习生月报表”归档，对每一位实习生的实习表现进行总评价，为每一位实习生做好毕业申请的准备工作。毕业证的颁发等则由各自的班主任来跟进。实习生交齐所有的月报表，准时回学校报到后，实习指导教师的工作才算圆满完成。

三、结束语

顶岗实习是中职生把在校所学知识，通过企业顶岗实习，通过“在做中学”“在做中内化与升华”的方式将原间接知识转化为自身内在的直接知识与技能的重要过程。根据国家教委的要求，这重要的一年需要学生完成从“在校学生”到“企业实习生”再到“毕业生就业”的角色转变，是从“预备生”到“企业人”的重要蜕变过程。这在一年的时期里，具有明显的阶段性，在不同的阶段可能产生的问题与工作重点是不同的。

六阶教学模式包含了从“实习动员”“制订实习方案”“岗前培训”到“定岗实习”“定期巡视指导”“实习总结与毕业”六个阶段的教学模式。该教学模式是笔者经过对本校七年来四千多名中职生顶岗实习实践的持续摸索、实验、跟进并不断改良最后升华为理论而提出的。希望这一研究成果能够在当代职业教育的顶岗实习过程中提高教学质量发挥理论指导作用。

随着职业教育的不断发展，随着校企合作的深度开展，随着教学环境与实习环境的不断改善与变化，在顶岗实习工作中会出现更多的新问题、新状况，需要顶岗实习指导教师去适应、去深度理解、去进一步改善与促进教学质量。顶岗实习作为当前中职教育的教学方式之一，是当代职业教育的需要，也是将来职业教育发展的趋势，它代表着先进的教学方式。因此，探索并建立优质、高效的顶岗实习教学模式，对于促进与提高顶岗实习的教学水平与质量所起的作用是很明显的，意义是重大的。随着我国当代职业教育的不断发展，更需要一代又一代的职业教育人为不断地丰满这一理论为之努力，奋斗不息。

【附】《顶岗实习方案》参考范例：

东莞肇生针织制衣厂 2007 年接收实习生顶岗实习方案

实习生数量：29 人，其中男生 10，女生 19 人。

专业背景：服装设计与工艺，服装制作与营销。

实习分段：将一年的实习期分为上半年（秋冬季）与下半年（春夏季）两段。

第一个月：将所有学生分为四个组（每组7~8人），分别到以下四个工序进行参观实践，以熟悉工作环境，了解工作要求，锻炼实操技能为主。

第二个月到第六个月（上半年）：第一个月的实习结束后，在月末对所有实习生进行月度总结与评估，并根据该实习生在岗位上的表现，结合岗位的需求与实习生本人的就业意向，确定实习生从第二个月起到第六个月的工作岗位，并将在该岗位上工作五个月。本月开始按照全职员工的要求对实习生进行计件或计时工资。

第七个月到第十二个月（下半年）：在正式工作三个月后，再对实习生的适岗情况进行评估。并根据实际情况，结合岗位需要与实习生意愿，确定是继续留在该岗位上还是转到另一个实习岗位。下半年的实习岗位确定后，将在新岗位上一直实习到实习期结束，回校办理申请毕业的手续，并由学生本人决定毕业后是否继续留在该企业工作。

实习生岗位分配见表5。

表5　××企业××年顶岗实习岗位分配方案

实习班次	实习生名单	实习岗位	实习周期	实习内容	企业师傅	指导教师	备注

“知识 + 技能”视阈下中高等职业教育衔接的人才培养模式改革与实践——以服装制板与工艺专业为例

江苏工程职业技术学院　蒋丽华　朱建军

关键词

中高职衔接　考试制度　人才培养模式　服装制板与工艺专业

摘要

构建现代职业教育体系，中高等职业教育有效衔接是关键。在对中高职教育衔接的优势和必要性进行分析的基础上，以“知识 + 技能”招生考试制度改革为背景框架，从专业设置与建设标准的有效衔接、人才培养目标的准确定位、课程体系的创新设计、课程教学内容的合理对接、优质教学资源的共建共享等方面探索并实践中高职衔接的人才培养模式创新改革。

正文

一、问题的提出

当前，中国经济正处于产业转型升级的过程当中，对技能型人才和高素质劳动者的需求大幅增加，不仅需要大量掌握核心技术的研究和开发人员，更需要有一大批掌握现代制造技术和服务能力的高技能人才。

与经济社会发展对高技能人才旺盛需求相对应的是，目前我国高技能人才的培养还存在一些问题，比如高技能人才数量远远不能满足要求、职业教育人才培养的“技能”特点不够突出等。这就对职业教育提出了“转变发展方式，推进中、高等职业教育协调发展，系统培养高端技能人才”的新要求。教育规划纲要提出，“到 2020 年，形成适应经济发展方式转变和产业结构调整要求、体现终身教育理念、中等和高等职业教育协调发展的现代职业教育体系”。因此，构建现代职业教育体系，增强职业教育支撑产业发展的能力，实现职业教育科学发展，提高职教吸引力，中高等职业教育衔接是关键。

二、开展中高等职业教育衔接的必要性

所谓中高等职业教育衔接，就是按照建设现代职业教育体系的要求，系统培养适应区域经济社会发展需要的技能型，特别是高端技能型人才。它是技能型人才类型和层次结构科学化的必然要求，也是推进高职、拉动中职健康持续发展的重要举措。

1. 产业转型升级对高素质技能型人才的必然选择

发展现代产业体系，是“十二五”期间经济社会发展、人才结构调整和教育改革的总体背景。构建现代产业体系的重点之一就是做大做强传统支柱产业。对传统劳动密集型产业的改造升级，必然导致企业生产中科技运用含量的增加，必然要求提高一般劳动者的职业技能素质，以满足经济发展对高技能型人才的需求。另外，产业结构的升级改造、传统企业向自主品牌转型，需要更高层次的技术技能型人才，中等职业教育培养的技术工人难以满足企业对人才需求的现状。因此当务之急，应当针对当前产业结构对各层次技能型人才的需求状况，尽快对现代高职教育作出调整，培养出创新能力强、综合素质全面的技能型专门人才来适应产业结构的变化。

2. 构建现代职业教育体系的必然要求

职业教育作为一种教育类型，它的发展与社会经济的发展有着特殊的密切关系。传统的中等职业教育已经不适应现代产业升级换代的要求，也存在教育教学水平提高和岗位技能升级的问题。技术结构的升级必然要求有更高级、更专业的技术技能型人才与之相适应，必然对职业教育层次提出更高水平的要求。另外，由于国家政策的局限，中职学生升学通道不畅，这些原因也间接造成了中职招生难。中、高职的衔接必然拉动中等职业学校的招生，进而拉动中等职业教育的发展。因此，用高等职业教育牵动中等职业教育发展，实现中、高职协调发展，已是必然趋势。

3. 增强职业教育影响力和吸引力的有力手段

过去中职与高职的相对分离，使学生在入校、升学、就业等方面具有较大的盲目性和随意性。职业教育的吸引力虽然逐年好转，但未见突破的原因，除了五千年传统的“学而优则仕”观念根深蒂固以外，与职业教育本身未形成有机的、可见的、系统的“入学深造—升学深造—创业就业”链有着密切的关系。而以人才培养模式为依托的中高职衔接得到加强，则为职业教育整体生态和人才“输入—输出”链的形成提供了充足的条件和平台。学生入学后会得到较为全面的自我提升机会，并在毕业之时有多种发展路径供其选择，最终形成与普通教育并行的、兼具职业教育特征的完整人才招生、培养与输出过程，进一步扩大职业教育在地区乃至国家层面的影响力和吸引力。

4. 学生职业发展与继续学习的客观需求

随着生产力的不断提高和社会的不断进步，家长及其子女必然不满足中等层次的教

育，而把目光投向高层次的教育（包括高等职业技术教育、本科教育）。实现中高职教育的贯通，是满足中职毕业生"圆大学之梦"的一条重要渠道。目前，受中职升学制度的制约，少部分学生通过参加高职对口单招或注册入学才有机会接受高职教育。部分中职学生也具备很好的知识、技能和综合素质，但进不了高等学校继续学习。而我国的中职学校数量大、生源多，很多学生有继续学习和深造的愿望和要求。特别是目前各中职学校学生的就业质量和层次普遍偏低，就业压力大，学生和家长希望继续深造的愿望更加强烈。

三、"知识+技能"招生考试制度的变革

促进中高职协调发展、系统培养高素质技能型人才，很重要的一个方面就是改革招生考试制度，拓宽人才成长途径。考试招生制度改革是教育体制改革中的重点领域，也是关键环节。党的十八届三中全会提出，在高等教育领域就是要建立健全适合高等职业教育特点的"文化素质+职业技能"考试招生制度。教育部《关于积极推进高等职业教育考试招生制度改革的指导意见》中明确指出，高等职业教育要重点探索"知识+技能"的考试评价办法，为学生接受高等职业教育提供多样化入学形式。[1]

普通高校对口单独招生制度在江苏已有近30年历史，经过了起步、发展、调整、改革几个重要发展阶段。2008年，江苏对普通高校对口单独招生政策进行重大改革，分专业大类成立了15个专业联合考试指导委员会（以下简称"联考委"）。联考委由部分本专科招生院校、省级职教集团牵头院校和省职教教科研中心组中职成员学校等单位组成，负责全省统一的对口单招考试的技能考核标准和理论考试大纲制订、考试程序编制、考试流程规范以及平时的教学指导工作。技能考试成绩作为参加文化课和专业课考试的前提。江苏省教育厅已经明确，中、高职教育衔接培养的转段考核与升学统一纳入普通高校对口单招，进一步扩大了"知识+技能"这一招生考试制度的应用范围。

四、中高等职业教育衔接下的人才培养模式创新实践

在"知识+技能"招生考试制度背景下，从2012年开始，江苏省抓住国家职业教育体制改革的契机，组织开展了现代职业教育体系建设试点。三年来，试点规模不断扩大，试点院校层次逐步提升，每年约有30%的中职毕业生可以进入更高层次的学校进一步深造。

由江苏工程职业技术学院（原南通纺织职业技术学院，以下简称"江苏工程"）牵头，与南通市中等专业学校、如皋第一中等专业学校、通州中等专业学校、如皋中等专业学校、江苏省泗阳中等专业学校、涟水县职教中心6所中等职业学校联合开展的"服装制板与工艺"专业的中高职衔接培养的试点项目连续三年成功入选江苏省现代职业教育体系建设项目。目前，试点工作正有序进行，相继完成了项目合作协议的签订、培养目标的设计、人才培养方案的制订、中高职一体化课程体系的建立、入学要求与转段升学要求的研

究制订、中高职分段招生宣传与录取等工作。服装制板与工艺专业已完成了2013年、2014年的中职招生和三个学期的教学工作。

江苏工程职业技术学院作为江苏省纺织服装类专业联合考试指导委员会主任单位，在理论创新的基础上，探索除对口单招之外的多种职业院校毕业生升学和继续学习制度，为学生的继续学习和终身教育开辟通道，构建了符合校情特色且行之有效的“知识 + 技能”招生考试制度下的中高等职业教育衔接的人才培养模式，培养了一大批适应经济社会发展和产业转型升级需要的“留得住、用得上、干得好”的高技能型人才。

1. 专业设置与建设标准的有效衔接

专业是职业教育发展的载体，中高职协调发展，专业有效衔接起关键作用。中高职教育衔接最主要是教学上的衔接，教学衔接的前提与基础是专业设置的对口衔接。

从地区和行业发展的实际需要出发设置专业，是中、高职在专业设置上的共同要求。目前，中高职在专业设置上存在“各自为政”现象，相互之间缺乏沟通和协调，尚未形成统一的专业目录。2010年教育部修订的《中等职业学校专业目录》中，中职专业数由原来的270个增加到321个，其中新增专业85个，删除22个，而高职院校的专业目录共分19大类、78小类、532个专业。中高职专业的名称、分类、要求等也都很不匹配，导致很多中职学生因在高职专业中找不到对口或相近专业而不能报考，被迫放弃升学选择。[2]

江苏工程试点的“服装制板与工艺专业中、高职衔接培养”项目中，中职学校的专业名称是“服装设计与工艺”，而高职院校对应的专业名称是“服装制板与工艺”，并不完全一致。本项目的专业对接主要采取“相近对接”模式，使两个层次的职业教育在专业上较好地衔接起来。同时，为使中高职专业建设标准既相互对应，又具有独立性，在深入行业企业进行职业资格分析的基础上，由中高职的专业教师和企业实践专家按照科学、规范的原则研究制订中高职专业建设标准，使各自专业的内涵、外延科学清晰，专业口径宽窄有度，使得高职专业的建设标准体现出中职专业建设标准的纵向延伸和横向拓展，增强毕业生升学与就业的适应性。[3]

2. 人才培养目标的准确定位

中、高等职业教育在培养目标和规格上有许多共性，如两者都具有职业性、实用性、技能性等特点。从本质上看，都是对人的职业技术技能的培养，但在职业能力和综合职业素质方面有层次上的差异性。中职教育重点培养学生的公共文化基础、专业理论基础，重在单一职业技能的培养；高职教育是在中职基础上的全面提高，包括文化基础的提高、专业理论的提升、专业综合技能的拓展和职业素养的进一步发展。

从目标上分析，高职教育以培养学生技术应用能力的高水平和复合性为特征，它要求毕业生掌握职业岗位或岗位群所需要的熟练的、高智力含量的应用技术和职业技能，并具有一定的适应未来职业技术变化的能力。可见，中高职教育在培养目标、培养模式上既有其层次上的差别，又能体现其协调发展一致性。

江苏工程试点的"服装制板与工艺专业中、高职衔接培养"项目组织联合试点的6所中、高职院校一起深入行业、产业进行广泛调研，在准确研判江苏省及长三角地区服装产业发展现状、趋势及服装制板与工艺专业人才培养现状的基础上，以培养适合区域服装产业发展的技术技能型人才和实现学生的持续发展、终身教育为宗旨，明确区域服装产业发展对服装制板与工艺相关工作岗位人才的需求，形成了服装制板与工艺专业高技能人才培养的总体目标。再根据不同阶段的培养职能，对各自的培养目标进行了合理设计，形成了层次分明而又相互贯通的中高职衔接的服装制板与工艺人才培养目标体系（表1）。

表1　服装制板与工艺专业中高职阶段人才培养目标对照表

培养阶段	岗位面向	人才培养目标与规格
中职阶段	服装工艺员、服装外销员、服装生产员、服装助理设计师	主要面向服装行业，培养具有良好的思想素质和健康的生理、心理素质，具有较强的科学思维与自主学习的能力，具有必需的文化科学知识和服装专业基础理论知识，掌握服装款式设计、服装结构设计、服装工艺设计、服装市场销售运作的基本技能，具备解决现场工作中实际问题的职业能力，在生产制作、技术管理、质量检控、服装设计、产品咨询与服务等岗位技能应用型专门人才
高职阶段	服装工艺管理员、服装外销管理员、服装生产管理员、服装产品设计师	培养具有本专业的必备基础理论知识和专门知识、具备较强的从事服装样板设计、制单、跟单、报价、检验、服装CAD辅助设计、服装生产管理等实际工作能力，适应生产建设（管理、服务）第一线需要的德、智、体等方面全面发展的高素质技能型人才

3. 课程体系的创新设计

中高职衔接的关键点与难点均在课程体系的创新设计。中高职的培养目标层次不同，但中职、高职两个职业教育阶段面对的产业一致、培养方向基本一致，因此，教学内容不能重复，且教学安排要符合知识与技能循序渐进的原则，这也就必然要求中高职应构建内容衔接的课程体系。

现代职业教育理念下的课程体系应以职业能力的形成而不是知识的逻辑关系为主线来构建。根据不同阶段的人才培养要求，遵循"从完成简单工作任务到完成复杂工作任务"的职业成长规律，按照行业中初级技术岗位和高技能岗位的标准，系统分析其岗位群所需的知识、技能与素质结构，开发出阶梯递进式的职业能力阶段划分表，在此基础上形成中高等职业教育相对独立又融为一体的课程体系。

中高职衔接的课程改革的主要思路是：首先，加强中职段基础知识、基础技能和继续学习能力的培养，增强高职段课程的衔接性、实践性和职业性；其次，明确职业资格证书要求，中职阶段必须取得相关中级职业资格证书，高职阶段应取得相关高级职业资格证书。中职课程"重基础，强应用"，让学生初步建立职业概念；高职课程"重实践，强创新"，鼓励学生在真实或模拟的工作场景中发挥主观能动性和实践性。[4]中高职衔接的课程必须在明确各自培养目标的前提下，做到一体化设计、分阶段实施教学。

江苏工程试点的“服装制板与工艺专业中、高职衔接培养”项目按照“准确定位、双基导向、系统设计、有效衔接”的原则，校校、校企合作，通过分析服装制板与工艺相关工作岗位的典型工作任务，归纳完成相关典型工作任务所需的职业能力并进行排列，形成逐层递进的能力列表；根据能力列表进行课程标准体系开发，建设核心课程，构建衔接专业课程体系（表2）。

表2　服装制板与工艺专业中高职衔接专业课程体系建设一览表

培养阶段	主要职业岗位（群）	面向的代表性工作任务	典型工作任务	核心课程/学习领域
中职	服装工艺员	协助主管接单、计算面辅料、做样板、做工艺、测量纸箱尺寸等	服装设计表现	造型基础
	服装外销员	协助主管接单、报价、与客户沟通等	服装制作	服装缝制工艺（1、2、3）
	服装生产员	协助管理员完成大货进出、配置；面辅料计划、审核；客户开发；业务员培训等	服装生产	服装工业化生产
	服装助理设计师	协助设计师完成款式设计、产品效果图绘制、产品纸样设计	CAD 制板	服装 CAD
			服装款式图绘制	时装画技法
高职	服装工艺管理员	接单、计算面辅料、做样板、做工艺、测量纸箱尺寸等	服装产品设计	服装设计
	服装外销管理员	接单、报价、与客户沟通等	服装产品纸样设计	服装工业样板设计与制作
	服装生产管理员	大货进出、配置；面辅料计划、审核；客户开发；业务员培训等	服装生产管理	服装生产管理
	服装产品设计师	款式设计、产品效果图绘制、产品纸样设计	CAD 制板	时装样板设计与成衣制作
			服装产品效果图绘制	服装数码商业图稿绘制

在实现中高职课程体系衔接的同时，兼顾中高职课程各自的相对完整性，尤其要充分考虑中职课程的相对完整性：中、高职的文化基础课程（公共基础课程）各自应该是完整的，能达到各自教育层次的基本要求。高职的公共基础课程不能并入中职的普通文化课程中，也不宜提前到中职教育阶段；中职阶段的专业课程应具有完整性，能满足一部分学生

直接就业的需要，因为不是所有学生都参加转段升学。

4. 课程教学内容的合理对接

课程教学内容的衔接是中高职教育衔接实操层面的核心问题，也是衔接培养成败的关键。由高职院校牵头，中职学校、行业企业共同全程参与制订中高职一体化的课程体系后，要进一步确定科学合理的教学顺序和实施路线，既要避免中、高职课程内容的重复，又要拓宽和加深课程内容，真正实现课程教学内容衔接的连续性、逻辑性和整合性。[5]中、高职两个阶段应具备的知识、能力和素质结构是有区别的，应该保证相互之间的顺承关系和可衔接性。双方按照企业岗位目标和职业能力要求，注意中、高职层次知识点的合理安排，科学地决定哪些知识技能应在中职教育阶段完成，哪些知识技能应该在高职教育阶段中解决，以适应学生渐进性学习和终身学习的需要。

江苏工程试点的“服装制板与工艺专业中、高职衔接培养”项目在专业教学内容和实践教学体系设计环节，以“整体设计、分段递进”的思路将职业核心技能与训练贯穿整个课程体系。中职阶段，主要侧重职业基本技能训练以及基本操作规范和方法等的培养；高职阶段，则主要注重综合职业能力的训练以及对解决复杂问题能力的培养（表3）。

表3　服装制板与工艺专业某一核心课程能力要求与教学内容对照表

培养阶段	衔接课程	能力要求	教学内容
中职阶段	服装结构设计基础	（1）具备正确分解款式图内在结构的能力 （2）能运用比例法、原型法等平面结构制图方法，独立完成一般品种服装的手工纸样制作 （3）能根据人体体型特点，综合运用服装结构变化原理与规律，解决一般体型服装款式的结构变化	（1）服装制图的基本知识、制图国家标准基本规定、国家服装号型标准 （2）人体和服装成衣的测量方法、人体体型与服装结构的关系 （3）不同款式服装尺寸加放量和放缝的依据及要求，不同门幅用料计算方法 （4）比例法、原型法结构制图原理及两者的区别 （5）一般品种服装结构设计方法 （6）衣片的丝缕方向要求和一般品种服装排料基本方法 （7）服装手工纸样与工业样板之间的区别
高职阶段	时装制板	（1）能正确阅读生产工艺单，按照工艺要求完成样板制作和样衣缝制 （2）能准确分析样衣，完成工艺单编制 （3）能进行样板和样衣的修正	（1）根据客户提供的工艺单进行样板设计和样衣制作 （2）根据样衣，制订生产工艺单，制作样板和样衣 （3）根据设计图制订生产工艺单，制作样板和样衣

从表3的对照中可以看出，中职阶段的教学内容侧重于服装基本概念、基本操作技能、基本方法的学习，关键是具备从事岗位的具体操作能力，通常是简单的制板要求，偏重常规、简单的款式；高职阶段则在此基础进一步深化，偏重变化的、复杂的时装款式。在高职阶段，关注的是生产全过程，主要培养的是职业能力，能解决生产过程的实际问题，也就是说需要具有系统性的应用知识与技能，具备一定的应用能力与创新能力。

5. 优质教学资源的共建共享

在贯通式的目标任务、课程体系和教学内容确定后，要想高质量地实施教学和保证教学效果，必须合理有效利用教学资源，实现中高职优质教学资源的共建、共享。一是专业教学团队衔接。中高职双方教学团队互聘、互兼，加强联系，以专业建设为纽带，通过人才培养方案制订、课程建设、教学资源库建设等形式，建立“定期研讨、专项培训、常态沟通”的教师一体化培训机制和教学管理制度。二是校内外实训基地等社会资源的共享。为提高设备利用率，降低教育成本，避免实训资源浪费，实现效益最大化，提升双方形象和影响力，中、高职院校与合作企业应该合理共用教学实习实训设备。

江苏工程试点的“服装制板与工艺专业中、高职衔接培养”项目依托2006年由江苏工程牵头组建的江苏纺织服装职业教育集团这一平台，开发了开放式教育资源管理与学习平台，实现了中高职优质教学资源的共建共享。按照“系统设计、先进技术支撑、开放式管理、持续更新”的目标，校企合作，开发了开放式教育资源管理与学习平台，建成了内容丰富的纺织服装特色专业教学资源库。其中专业资源库主要包括专业人才培养方案、专业标准、课程体系、专业教学团队、实验实训条件、行业的职业资格标准认证、专业信息文献、特色资源、行业资源等；课程资源库主要包括专业核心课程的课程标准、教学设计、考核评价方案、学习指南、课件、教学任务单、案例、习题等。另外将校内外实训资源的共享作为中高职衔接的纽带。通过制订服装制板与工艺专业的实训条件标准，整合中高职院校的校内外实训资源，建立健全服装制板与工艺专业的校内实训体系，与企业共建兼具教学与生产功能的校外实训基地，实现中高职实训资源的共享和高效利用。

五、结语

更高水平的职业教育发展离不开政府、行业企业、社会、教育系统等多种力量的共同参与。推进中高职协调发展，需要政府部门的政策措施的指导，也需要行业企业的深度融合，更需要中高职院校发挥自身优势，积极主动地研究与探索，多方共同努力形成合力，共同推进中高职教育协调发展的进程。

参考文献

[1] 教育部关于积极推进高等职业教育考试招生制度改革的指导意见（教学［2013］3

号）[EB/OL].（2013－04－15）[2014－06－05]. http://www.moe.gov.cn/publicfiles/business/htmlfiles/moe/s3258/201306/152732.html.

[2] 王寿斌. 中高职衔接不是简单的“学历嫁接”[N]. 中国教育报，2012－05－30.

[3] 顾力平. 以“能力递进”为主线的中高职教育衔接研究[J]. 教育与职业，2013（29）：27.

[4] 吴勇. “三二分段”中高职衔接人才培养研究[J]. 南方职业教育学刊，2011（4）：24.

三等奖

服装制板专业现代学徒制人才培养模式试验与研究

江苏工程职业技术学院　季菊萍

关键词

现代学徒制　服装制板专业　课程设置　教学载体设计　案例分析　改进

摘要

随着工业化大生产的出现，“现代学徒制”职业教育模式应运而生，它很好地弥补了学校教育缺少实践的不足，通过学校与企业的紧密合作，实现培养技能型人才的目标，它的核心内涵是工学结合。本文结合江苏工程职业技术学院服装制板专业“现代学徒制”人才培养模式的试验，围绕修订专业培养方案展开论述，从专业特点、培养对象、专业课程设置、教学载体设计及校企合作课程案例分析等方面进行阐述，旨在通过试验探索适合我院服装制板专业“现代学徒制”人才培养模式的方案和途径，以使专业做出特色，培养出适合企业需求的技能型人才。

正文

一、现代学徒制的特点

“现代学徒制”是适应经济与社会的现代性要求，以校企合作为基础，纳入国家人力资源开发战略的以德国“双元制”为典型的一种人才培养模式，它的核心内涵是工学结合。

（一）现代学徒制与传统学徒制的区别

“现代学徒制”是相对于“传统学徒制”提出来的，二者的主要区别在于以下方面。

（1）“教”与“学”人的身份转变。传统学徒制教授者为师傅，对象为学徒；现代学徒制的教授者为师傅和教师，对象为学徒和学生。

（2）学习场地的变化。传统学徒制只在企业学习，现代学徒制不仅要在企业里学，还要在学校里学。

（3）学习内容的转变。传统学徒制学习的是纯实践操作，现代学徒制学习的是实践操作加理论学习。

（4）学习目标的转变。传统学徒制培养的是熟练工人，现代学徒制培养的是高级技能型人才。

（5）考核方式的转变。传统学徒制考核是由师傅或者行业协会负责，现代学徒制主要由教师、师傅以及教育部门进行考核。

（二）现代学徒制的特点

现代学徒制是以校企合作为基础，以培养技能型人才为核心，以课程为纽带，以学校与企业的合作和教师与师傅的教学为支撑的人才培养模式。显然，学校和企业是人才培养的部门，二者合作的程度和质量直接决定人才培养的质量。现代学徒制教学过程中以言传身教为主要形式，强调了学生在“做中学、学中做”。

二、服装行业的现状及服装制板岗位要求

江苏工程职业技术学院（下面简称“我院”）学生的就业主要集中在长江三角洲江、浙、沪一带，从目前来看，服装企业生存困难和倒闭的较多，但这是国内服装行业转型期的一个必经过程，能在这一过程中生存下来的企业正迎来发展的契机，同时企业面临着人才短缺的困境。

服装制板岗位特点是技能要求高，注重企业实际工作经验，要求上岗速度快，需要时间的累积，人员流动性不大，并且随着技术的增长，制板师的价值会逐渐提升。同时，为了适应企业的转型，制板师同时懂得设计和外语以及企业管理，则更具竞争力。

三、招收生源类别及特点

制订一个专业的人才培养方案，首先要考虑培养什么样的学生，我院服装制板专业一直以来招收的均为普通高中毕业生。我院所有专业的生源有三类：普通高中毕业生，艺术类高中毕业生，对口单招毕业生，现将三类学生的特点分析如下。

（1）普通高中毕业生。这类学生的特点是学科成绩处于中下游，从历年录取分数线看，生源质量在不断下降，从而导致专业教学的效果越来越差，学生接受知识的能力逐年下降。但是，这类学生的文化基础相比后两类学生还是要稍好些，对于接受理论类知识的能力还是强于其他两类学生，比较适合营销、品牌策划类专业。

（2）艺术类高中毕业生。这类学生的特点是有一定的绘画基础，学习过素描、色彩画，但文化知识相比普通高中毕业生稍差些，对比对口单招类学生又好些，这类学生受过艺术的熏陶，适宜学习服装设计专业。

（3）对口单招学生。这类学生相比前两类学生最明显的特点就是有着较好的服装专业基础，但文化知识水平较低。从历届对口单招学生的专业素质来看，随着对口单招生源的不断扩大，职高培养学生也越来越成为应试教育，专业素质不断下滑。尽管如此，这类学生的专业基础仍比前两类学生要好，这类学生适宜于服装制板或服装设计专业。

四、现代学徒制人才培养模式研究

现代学徒制人才培养模式的核心内涵是工学结合。企业和学校的共同参与才能达到工学结合的要求，但从试验过程看，合作企业非常难找，试验的过程遇到很多瓶颈，需要考虑的内容非常多，下面主要依据理论研究分析如下。

（一）工学结合的比例分配

校企进行合作办学，"工"与"学"的时间分配合理是非常重要的。服装制板专业的学制为三年，共6个学期，这样可以搭配组合的形式就较多，并且，不同的时间安排适合不同的生源，具体分配见表1。

表1　工学结合时间分配

学年	第一学年		第二学年		第三学年		比例	生源
场所	学校		企业		企业		1:2	普高
场所	企业		学校		企业		1:2	单招
学期	第一学期	第二学期	第一学期	第二学期	第一学期	第二学期		
场所	学校	企业	学校	企业	学校	企业	1:1	普高
场所	学校	学校	学校	企业	企业	企业	1:1	普高
场所	企业	学校	学校	企业	企业	企业	1:2	单招

（二）师资要求及分配

工学结合的办学模式需要学校教师和企业师傅共同参与教学，在师资分配上就要考虑什么课程配什么老师，企业课程是完全由企业师傅上还是教师进行辅助，师资的分配合理与否会影响教学质量。同时，对于学校教师的资质有一定要求，教师必须有一定的企业实践经验，才能更好地配合、指导师傅教学；企业师傅除了具有扎实的专业技能外，还必须具有一定的课程实施能力和管理能力，以使企业实践教学取得更好的效果。

（三）课程设置

根据前文所述服装制板岗位要求，分析制板专业岗位技能需求设置专业核心技能课程，以利于学生的可持续发展来考虑辅助专业课程设置，以企业对学生的职业素养要求及学生的全面发展来设置公共课程，以培养普通高中毕业生来分析主要课程，该部分内容暂不考虑选修课的设置，具体内容见表2。

表2　服装制板专业课程设置

公共课						专业课										
职业素养						核心技能						可持续发展				
应用英语	计算机应用	交流与表达	形式政策与人生	职业发展与创业指导	生理与心理健康	外贸服装工业制板	成衣定制	立体裁剪	样衣制作	服装材料	服装CAD制板	专业外语	服装设计	服装跟单理单	服装营销	服装生产管理

在课程设置过程当中需要考虑的因素主要有：

（1）公共课和专业课及选修课的课时比例。从2010级至2013级服装制板专业的公共课、专业课与选修课的学时比例分配见表3。

表3　学时比例分配

年级	2010		2011		2012		2013	
分类	学时	比例（%）	学时	比例（%）	学时	比例（%）	学时	比例（%）
公共课学时	678	28	680	27	758	30	758	30
专业课学时	1560	65	1648	66	1552	62	1592	62
选修课学时	160	7	176	7	200	8	200	8
总学时	2398		2504		2510		2550	

从表3中可以看出，近四年服装制板专业的公共课、专业课、选修课三种类型课程的课时比例分配没有太大变化，总学时呈上升趋势。从专业培养目标来看，技能型人才更注重专业技能和动手能力的培养，专业课占总课时比例应达到70%比较合适，公共课、选修课占30%比较合适。

（2）课程前后顺序的合理性。工学结合的教学方式在课程的前后设置上应该按照服装制板岗位特点来设置，合理的前后课程关系能使学生更好地理解专业，更易于学生学习专业，同时还需要结合学校和企业的教学场所变更的特点。单以岗位工作过程特点分析，具体关系如图1所示。

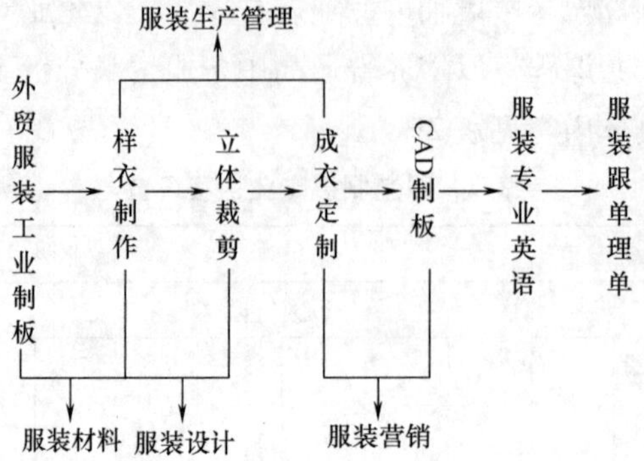

图1　课程前后顺序排列图

（3）专业课程课时分配。按照专业课程占整个制板专业总学时的70%计算，核心技能类课程应占其中的80%，可持续发展课程占20%，将绝大部分的时间用于专业核心技能的教学，才有充足的时间来将专业做精做强，使专业特色更为明显。

（4）适宜在校内和企业施教的课程。进行校企合作办学，并不是所有的课程都适合在企业教学，适合在企业开展的课程以带专业实践操作的课程为宜，并且还要看合作企业的类型及主要的产品线类别。接订单的加工型企业适宜的课程为制板及生产管理类课程，自有品牌企业适宜制板、设计和营销类课程。

（三）教学载体设计

工学结合的课程教学方式是基于工作过程导向的，在情境化的工作过程中完成课程的教学，很显然，学科性的课程内容设计不适合它，它所适合的教学载体应该是能体现某个工作过程的系统化的产品。具体遵循的原则有以下三点。

（1）教学载体应具有完整性。基于工作过程的教学要求设计的每一个情境必须是一个完整的过程，教学载体应该是能体现完整的工作过程的产品，以外贸服装工业制板课程为例，设计西裤工业制板为教学载体，其具体的工作过程如图2所示。

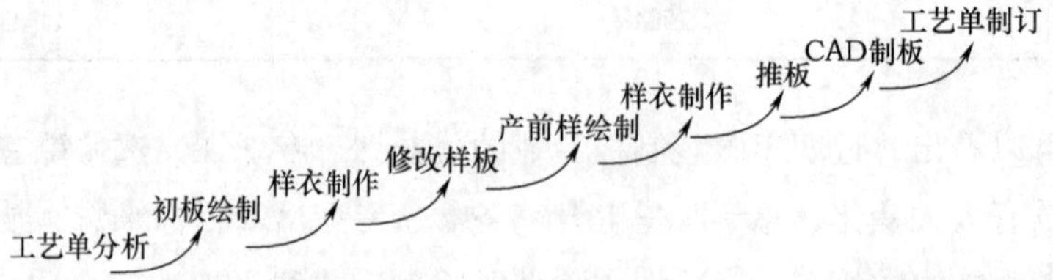

图2　西裤外贸工业制板工作过程

（2）教学载体系统化设计排序。以外贸服装工业制板为例，教学载体的选择应进行系统化排序，要按照服装款式和任务的难易程度进行从简单到复杂、从易到难的顺序排序，使课程呈现循序渐进的递进过程。具体的教学载体系统化排序分析如图3所示。

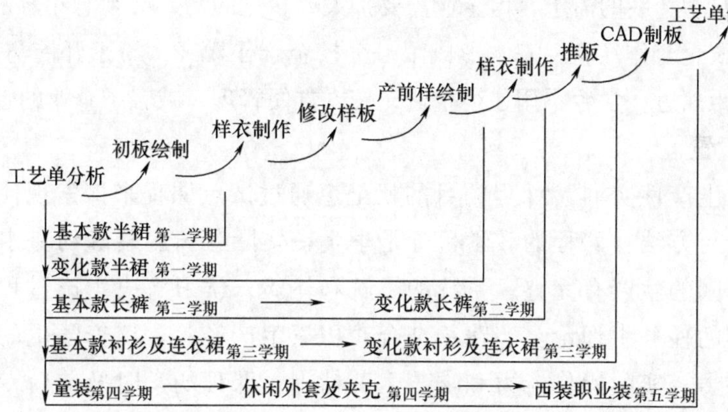

图3　教学载体系统化排序设计

（3）教学载体的款式更新并具有拓展性。服装的特点决定了产品是不断更新的，服装产品的款式应随潮流的变化做调整，例如长裤的变化款式，喇叭裤现在已不流行，若作为工作任务就难以调动学生学习的积极性，可以放在课后练习。教学载体应同时具备可用性和潮流性，这样利于提高学生的学习积极性。另外，教学载体完整体现了一个任务的过程，涵盖了课程所需要讲授的知识点，这样便于学生在课后继续深入拓展学习。

五、现代学徒制试验课程案例分析

现代学徒制人才培养模式目前实施中的最大难度是合作企业的找寻，在难以达成整个专业的合作办学的情况下，与企业协商达成试点一门课程的协议，在制订2011级专业培养方案时制订“海盟生产性实训”课程进行试验。下面具体分析课程的设计与实施效果。

（一）实训基地的签订

1. 企业简介

南通海盟服装有限公司是以生产高档西服为主的中日合资企业，企业拥有先进的CAD、CAM系统，与日本ONWARD集团合作开拓西服的定制领域，企业拥有一批赴日培训一年以上的高级技能型人才，企业生产线的主要产品有高档西服、西裤、西服裙。企业位于我院正北方向步行时间大约15分钟路程的位置。

2. 达成协议因素分析

（1）校方考虑因素分析。我院选择该公司作为课程试点企业的原因主要有三个：一是该企业有校企合作经验，多次接收南通中等专业学校学生进行实习；二是企业距离我院近，方便我院管理学生，有效保障学生安全；三是该企业在西服定制领域具有领先水平，同时企业领导热心校企合作办学，也曾出版过多本服装专业书籍，更适宜指导工作。

（2）企业考虑因素分析。企业愿意与我院签订校外实训基地，并接受一门课程两个班级学生进企业学习也是有企业自身的考虑，主要原因分析有三个：一是主要目的是培育后备人才，该企业员工年龄基本位于40岁以上或左右的年龄层，年轻人不多，目前企业员工数量基本能满足生产线的需求，但企业需要扩大或转型的话，必须有年轻的技能型人才加入；二是有过校企合作经验，基本形成了一套校企合作模式，易于开展与我院的合作；三是学校与企业距离近，学生不用住宿企业，校方方便管理，减轻了企业的管理负担。

（二）课程设置

开设"海盟生产性实训"课程的目的就是想通过试点课程来探索现代学徒制人才培养模式的途径与方法。课程的教学目标是学生在实际参与服装缝纫流水线工作的过程中，对缝纫车间的生产有完整、系统的了解和体验，学习解决生产过程中出现的各种问题，在真实的任务中理论与实践相结合，积累生产经验。培养学生的生产管理能力、团队协作能力、实际操作能力和吃苦耐劳精神。课程的学时及前后专业课程的安排见表4。

表4 "海盟生产性实训"课程相关信息

班级	总学时	周课时	学分	班级人数	上课学期	教学载体	前导专业课	后续专业课
11制板一	288	24/12	16	39	12－13－1	西服、西裤生产工艺	时装制板 服装工业样本设计与制作 服装生产管理 服装材料运用 等	西装工业样板设计与样衣制作 服装立体裁剪 服装 CAD 服装工业制板 等
11制板二				36	12－13－2		时装制板 服装工业样本设计与制作 服装生产管理 服装材料运用 服装立体裁剪 服装工业制板 等	西装工业样板设计与样衣制作 服装 CAD 等

每周课时课表安排为24课时，但学生学习是每周5天整的学习，总共在企业实践了12周时间。

（三）师资安排

课程安排了一位学校教师专门跟踪、指导学生学习，另外有其他专业教师不定期下企业进行调研、学习；企业安排了一位师傅全面负责安排学生的学习，学生在各自工序上的学习由该道工序的师傅负责，企业领导总体负责课程的开展和与校方的沟通。

(四) 课程实施效果分析

在实施过程中对两个班进行了跟踪指导与课程调研，实施效果从实际的授课情况以及企业与学生的反馈来看差评多于好评。从三个参与方来分别进行调研分析，即学生、企业、学校，调研主要结果如下。

1. 学生的学习效果

(1) 正面成效：

①了解企业的实际生产过程，感受到企业对于产品质量的高标准严要求。

②进一步认识了服装制板专业的岗位要求，认识到自身专业素质差距。

③提高了自己的工艺水平，增加了产品制作经验。

④增加了社会工作经验，学会与人相处的方法。

(2) 反面效果：

①对企业教学安排不满：整个课程的学习几乎就在一个工序上，任务枯燥缺乏完整性。

②对企业管理不满：出现生产问题有时会直接归咎于学生。

③不满企业安排的加班，认为影响了课后学习时间。

④对学院与企业合作不满：认为两者之间缺少沟通，在进入企业学习前应该安排短期培训以了解企业生产。

⑤认为前后课程安排不恰当，例如应该将西装课程放在下企业学习前，这样更利于在企业学习西服制作工艺，生产管理课程可以在企业同时展开等。

⑥在企业的学习就是纯粹的实践，没有任何相关的理论学习。

2. 企业的实训效果

企业进行校企合作的最终目标是培养后备人才，但从实施效果来看，并没有达到这一目的。从实训效果好的方面说，部分学生通过 3 个月的实践，生产产量有了很大的提高，但更多的是企业对学生的职业精神不满，主要有以下情况。

①学生没有在企业就业的意向。

②学生不听从企业的安排，抱怨情绪多。

③学生基本技能差，顶岗速度慢。

④学生吃苦耐劳的精神差，一安排加班就抱怨连天。

⑤学生与人沟通能力差。

3. 学院的实施成效

从学生、企业和学院三者的关系来看，学院扮演的角色是中间的沟通者，也是最难的一个角色。从实际实施过程来看，校企合作的热衷方是学院，企业和学生的积极性都不高，这就导致了学院的两难境地。

这是我院服装制板专业首次进行的一门课程在企业进行完整的教学实践，课程的教学完全由企业师傅完成，这一试验本身就具有开创性意义。课程实施时间长，两个班级在确保学生安全无恙的情况下完成课程教学，并且学生也确实收获到一些在课堂教学中学不到的知识和技能，这已经是课程实施的良好成果，学生反馈的正面效果也与课程设置目标基本一致，而存在的不足则更激发我们思考如何更有效地开展现代学徒制人才培养的方法与途径。

六、现代学徒制人才培养模式的改进方法

通过课程的试验结果可以看出，在首次实施很多方面考虑不周到的情况下，还是收到了我们预想要的一些成果，验证服装制板专业培养技能型人才运用现代学徒制模式具有合理性和推广性，但是存在很多需要改进的地方，具体分析如下。

（一）政府的激励机制和扶持政策

单凭学校的一己之力寻找合作企业来进行一个专业的人才培养，愿意合作的企业太难找，目前企业自身运营就已面临很多难题，在没有明确合作效果时，企业缺少与学校共同育人的责任心，这种情况下，需要政府作为第三方来激励企业积极主动参与校企合作。同时，企业安排学生学习、食宿等需要消耗企业的人力、物力、财力，也需要政府按企业安排学生的人数进行资金和政策扶持，以保证企业的自身利益。

（二）校方前期调研工作要深入完整

首次安排学生进企业学习，不管是整个专业还是一门课程的教学，校方在制订培养计划前必须有 1 年提前做前期的调研工作，调研越深入越完整，越能保障实施的效果，需要调研的内容具体有：企业规模、地理位置、员工素质、企业效益等；企业生产线特点、产品类别、各岗位特点及要求；企业对校企合作的预期目标，安排学生学习的方式方法；学生家长对校企合作培养模式的态度和看法；学生对校企合作培养模式的态度和看法等。

（三）校企合作办企业班模式

在政府没有有效政策扶持的情况下，企业主动邀请校方办班为企业输送人才的方法也是校企合作的一种形式。学生报考这个班后就成为了该企业的后备人才，这种形式的专业培养方案在设计时，必须更多考虑企业的诉求，针对性要更强，这样培养出的学生就更适合该企业。但在这种模式下校方处于被动，能否长期合作的主动权由企业掌握。

（四）课程设置、教学载体设计要合理

要紧密围绕合作企业的生产线和产品特点来设置课程，将课程前后关系缜密排序，在企业教学课程的教学载体一定要依据企业产品类别来设计，这样学生学习就能承前启后，就能更系统。

（五）校企双方教师相互顶岗紧密合作

企业安排师傅进行教学，肯定会影响师傅的本职工作，学校教师跟随学生进企业指导的同时，可以和企业师傅岗位互换，二者紧密合作，相互配合，利于沟通，便于教学的开

展，更利于教师和师傅的专业技能和教学技能的提高。

（六）注重学生企业实践前后的培训和总结

在学生下企业实践前，条件允许的情况下让学生到企业参观，由企业安排师傅到校做前期的培训，介绍企业岗位要求和生产特点，进行岗位基本技能的培训，介绍学生的实践安排，做好前期铺垫工作。企业实践结束后，校、企、学生三方要进行座谈、总结，修订、改进培养方案或课程设置，有利于后续合作取得更好的成效，更利于长期合作。

通过试验可以看出，现代学徒制人才培养模式通过校企合作的方法培养出的技能型人才更符合岗位需求，更利于学生的快速上岗，这也坚定了校方继续前行的信心，但同时也清晰地显现出其和真正的现代学徒制模式之间的差距，校方需要进一步研究与改善。同时前行道路上需要政府、校、企、学生（家长）之间的齐心协力合作，着力解决好实施过程中遇到的各种问题，现代学徒制人才培养模式必将体现出它应具有的人才培养意义。

参考文献

[1] 鲁婉玉．高职教育中“现代学徒制”人才培养模式研究 [D]．大连：大连大学，2011.

[2] 胡秀锦．“现代学徒制”人才培养模式研究 [J]．河北师范大学学报（教育科学版），2009，11（3）：97－103.

[3] 关晶．西服学徒制的历史演变及思考 [J]．华东师范大学学报（教育科学版），2010，28（1）：81－90.

服装专业学生核心技能训练方法的有效性研究之我思我行

浙江省平湖市职业中等专业学校　姚林英

关键词

核心技能　训练方法　实践研究

摘要

学生职业技能的高低，是衡量一所学校一个专业教学质量的重要依据。对中职服装专业来说，核心技能训练是培养学生专业技能和综合应用能力的直接有效手段。因此采用行动研究法，整理丰富教学资源，编写校本教材；实施模块化教学与训练；使用现代教学技术，加大课堂教学的容量；改革考核评价方法，对教学与实训同步监控、测试、考核、评价；激励先进，督促后进，可以有效地提高学生核心技能实习实训的效率。

正文

一、我的问题

学生职业技能的高低，是衡量一所学校一个专业教学质量的重要依据。对于中等职业学校服装专业来说，核心技能是指专业技能和综合应用能力，核心技能训练是培养学生专业技能和综合应用能力的直接有效手段，在整个教学工作中占有极为重要的地位。

可是实际上，新入学的学生中有很大一部分不但对文化基础课不感兴趣，而且对专业技能课也并不热衷，甚至还带有一些不良的行为习惯，因而技能训练效能低。具体表现在：练习兴趣不高；知识运用不活；在考证、考级、参赛等方面成绩不稳定，合格率与获奖档次有高有低。

二、我的思考

作为一名中等职业学校的服装专业课老师，我常常从各个方面思考学生的心理状态和行为背后的深层次原因。通过仔细观察、研究分析，归纳为以下五个主要方面。

1. 课程类型结构单调，专业技能难提高

传统服装专业的课程结构单一，纵向延伸呈现为三段式结构，上一段课程为下一段课程服务。体现在文化课为专业理论课服务，专业理论课为专业技能课服务，设计、制板和工艺三大专业能力通过各自的课程载体培养和形成。所以，教学过程缺乏综合性、实践性，造成学生核心能力的综合性不强。

2. 教学内容脱离实际，学科课程难融合

由于教学内容的人为分割，学生的专业兴趣得不到充分的培养；所获得的技能单一，不能形成与岗位资格相对应的职业技能。例如，在服装设计课程中，学生只是从新、奇、特的角度“画服装”，夸张的比例、装饰性的线条，中看不中用，漂亮的服装画与服装本身结构、造型与生产工艺、技术要求等脱离，与生产企业和市场实际脱离，为企业创造的效益并不高。在结构制图课程中，讲授的多为理论性知识，学生缺乏对款式设计、结构设计等理念的理解；而工艺课教学又缺乏灵气；且学生的设计创意很少变成实际的时装，设计成果没有得到实践的检验，一定程度上影响了学生的训练积极性。

3. 教师教学方法单一，知识落实难深入

传统的服装专业课堂教学，老师讲解多，学生自主学习活动少；技能知识简单传授多，深入钻研少；学生训练模仿内容多，创新意识少……不利于学生实际能力的培养和提高。安排训练性教学时，学生不能在思想上充分重视，往往认为训练任务繁重、压力大、辛苦等。学生的意志和毅力不够坚定，操作实践手势缺乏规范。随着学习时间的推移，训练时间较长，容易产生疲劳，学习热情出现了直线下降，甚至出现上课走神、情绪烦躁乃至抵触，从而影响了规范动作的持续性，影响了实训的效果和质量。

4. 学生心理素质薄弱，临场发挥难稳定

学生心理素质薄弱，导致考试临场发挥失误，导致考证、考级、参赛等不稳定。

针对以上所述问题，对服装专业学生核心技能训练方法进行研究、改革、创新，是极有必要的。期望通过研究、改革、创新，激发学生参与训练的积极性，提高训练效果，并将掌握的专业技能、专业知识运用到服装设计、制作、表演、考证、考级、参赛中，促进学生专业核心技能的全面提高。

三、我的学习

我学习了教育家邓泽民的《职业学校学生职业能力形成与教学模式研究》、余祖光的《新时期职业教育教学改革的几个问题》等理论文献，明确地认识到：

（1）职业技能是职业能力的一种重要的外显形式，是职业能力作用的结果。作为中等职业学校的服装专业，对学生的能力要求主要表现在服装设计、打样排板、材料选择与应用、指导生产、管理企业等方面。

（2）技能形成的过程，也就是能力形成的过程。实践教学要改变过分依附理论教学的状况，探索建立相对独立的实践教学体系，加强实践教学环节，适当增加实习、实训的内容和时间，使学生初步形成适应一定职业岗位需要的职业能力。

（3）每位学生都有成长与发展的天性，只要给他们准确引导，营造良好的环境，激发他们的主动性和创造性，就可能发展成为个性健全，富于创造的人。学生一旦成为学习的主人，课堂内外均可能发挥智慧的潜力。

（4）可以采用行动研究法，对服装专业学生核心技能进行梳理，找出难点、重点与高效训练的相互联系和切合点，教会学生技能训练的方法，并将习得的方法有意识地加以运用，以巩固所学的知识，并能够内化，灵活应用。

四、我的行动

（一）整合丰富教学资源

1. 梳理知识，形成系列化校本教材

（1）理实一体为理念。按理论与实践一体化项目教学形式进行设计，以主要服装部件的工艺要领、操作工序、质量要求为实例，把握本课程的技能点和知识点，按照必需、够用的原则，系统扼要地组织教材内容。

（2）课程标准为依据。打破传统学科体系教材模式，充分体现以服装专业技能基础为核心的特点，以课程标准为依据编写教材。

（3）图文并茂为形式。教材编写考虑到中职学生的认知能力，采用图文并茂的形式，体现了本课程的特征，便于学习和掌握。

（4）自编教材为手段。自编教材反映了服装专业的现状和发展趋势，引入新技术、新工艺、新方法、新材料，使教学内容富有时代性、先进性和前瞻性。完成整理后，形成了主要教学裤装、女上衣、男装等放缝、制板、推板及工艺单实例解析等教材；服装商品技术规格细部控制；拓展练习。校本教材《服装工业制板与推档——企业版》主要教学系列服装设计的基本知识、流行趋势的预测和信息的搜集；教学裙子、男女衬衫设计与制作；教学立体裁剪技术；拓展练习。校本教材《系列服装设计与制作》主要教学英文服装工艺单，服装结构制图英文表达，服装企业常用术语的英文缩写，工业裁剪。校本教材《服装技术文件编制》主要教学职业技能鉴定服装考证应知应会、服装 CAD 排料系统简介等。校本教材《服装制板与推档——考级版》。

2. 任务引领，形成系列化教学模块

从校本教材入手，结合考证、考级、参赛要求，将核心技能知识形成任务引领的系列化。

（1）“服装部件设计与制作”模块。主要教学服装部件的功能、结构；服装 CAD 软件使用。通过学习与实训，使学生基本掌握了服装部件的加工、检测评估与质量控制等专

业理论和职业技能。

(2)“童装设计、打板、制作”模块。主要教学童装的结构制图原理；根据不同年龄段儿童的体型特点，进行量体裁衣；使学生掌握系列童装设计知识。

(3)“女装设计、打板、制作”模块。主要教学女子的体型特点和体型测量；女装的结构制图方法、新原型运用与省道转移。

(4)“男装设计、打板、制作”模块。主要教学男子的体型特点和体型测量；男装的结构制图方法与缝制工艺；使学生基本掌握运动风格、时尚风格、休闲风格等系列男装的款式设计、色彩搭配、面料选择等专业理论和职业技能。

(5)“工业制板与推板”模块。主要教学工业制板的知识；企业内不同服装款式制板方法；并进行实样制板操练；使学生掌握推板的方法、步骤，根据基码样板进行系列规格样板的推档。

(6)“服装CAD制板与推板”模块。主要教学服装CAD软件操作知识，使学生能够运用服装CAD软件，对裙类、裤类、上装类服装，进行企业式制板与推档。

(7)“服装考级与考证训练”模块。主要用于以职业技能鉴定为参照，强化服装专业技能训练。学习与实训，使学生掌握相关的专业理论和职业技能。

(8)“参赛集训”模块。主要以大赛任务书技能要求为核心，分阶段设定难度递增的训练任务。

（二）创建真实的训练环境

1. 校企联手，强化训练

校企深度合作的双主体办学模式创新，校企双方为我们提供了真实的训练环境。指导老师根据实际训练环境总结出不同类别的问题、现象，采取不同的训练方法，强化记忆基础知识，灵活掌握企业知识。坚持每天仿真训练，学生受到了工作环境的熏陶，真实感受到职业的压力，大大提高了训练效果。而且采用“做中学、学中练”训练方式，使训练效果更加有效。开始阶段，指导教师严格控制学生训练过程与效果；学生逐渐适应了大赛训练方法，很快入门。集训讲授大赛相关的技术要求，比正常授课进度快、内容深，逐步加入实践环节。老师边做边讲，把相关知识点和关键技术分类制作大赛专用培训讲义，学生边学习边操练，真正达到“知其然，更知其所以然”的训练目标。在竞赛训练最后冲刺和提高阶段，训练强度难度大，指导老师归纳理论知识点，归纳技术关键点，分析操作流程中出现的案例，并根据学生训练实际，采用“模拟竞赛”以备战大赛。老师及时总结竞赛中遇到的各类问题，对知识点和关键技能准确把握，分析透彻，技能传授点拨到位，以赛促教，学生反复模拟竞赛，直至熟能生巧。

2. 借助课件，突破难点

整理精品实践课程资源库，使用现代教学技术整理教学课件，形成课件库。提高课堂教学效率，将以往教师使用的服装部件制作课件与网上下载的课件资源进行整合，整理出专业技能训练系列微型课件。用图文并茂、声像俱佳、动静皆宜的表现形式，将教学所涉及的难以实现或表达的现象、过程再现于课堂教学中，加大了课堂教学的容量，提高了课堂教学效率。如衣领操作示范的衣领制作微型课件；袋型操作示范的袋型制作微型课件；袖子操作示范的袖子制作微型课件；用于装缝拉链操作示范的裤门、上衣拉链、隐形拉链制作微型课件。

3. 整理试题，加强测评

将裤子系列、男女衬衫系列、夹克衫系列、男女两用衫系列、特殊体型系列服装的理论知识与操作方法编制评分标准。一方面单元测验，使每一个知识点都有对应的训练和检查，分出层次；另一方面综合练习，模拟考试。

（三）采用科学的教学方法

（1）精讲多练法。精讲是基础，多练是策略。最终能达到怎样的效果？对老师而言，在理论教学、示范操作、反馈纠错时如何精讲？在理论教学中如何渗透实习操作的要点？在实习操作教学中如何强调理论知识点？……这些一直是我长期以来深思、探究并谋求改进的问题。只有坚持练中有悟，悟中有练，才能让学生自己得出结论。

（2）分层过关法。由于学生的接受程度不一样，所以在技能训练中经常采用分层过关法，可以提高训练效果。

①分解难点逐步过关法。对某些难点，我们将其分解为若干个技能点，每个技能点都围绕并服务于该难点。服装部件的分解形成了很多个小模块，设置从简到难分解步骤，适合不同层次的学生逐步过关。譬如一条男西裤可以分解为前门襟拉链、袋（直插袋或斜插袋）、后袋（一字袋或双嵌线袋）、腰（做腰、装腰）等多个零部件，分别制作，当然是分得越细越好。不同层次的学生完成一个小模块，老师都要批改打分，大部分是面批以及时反馈、纠正。要保证每个小模块顺利过关，如未过关必须补练，直到过关为止，然后再学下一个小模块。

②师徒结对逐人过关法。坚持“以好带弱、优势互补”的原则，把工艺操作技能好、领悟能力强、善于与人交流的同学与自学能力和自控能力比较弱、容易产生依赖思想的学习困难生穿插组合，使之团结协作。采用这种训练方法，可以挖掘学生的专长，极大地发挥学生的主动性，让自己的特长得到最大限度的发挥，也培养了学生的团队协作精神。在这种师傅带徒弟的传、帮、带过程中，师徒们精心预设每一个教学环节，仔细揣摩每一个动作要领，反复推敲用词造句……已初步形成具有鲜明特色的新型教学模式。

③小组合作集体过关法。就是将技能水平、接受能力相仿的学生编排在一起成为学习小组，开展小组合作式的学习。让学生之间相互探讨、相互帮助、相互提高，运用集体的智慧和力量共同创作优秀的作品，然后整个小组一起达标过关。在此过程中，既有各个学生之间的交流、沟通、合作和帮助；又有组与组之间的竞争，班级与班级之间的竞争，极

大地提高了学生核心技能训练效果。

（四）采取合理的评价方式

良好的职业能力是学生就业、立业、创业的基础，专业教学是培养学生职业能力的主渠道，专业教学质量检测方法是调控教学活动的指挥棒。改革考核评价方法，制订、实施科学的“考核评价体系”，充分肯定学生的多元思维和创造性实践活动，进行正确评价和积极引导，促进学生核心技能培养。

1. 技能式评价

服装专业的大量技能型作业，评价的关键指标在于课程要求的“技能点”是否掌握，因而以“技能点”计分，实施“量化评价和质性评价相结合”，激发学生的自信心，并使专业教学的管理更加科学规范。

2. 任务式评价

在任务引领的模块化训练中，以学生完成某一任务的时间、速度、质量等情况作为评价的依据，实施“过程评价与目标评价相结合”，引导学生具有严谨的学风和认真负责的态度。

3. 作品式评价

服装专业的“课业作品”是学生专业能力的集中反映，所以考核检测“以学生课业作品为评价对象”，实施“激励性评价与诊断性评价相结合、市场检验与证书考核相结合”。

4. 结合式评价

过程性与终结性相结合评价法。服装专业的核心技能属于“应会”性质，而学生的实际操作是否规范、合理、有序以及学生心理特征的表现，也是反映学生“解决问题能力”的重要方面，但无法量化。推行“过程评价与目标评价相结合，量化评价和质性评价相结合，激励性评价和诊断性评价相结合，市场检验与证书考核相结合”的融科学性、可操作性为一体的“考核评价方法”，充分关注学生的个性差异，发挥评价的激励作用，保护学生的自尊心。

改变传统的考核评价方法，制订、实施科学的“考核评价体系”，对教学与实训的具体过程，同步监控、测试、考核、评价，使老师对学生的学业成绩评定增加了客观、公正的评分依据；激励先进，督促后进，有效地提高了学生核心技能实习实训的效率。

五、我的成效

通过对服装专业学生“核心技能训练方法”的有效性研究与实施，已经取得了实质性成效。

（一）理论性成效

1. 实现了不同课程的有机整合

职业教育课程体系中，如何将“面向知识体系的学科性课程”与“面向工作体系的任务引领性课程”有机地融合，发挥各自的优势是目前职业教育课程研究的重要课题。“我思我行”的成效之一，就是在中职服装专业的职业技能训练中，将两种类型的课程在同一个课程体系中得到有机的整合。

2. 完成了校本教材的系列研发

自主开发了具有学校、区域特色的服装专业职业技能训练系列化校本教材《服装全手技术》《服装工业制板与推档——企业版》《系列服装设计与制作》《服装技术文件编制》《服装制板与推档——考级版》，为中职服装专业核心技能训练方法改革与创新提供了教学依据与文本支撑。

（二）实践性成效

1. 增强了学习兴趣

教学实践进程，由专业基础到项目课程，从完成单一项目到复杂项目，从“培养操作技能为主”到“培养心智技能为主”，充分体现“由易到难、由浅入深、循序渐进”的教学原则。这样的教学过程还使学生的“学业作品”逐步地变成现实的“劳动成果”，学生既在为创造良好的“劳动成果”而努力，也在为收获自己的“劳动成果”而感到喜悦，更在为自己的“劳动成果”得到社会的积极评价而感到自豪。从而，不断地提高学生的学习兴趣和生活自信，促进学生核心技能培养。

2. 培养了团队意识

在教学实践中，模块化课程较多地采用“互相探究—自学质疑—小组研究—组际交流—师生评价”的教学组织形式，极大地挖掘了每个学生的专长，发挥了学生的主动性。采取以小组为单位的评价考核，更有利于培养学生的团队精神。在调查中，有91.7%的学生认为小组合作式教学形式的效益高。

3. 提高了教学效率

服装专业学生核心技能训练方法的有效性研究与实施，提高了课堂教学的效率。

（1）提高了技能等级的考证率。学生获得了服装定制工、制板工、服装CAD等专业技术等级证书；而且，中级工的通过率逐年提高，已经从84.6%达到目前的95.8%。

（2）提高了技能大赛的获奖档次。我校服装专业学生在嘉兴市举办的“服装CAD制作竞赛”中连续保持领先地位；刚结束的第八届技能节又包揽前三名；2012浙江省中职学生“女式休闲合体上衣CAD纸样设计与制作”获三金、一银（囊括了四块金牌中的三块）；2012全国中职学生“女式休闲合体上衣CAD纸样设计与制作”获得一银一铜奖；2013年浙江省中职学生“服装CAD制作竞赛”中获得二金一银；2013年国赛获得一金一银的突出成绩。

总之，过硬的专业能力使我校服装专业毕业学生成为了各服装企业的“抢手货”，毕业学生到企业后的磨合期大大缩短，上岗后的适应性强、适应面广，很快成为我市各大中型服装企业的技术、管理骨干，企业反映普遍良好。

参考文献

[1] 邓泽民. 职业学校学生职业能力形成与教学模式研究 [M]. 北京：高等教育出版社，2002.

[2] 余祖光. 新时期职业教育教学改革的几个问题 [J]. 中国职业技术教育，1998.

[3] 吴美华. 服装专业学生综合职业能力培养的探索与实践 [J]. 课题研究主体报告，2007.

产业转型升级与人才培养模式改革

江苏工程职业技术学院　王亚鹏

关键词

产业转型升级　人才培养模式　复合式、创新型技术技能型人才

摘要

高等职业教育的使命是支持国家完成工业化、信息化和现代化的人才与技术积累。我国产业转型升级所需求的复合式、创新型技术技能型人才给高职教育的人才培养模式提出了创新的时代要求。面对我国纺织产业转型升级趋势及其对技术技能型人才的需求特点，行业高职院校要了解人才培养模式的构成要素及其在改革实践中的实质内涵和表现形式，通过推进大类招生培养改革，探索政校企协同育人机制，转变课程建设范式，创新教学团队发展机制，转变质量评价视角，探索信息化教育教学机制，以文化引领人才培养，改革内部治理结构等，创新人才培养新模式，实现人才培养模式转型升级与产业转型升级的同步。

正文

当今世界，以新能源、新材料、新技术与互联网的高度交互融合与创新的第三次工业革命正扑面而来。在教育领域，第三次工业革命带来了个性化、数字化、远程化、定制化、差异化、分散合作、扁平式组织结构等新的教育理念，对目前的人才培养模式将产生革命性的影响[1]。为积极应对第三次工业革命带来的挑战和机遇，我国从战略层面提出了“培育发展战略性新兴产业，走新兴工业化道路，推进产业转型升级”的战略任务。在我国纺织产业领域，随着高新技术的广泛应用，我国纺织产业已逐步由传统纺织转变为现代纺织，其特点集中体现在生产装备的数字化与自动化、工艺与经营管理的信息化，以及生产方式的多品种、高品质、小批量、定制和交货快等方面。现代纺织科学作为一个系统工程已不再是传统概念上的“纺纱”与“织布”技术，而是集材料、能源、信息、环保于一体，融汇了纤维、产品、管理、贸易、艺术及计算机等多方面知识的综合学科领域[2]。

从国际经验看，产业转型升级的过程就是从劳动密集型向技术密集型和创新密集型转

变的过程，在实质上是技术技能型人才的知识、能力、素质结构升级的过程。高职教育的使命是支持国家完成工业化、信息化和现代化的人才与技术积累。高职教育所培养的技术技能型人力资本是行业企业人力资本中需求数量最多的一种人力资本类型，直接影响创新技术的应用和产品质量的提高，关系到产业转型升级目标的顺利实现。面对我国纺织工业的信息化、智能化发展形势，我国纺织高等职业教育如何创新人才培养模式，培养适应现代纺织产业发展的复合式、创新型技术技能型人才，是迫切需要从理论与实践相结合的角度作出回答的重大问题。

一、人才培养模式改革的理论诠释

人才培养模式关系着“培养什么人”和“怎样培养人”的根本问题。在产业转型升级背景下，创新人才培养模式需要了解人才培养模式的构成要素，以及这些要素在改革实践中的实质内涵及表现形式。

高职教育人才培养模式是在一定的高职教育思想的指导下，高职院校所遵从的关于技术技能型人才培养实践的活动规范和操作样式，它以形成学生的综合职业能力为目标，以结构完整的工作过程知识为主要学习内容，以行动导向教学为主要教学模式。它是一个由培养理念、培养目标、培养内容、培养方式、培养机制等要素以相互协调作用方式构成的一个系统。因此，人才培养模式的构成要素的改革是人才培养模式改革的基础，人才培养模式的改革是其构成要素改革的表现形式，要真正实现人才培养模式的改革创新，必须从培养理念、培养目标、培养内容、培养方式、培养机制等要素方面进行系统配套改革，不可顾此失彼，只有这样才能收到良好的改革效果。

（一）转变培养理念

培养理念是人才培养模式的逻辑起点，对人才培养模式的其他构成要素具有统领作用，基于不同的培养理念会产生不同的培养模式。在产业转型升级背景下，要转变高职教育人才培养理念，遵循“高等性”和“职业性”，符合学生职业成长规律，注重知行统一，践行“校企合作、工学结合”技术技能型人才培养范式；注重学做合一，从知识、学历本位向能力、素质本位转变，增强学生的综合素质；注重因人而异、因材施教、因势利导，从以“教”为中心向以“学”为中心转变，推动学生学习投入，关注学生体验和学习成果。

（二）提升培养目标

目标要素是人才培养模式的核心，其他要素是为实现该目标服务的，因为培养目标是一切人才培养活动的出发点和归宿，同时也是确定培养内容、选择培养方式的重要依据。在产业转型升级背景下，高职教育不再是单纯的专业技能教育，要树立“全人教育”理念，要走出“制器”时代，回归“育人”本质，通过“全课程教育”促进技能培养和人文素质养成的融合与平衡，不仅要传授和训练学生的专业知识和职业能力，还要把提高学生的人文素质和职业素养作为重要任务，把学生培养成为“负责任的现代社会公民”“和谐的职业人”，培养成为产业转型升级需要的复合式、创新型技术技能型人才。

（三）优化培养内容

培养内容是为实现特定培养目标在精心选择的基础上创新设计的知识、技能、行为规范、工作与生活价值观念和世界观等方面的学习内容总和，一般主要以课程的形式体现，是人才培养模式构成的关键要素，因为学生今天的学习内容就是学生明天的知识、能力、素质结构。在产业转型升级背景下，要从学生认知和职业成长的角度，推进课程建设范式创新，通过课程体系设计的创新和课程内容的优化使培养内容与时俱进。在进行课程内容选择与组织的过程中应遵循四方面的核心要求，第一，要能够传输现代经济发展所需的价值观和态度；第二，要从塑造能适应现代科学技术进步趋势和现代社会的知识劳动者出发进行选择与设置；第三，在有效提供满足广泛行业就业需求的专门职业技能的同时，也要为学习者提供可进行职业流动的综合职业知识与职业技能的教育；第四，要为学生能够智能化地参与工作，进行积极的自主创业服务，突出培养学生创新与创造性的职业品质[3]。

（四）创新培养方式

培养方式是为实现培养目标、掌握培养内容而采用的程序与方法的总和，涉及实现培养目标所需要的各种手段，既包括教师教的方式，也包括学生学的方式；既包括培养活动的方法，也包括培养活动的程序。特定的培养目标需要特定的培养方式来实现。在产业转型升级背景下，高职教育复合式、创新型技术技能型人才培养目标的实现，需要大力推进强调“教学做合一”的行动导向的教学模式；需要从“以教师为中心”向“以学生为中心”转变，大力推行互动式教学、探讨式教学、小组合作学习等以学生为主体的课堂教学方式；需要将信息化作为人才培养改革的重要方向，校企合作加快数字化教育教学资源的整合与开发，积极探索建立信息化教育教学机制，促进学生自主学习，提升技术技能训练效果；改变单一的考试评价方式，转向网络学习评价、过程性评价等多元评价，增强信息化环境下学生自主学习的能力和教师有效教学的能力，实现“线上学习与线下学习”“现实课堂与网络课堂”的有机结合。

（五）改革培养机制

培养机制是人才培养模式改革的平台，也是人才培养模式改革中的条件建设内容。改革培养机制就是要形成人才培养模式创新的驱动和保障机制。这包括了政校企协同育人机制、“双师”教学团队建设机制、招生培养制度、质量评价机制、学分管理制度、高职院校内部治理结构等。在产业转型升级背景下，复合式、创新型技术技能型人才目标的实现，需要高职院校改革招生培养制度，给予学生学习选择机会；需要建立基于学分制的柔性化教学管理机制，服务学生工学交替、分阶段自主完成学业；需要建立政校企协同育人机制，以开放合作汇聚优质教育资源；在质量评价方面，要建立以学生学习成果为核心、强调“学生增值”的质量评价机制；在“双师”教学团队建设方面，需要创新教学团队发展机制，加强专兼职教师队伍建设；在内部治理结构方面，要从促进专业融合和课程体系重塑的角度出发，探索建立权责明晰、重心下移的两级管理模式。

二、应对产业转型升级，改革人才培养模式的实践

面对我国纺织产业转型升级对技术技能型人才的知识、能力和素质结构提出的时代要求，顺势而为，积极创新人才培养模式，培养出纺织产业转型升级需要的复合式、创新型技术技能型人才，是我国纺织高职院校义不容辞的责任。

作为一所具有百年纺织职教办学传统的国家示范性高职院校，江苏工程职业技术学院（原南通纺织职业技术学院）顺应高职教育实现学生增值的时代要求和人的可持续发展对技术技能型人才培养的客观要求，针对传统的人才培养模式忽视学生个性化自主学习选择的需求和创新性的培养，忽视学生学习过程质量，研究和传承我国近代职业教育的奠基人、学校创办人张謇先生以“知行并进”为核心的职业教育思想，强化“学做合一”，在深入研究技术技能型人才培养模式的构成要素及其之间逻辑关系的基础上，在学校层面做好人才培养模式的顶层设计和目标平台建设，经过近 5 年的系统改革创新，形成了具有鲜明特色的“知行并进，学做合一”人才培养模式。

（一）人才培养模式改革的主要内涵

学校切实转变人才培养思想观念，树立基于复合式、创新型技术技能型人才培养目标的“育人观、学校观、教师观、学习观”，将“知行并进，学做合一”人才培养模式的内涵界定为搭建政校企协同育人平台，校企两个主体双向参与推进工学交替和产学研合作，让学生置身于真实或模拟的工作环境中完成学习性工作任务，接受一定的职业训练，获得一定的工作经历，养成现代社会所需要的工作价值观和态度，从而顺利地进入职业生涯，并能应对未来社会职业环境不断变迁挑战，实现自我职业生涯的可持续发展。

（二）人才培养模式改革的主要内容

1. 探索政校企协同育人机制，推进工学交替和产学合作

“校企合作、工学结合”是高职教育人才培养必须遵循的基本范式。建立政校企协同育人机制，以开放合作汇聚优质教育资源，推进工学交替和产学合作是培养复合式、创新型技术技能型人才的有效途径。

学校以专业群为载体，根据专业群人才培养特点，与行业主导企业合作，积极探索多样化“校企合作育人”机制。如现代纺织技术专业群与江苏大生集团建立了“人才共享、设备共享、技术共享、成果共享”的合作机制；家居艺术专业群与江苏蓝丝羽家纺有限公司建立了“共创商学院、共创研发中心、共创品牌、共创就业基地”的合作机制；服装设计与工艺专业群与上海乐活有限公司构建“共育时尚空间、共育项目团队、共育时尚品牌、共育创业能力”的合作机制；染整化工专业群与南通通远鑫有限公司构建了“共建产学工厂、共建核心课程群、共建优秀教学团队、共建工学交替规章制度”的合作机制；航

空机电维修专业群与华夏航空工程技术有限公司建立了“共建培训中心、共育人才、共建教学团队”的合作机制等[4]。同时与南通海门市政府建立了“地校一体、合作共赢”的合作机制，由其无偿划拨676亩建设用地、投资3.5亿元，企业投资5000万元，建设了一个涵盖纺织服装、商贸物流、机械电子、建工技术等8个专业群，具有“厂中校、校中厂”特征的“知行园”（生产性实训基地）。

2. 转变课程建设范式，构建“双基导向”的课程体系

公共基础课程和专业课程相互补充、相互支撑，融为一体，以完整的高职课程体系支撑着高素质技术技能型人才培养目标的实现。基于此认识，学校在深入理论研究的基础上首次提出了“基于社会生活过程”的公共基础课程开发理念，融入社会主义核心价值观教育，围绕学生未来积极参与现代社会生活所必需的素质与能力要求，将典型社会生活情境（问题、情境、事件、活动、矛盾）转化为学习情境，改变原先松散的、不系统的公共基础课程，设计了由思想政治教育类、身心健康类、审美与人文类、就业与创业类、生活通识与通用技能类等课程群构成的系统化公共基础课程子体系，并按必修与选修方式交叉实施。

借鉴“基于工作过程”的专业课程开发理念，分析提炼出大类专业及各方向的典型工作任务，并梳理出专业不同方向最基础、最核心、最有价值的典型工作任务，即具有共性要求的典型工作任务，以学习性工作任务为载体进行教学设计，构建“平台+方向”彼此联系、相互渗透、共享开放的专业工学结合课程子体系，形成了“双基导向”的新型课程体系，促进了文化素质养成与专业技能培养的有机融合。

3. 推进大类招生培养改革，激发学生学习内生动力

基于复合式、创新型技术技能型人才培养目标，学校打破专业制度壁垒，实施了“大类招生培养”改革，学生入学后，经过1~3学期专业通识培养，再根据本人意愿、就业兴趣、阶段学业成绩和社会需求，在专业群覆盖范围内，第3~6学期按专业（方向）培养，一定程度上满足了学生专业学习选择权，激发了学生学习内生动力。同时，为从源头上提高学生的专业认同感，增强学生学习的积极性与主动性，学校开发了所有大类专业必修的融专业教育、思想教育、就业教育等为一体的“专业认知与职业规划课程”，加强学生学习观教育。

建立既体现高职教育特征，又具开放性、灵活性的教学管理机制，是实施“大类招生培养”的关键。基于此，学校制订了学分奖励办法，激发了学生参与实践创新的热情，加强了对学生创新意识、创业精神和实践能力的培养；实行了“学生学业预警制度”，加强对学生学业情况的动态监控，督促学生按时完成学业；制订了基于学分制的自由选课、教学评价、成绩管理、专业选择、毕业设计（论文）等教学管理制度，并自主研发了配套的教务管理信息系统。

4. 创新教学团队发展机制，推进“结果为本”的课堂教学改革

课堂教学是“教与学”的主战场，促进课堂有效教学的关键在于加强教学团队建设，

使教师树立正确的课堂教学观，提高教师教学能力，推动课堂教学范式改革，让学生融入课程教学，享受课程教学。

鉴于复合式、创新型技术技能型人才培养所需的专业课程特征和学习特征，学校创新教学团队发展机制：一是与行业主导企业合作，通过双方组织行为，实施校企“人员互聘、职务互兼”机制，吸引企业技术专家担任专业带头人，选派骨干教师下企业担任车间主任，参与生产技术研发，校企双向打造“双专业带头人、双骨干教师”教学团队。二是建立“教学促进与教师发展中心”，搭建了提升教师教学能力和专业实践能力的“校内通识培训、企业工程实践、国内师资培训基地和国（境）外短期研修”四级教师教学发展平台，助推教师追求教学卓越，使教师树立“工学结合”的课程观、“行动导向”的教学观和“德能双馨”的发展观，推进“结果为本”的课堂教学改革，推行互动式教学、任务驱动教学、探讨式教学、小组合作学习等以“结果为本”的课堂教学改革，促进课堂有效教学。

5. 探索信息化教育教学机制，服务学生自主学习

用现代信息技术改造传统教学模式，开发和共享教育教学资源，建立信息化教育教学机制是复合式、创新型人才培养的重要改革方向。学校依托网络信息技术，积极探索与企业合作开发虚拟流程、虚拟工艺、虚拟生产、虚拟运营等数字化教学资源，集成专业建设成果和数字图书资源，建设了开放式“数字化学习中心”，涵盖专业资源库、课程资源库等。其中专业资源库主要包括专业人才培养方案、课程体系、教学团队、实验实训条件、职业资格标准认证、专业信息文献、特色资源、行业资源等。课程资源库主要包括核心课程的课程标准、教学设计、考核评价方案、学习指南、教学课件、教学任务单、案例、习题等资源。“数字化学习中心”的建设应用，促进了学生学习模式的创新，服务学生自主学习。

为实现校企联合教学、共享优质教学资源，学校还搭建校企数字传输课堂，将企业的生产过程、工作流程等信息实时传送到课堂，使企业兼职教师在生产、工作现场直接开展专业教学，拓展了学生学习空间，提升了实践教学和技能训练效果。

6. 转变质量评价视角，关注学生学习体验

将质量主体学生“是否满意”作为衡量高等教育质量重要标准之一，是当前国际上通行趋势。针对当前学生作为高职教育质量主体的评价权脆弱的现状，学校转变质量评价视角，将学生作为“质量治理主体”，借鉴国外高等教育成熟理论和先进研究方法，建立了学生学习体验监测制度，设计了校本“学生学习成长体验调查问卷”，并开发了网上问卷调查及数据统计分析系统，围绕“学生学习参与、教育教学服务、学生学习收获”进行调查，以此为基础优化教学安排。

学校重视人才培养质量的第三方参与治理，引入第三方质量评价机构，围绕“毕业生就业质量、企业满意度、创业成效”评价年度人才培养结果性质量，形成学校

《社会需求与培养质量年度报告》，为学校进一步有针对性地调整、丰富深化教育教学改革措施提供了可靠依据。并对外发布学校《年度人才培养质量报告》，积极回应政府和社会公众问责。

7. 打造特色校园文化，以文化引领人才培养

“在一定意义上可以说，大学即文化。大学的教育教学过程，实质上是一个有目的、有计划的文化过程。所谓教书育人、管理育人、服务育人、环境育人，说到底都是文化育人。”[5]学校基于“人才培养的最高境界就是要营造一种文化”的教育自觉，充分挖掘百年纺织职教文化底蕴，建成了由“张謇职教思想陈列馆”“沈寿刺绣传习馆”“中国家纺艺术馆”和“南通色织土布技艺馆”四个特色分馆组成的集中国纺织工业发展史教育、研究、保护于一体的多功能展馆——文博馆，构建纺织服装职业教育的“场效应”模式，弘扬我国纺织服装“衣被天下”的优秀文化。

结合专业教育推进文化素质教育，通过“引企入校”建设生产性实训车间、企业驻校研发中心和教学工厂以及“企业家进校园”活动等推进校企文化对接；定期开展“大学生艺术节”“‘我的青春’优秀大学生成长报告会”“大学生科技文化节”“创业计划大赛”和“基础文明月活动”特色主题校园文化活动，培养学生诚实守信、崇尚科学、自主创业的思想观念；建设了形式多样的各类大学社团，培养学生自我教育、自我管理、自我发展的能力。特色校园文化的打造，使学生将知识内化为能力和素质，从知识教育和技能训练走向文化育人。

8. 推进内部治理结构改革，优化人才培养机制

“我们最主要的敌人是割裂，在社会中，我们失去了文化的内聚力和共识性，在大学内部，系科制的严重的职业主义和知识的分离。”[6]为从制度层面打破专业壁垒，促进专业融合，发挥专业群人才培养优势，提升专业支持产业发展能力，改变内部治理上部重、底部轻的问题，学校从专业群建设和课程体系重塑的角度出发，围绕“小行政、大教学”目标，实施“大部制”改革和“扁平化”建设，下放资源配置权，探索建立权责明晰、重心下移的校院两级管理模式，把二级学院应有的学术管理权力、行政管理权力下放，使其作为人才培养的主体能够根据专业群建设特点来吸引对口企业合作，优化资源配置，重点围绕人才培养模式、专业教学团队、课程教材、教学管理、质量评价、内部治理结构等影响专业发展的关键环节进行综合改革，成为充满活力、相对独立的校企共同体办学实体。

为推进校本特色的“基于社会生活过程”的公共基础课程改革，学校还整合了学生心理健康教育中心、创业教育与就业指导中心、公共艺术教育中心、公共外语教研室、大学语文教研室、体育与军事教育部、数学和计算机教研室，组建了素质教学部，实现素质教育课程化。

三、人才培养模式创新实践成效

在理论构建和实践验证相结合的基础上，学校“知行并进，学做合一”人才培养模式在专业层面，根据各专业群的人才培养特点和优势，探索出了各具专业群特色的有效实现形式，如现代纺织技术专业群的“五融合”人才培养模式、染整化工专业群的“三段递进式”人才培养模式、服装设计与工艺专业群的“3－4－3”人才培养模式、家居艺术设计专业群的“一线三平台”人才培养模式、建工技术与管理专业群的“双轨并进，两轮递进顶岗”人才培养模式、商贸服务专业群的“三段递进，学工交替”人才培养模式、航空机电维修专业群的“订单式”人才培养模式等，走出了一条接轨现代高职教育人才培养理论，适合我国国情的复合式、创新型技术技能人才培养之路。学校“‘知行并进，学做合一’人才培养模式的探索与实践”获得江苏省人民政府高等教育教学成果特等奖。

在近年来就业形势较为严峻的情况下，学生就业率和就业质量稳步提升，实现了学生增值。根据第三方调查数据显示：学校近三年毕业生毕业半年后的就业率均在96.6%以上，“受雇全职工作”的比例均在96.6%以上，工作与职业相关度均在65%以上，对母校的总体满意度均保持在96%以上，这些指标均高于全国同类高职院校。学生在全国职业院校技能大赛中取得5金1银的优异成绩。毕业生创业典型曾巧丽事迹入选《激情年华——江苏75位大学生创业纪实》。

学校数字化学习中心入选教育部、财政部“国家网络教育数字化学习资源中心”分中心；成为“中国纺织服装高技能人才培养基地”“江苏省高等教育人才培养模式创新实验基地”和“江苏省职业教育技能教学研究基地”；荣获“全国普通高校毕业生就业先进集体”“全国纺织行业技能人才培育突出贡献奖”“江苏省职业院校技能大赛先进单位”“江苏省教学工作先进高校”和“江苏省教育国际合作交流先进学校”等荣誉称号。

从2011年至今共接受荷兰萨克逊大学21名本科生来校在现代纺织技术专业学习，成为江苏省唯一一所接收欧美国家本科生学习的高职院校；在江苏省教育厅组织的“全面落实教育规划纲要”中央及省级媒体采访团活动中和“第二届新加坡—中国江苏高等职业教育合作论坛”上作了人才培养改革经验介绍，彰显了人才培养模式改革的辐射和推广价值。

参考文献

[1] 周洪宇，鲍成中．第三次工业革命与人才培养模式改革［J］．教育研究，2013（10）．
[2] 王瑞，刘雍，张淑洁．对我国纺织学科高等教育内涵及发展方向的思考［J］．纺织

教育，2012（2）.
[3] 卢丽华．职业环境变迁与高职课程改革［J］．职教论坛，2006（10）：7－10.
[4] 金卫东．着力机制体制创新 深化人才培养模式改革［J］．中国职业技术教育，2011（26）.
[5] 袁贵仁．加强大学文化研究 推进大学文化建设［J］．中国大学教学，2003（3）.
[6] 王英杰．美国高等教育改革与发展［M］．北京：人民教育出版社，1993：99.

校企合作下人才培养模式探索与反思——以江门职业技术学院染整技术专业为例

江门职业技术学院　林丽霞

关键词

校企合作　人才培养模式　染整技术专业

摘要

近几年，我国高职教育规模的快速扩张、办学理念的更新、办学模式的选择以及高职教育教学质量已成为教育专家、教育实践者、教育各级行政主管、家长、学生乃至全社会热切关注的焦点问题。

正文

江门职业技术学院从 2004 年建立染整技术专业以来，一直探索校企如何有机结合入手，进行人才培养模式的改革。产业的转变与招生规模的改变，校企之间的合作关系，迫使人才培养的模式与培养定位必须与之相适应，2004 年至今，染整专业先后经历了“2+1”“工学交替”和“三实四岗”三种模式。专业初建时，由于没有太多的经验，采用了“2+1”模式，经过实践后发现了工学之间几乎完全脱离，经过不断探索，由此产生了“工学交替”人才培养模式和“三实四岗”的人才培养模式。

一、“工学交替”人才培养模式的探索

“工学交替”人才培养模式的真正实施，需要多方的有效支持，最关键的是企业的鼎力支持。企业不只是要能提供理论与实践教学场地、设施设备、学生住宿条件等，更需要由校企共同开发一整套工学结合的课程体系、课程内容、管理办法、安全保障等[1]。

2007 年染整技术专业开展“工学交替”人才培养模式探索。将完成军训的染整技术专业 2007 级新生安排到企业中，开始了上午到车间实习，下午进行专业理论学习的“工学交替”方式。该模式主要具有以下特点。

1. 建立基于工作过程的教学课程体系

“工学交替”人才培养模式下课程设置完全基于工作过程，学生进车间岗位轮岗工作，了解生产每个步骤，由企业技术人员和教师讲授相应的技术课程，形成“面→线→点”的体系。

2. 建立校企共建校外生产性实训基地

染整技术专业与企业共建生产性实训基地。基地主要为教学与实训服务，实行“五个合一”，即教师与技师合一、学生与职员合一、理论与实践合一、课堂与车间合一、作业与产品合一。

3. 建设以企业技术骨干和专业教师搭配的“双师型”教师队伍

借助于“工学交替”平台，所有任课教师利用企业的平台提高自身能力，达到能上讲台，能进工厂，能搞科研，能出产品的要求；同时企业也利用专业教师的知识水平开展系统的企业员工培训，取得双赢。

4. 开发融合“工”与“学”的教学资源

“工学交替”引发了课程体系的重构，课程体系的重构引发了教学资料的新一轮开发。校企合作先后出版了《牛仔产品加工技术》《印染服装跟单实务》《牛仔产品加工300问》《牛仔产品艺术加工》和《印染实用英语》5本教材。

5. 由于校企双方有相关协议，企业为学生提供基本的生活费用，能解决部分经济有困难的学生生活问题。

染整技术专业“工学交替”的教学改革实践，让学生真正做到“学中有工”“工中有学”，理论指导实践，实践验证理论，循序渐进，螺旋上升。

二、“工学交替”人才培养模式的探索总结

半天工作实践、半天理论学习的“工学交替”是一种非常好的人才培养模式，它打破了很多界限，在实践中突出了真正的技能培训的力量。但是，这种模式也存在以下问题。

第一，受企业支持度的影响。“工学交替”的来源是企业主动要求探索合作的模式，但在实践过程中，由于企业管理人员的变动，对此合作模式逐渐产生分歧。如学生轮岗问题，企业因学生不断的轮岗而影响生产。企业为保障学生的安全，要求技术人员对学生进行管理，这无疑是增加了技术人员的工作量和责任。染整厂都是24小时不间断运作的企业，学生因为需要半天上班半天上课，这在生产安排上只能安排他们白天的工作，就意味着部分企业员工只能在晚上工作，影响员工的正常生活。最后，从企业的管理来说，因为在企业实习都是一年级学生，企业培训这种没有任何专业知识的学生与培养毕业生相比，要付出更大的努力；站在企业角度而言，他们的努力是一种社会责任，而从经营角度则认为是在做无用功。这是因为这些一年级学生完成实习后，无法在短期内就成为他们的员工；即使目前双方都感到满意，在未来两年也会产生很多选择的变化。企业内部的各种声

音无疑影响了企业的支持度。

第二，受学生的配合度影响。大部分学生在工学交替的模式当中，能融入企业当中，成为员工中的一名。但是在“工学交替”的模式中，学生完全置身于企业生活，空间距离阻挡了他们参与学校的社团活动的路，他们无法享受校园多姿多彩的生活，艰苦的企业生活粉碎了他们高中时代的大学生活的憧憬；另一方面，企业的生活环境与其他学习配套资源，无法与校园相比，让他们觉得自己被校方“遗弃”了。再者，在前半年的一线基层实习中，因为学生没有掌握扎实的专业知识，在工作上无法与技术人员相比，容易与一线工人作比较，感到考上了大学，工作也与工人无异。学校为此也做了很多努力，如送党课下厂、学院有各种大型活动（如运动会、艺术节等）都安排车接学生回校参加，但是这些对单调的企业生活而言就如杯水车薪，无法消除他们心里对校园的渴望。在工作中，当他们遇到问题与障碍时，他们会不自觉地将不满扩大，迁怒于厂方和校方，引起校企生三方之间的不愉快。

第三，受任课教师的配合度影响。“工学交替”模式，对教师而言是个挑战。2007 级染整技术专业招生共四个班，其中两个班为普通班，另外两个分别在两家企业进行“工学交替”。教师为“工学交替”班学生上课时，因为一切问题都直接来源于生产实际，因此教师的知识必须能解释学生在实际生产中遇到的各种状况，这要求教师除了熟悉理论知识外，还必须熟悉企业，熟悉生产工艺、熟悉设备。任课教师在此过程中得到充分的锻炼，也花费了大量的时间与精力。另外，由于教学是在两个企业，一家企业离校区 80 公里，另外一家离校区 100 公里。任课教师每周需要到两个企业轮流上课 2 ~ 3 天，另外 2 ~ 3 天则在校本部为在校生上课。下企业期间，教师与企业工人同吃同住，不能回家照顾家庭，同一门课程在校本部和企业的教学内容和方式都截然不同，这大大增加了任课老师的工作量。在“工学交替”人才培养模式实践的一年当中，任课教师在交通上花费了大量时间，承受着备课的压力和家庭的压力，都不堪重负。

第四，受校方的配合度影响。学院在新的人才培养模式上给予了最大的支持和配合。如学院书记、院长及各级学院管理部门主要领导都不断到企业探访学生，了解他们的情况，给他们提供支持与帮助，如企业的员工宿舍没有书桌，学校立刻安排将书桌送到企业；将党课送到企业；重要节日为学生送礼物（如中秋节学院专门派人送月饼到企业给学生）；学院举行活动都派车接送学生回校等。学院的付出获得了企业和学生的认可。但是，与常规的人才培养模式相比，“工学交替”模式也为学院带来了非常多的困难，如要协调相关教师到企业上课，支付教师每周的往返交通经费、学生活动的交通经费。由于工学交替的特点和受企业条件限制，学生在企业主要以专业技术课程为主，公共课程基本没有安排，如公共英语（企业无听力设施）和计算机课程（企业无计算机中心）等。这些课程只能安排在二年级，这无形中减少了学生每年两次考取相关等级证书的机会。工学交替的两个班在计算机等级与英语等级考证中，通过率明显低于在校班级，仅为在校班级通过率的75%和56%。教学上的矛盾引起了校内系部之间与学生的不满。

第五，其他因素影响。主要是企业经营上的影响。企业的经营受到诸多因素的影响，并非一帆风顺，当出现经营问题时，就会有管理层人事的变动，这种变动使得校企双方签订的协议难以维持，长期的僵持直接影响培养模式的落实效果。另外，当结束旧的合作关系建立新的合作关系时，就涉及学院购置的设备与新企业生产之间的配合度，设备的搬迁、安装与调试，新企业的技术力量等很多因素的影响。

“工学交替”模式在实践诸多的影响当中实践了一年，当中积攒了非常多成功与失败的经验，为染整技术专业人才培养模式提供了宝贵的财富，“工学交替”模式于2008年被教育部科技发展中心收录入《中国高校产学研合作优秀案例集》。从培养结果上来看，“工学交替”的确为学生打下了坚实的技术基础，2007级染整技术专业学生已经毕业4年，经过跟踪调查发现，“工学交替”班毕业生在染整技术行业工作人数是普通班的2倍，跳槽率是普通班的32%，企业评价经过工学交替的学生更吃苦耐劳、踏实。

三、“三实四岗”的人才培养模式探索

“三实”是指按照企业真实的生产流程，根据真实典型产品或任务项目的完成要求，依托校外实训基地，学生将自己经过论证的设计方案得以通过相关的生产设备或实验仪器，进行真实的具体实施和体现；“四岗”是指“习岗、轮岗、顶岗、定岗”。

第1学期：习岗，到企业进行认识实习。通过企业专家的专题讲座，参观工厂，了解行业动态和相关就业情况，了解将来从事的工作情况，对企业文化有初步认识。

第4学期：轮岗，1周轮岗实习通过校企合作开发课程，让学生到企业生产岗位上熟悉各生产操作过程（省级校外生产性基地，加深岗位知识和能力的学习，并掌握核心基础知识和部分核心能力）。

第5学期：顶岗，4周专业综合实训，综合技能训练与专业技能鉴定接轨，在校内实训基地完成相应的岗位训练并考取相应技能证书。加强学生专业技能训练，为走上岗位（定岗）打下扎实的基础。

第6学期：定岗，13周企业实习，完成毕业设计，预就业实习。学生以双身份进入企业，企业按员工标准管理和培养学生。实习期间，根据企业实际生产撰写毕业论文。培养相关的工作素养，能熟悉操作相关设备，能灵活运用所学知识解决实际问题提高知识运用的综合能力。

“三实四岗”的人才培养模式是在“工学交替”模式中的改进。模式的改变主要是要弥补工学交替模式中的不利影响，其变化主要如下。

（1）受到招生人数的影响，学生人数的减少使得任课教师的工作量减少，有充足的时间进行企业调研与教学方式探索，从人才的培养的能力与要求上比原来更高。虽然从方案上来讲，学生的实训和实习时间减少了，采用的精英式培养模式替代了原来撒网捕鱼式的

模式，更加强调岗位核心技术能力掌握。根据社会需求和学生的就业意向，人才方案严抓学生的仿色配色能力、面料鉴别能力与生产管理能力，通过多元化的培养模式，提高了学生参加技能竞赛的成绩，也提高了学生的实践操作能力。近三年学生获得全国仿色小样比赛的多个一等奖和优秀组织奖，获得全国面料检测大赛二、三等奖，广东省挑战杯大学生课外科技竞赛高职高专组特等奖等。学生的就业面也从原来单一的印染生产一线技术岗，发展到染化料助剂研发与销售、纺织品开发与检测、印染服装企业生产管理和服装买手等。模式的改变提高了专业办学的社会适用性，同时也提高了毕业生的就业质量，企业普遍反映学生的专业技能有所提升，在面对新的工艺和新设备上适应速度较快。

（2）“工学交替”校企合作单位改变。基于原合作单位的经营状况、合作配合度和距离等多方面原因，新的模式选择了离校区约 15 公里的企业，保留原省级生产性实训基地的特点，将由学院购置的设备安置于企业当中，由企业进行设备的一切运作，并配合校方进行教学与学生实习。近距离的合作有利于校企双方的沟通，半小时的车程距离也减少了校方和学生的交通经费支出，学生实习过程中也可以参加学院的各种活动，任课教师长距离两地奔忙上课，即使到企业任课也能正常照顾家庭。

（3）新的模式减轻了教学管理上的负担和生产安全保障上的风险。课程设置保证了等级考证课程的开展，确保了学生毕业的三证通过率；另外，由于各种保障制度的不完善，学生保险中的赔付并不包括学生实习的意外险，新生到企业实习，企业受各种政策影响无法为他们购置工伤保险，学生个人也不主动购买价格较高的商业保险，使安全保障出现长时间真空状态；新的模式针对短时间实习，要求学生购买以日为单位的商业保险，针对安排在第 6 学期的长时间实训，由于学生是以就业为目的的，因此，企业愿意为学生购买商业保险，减轻学生负担，为他们提供保障。

（4）新的模式更加强调以人为本的理念，强调可持续性的发展关系。在合作过程中除了强调企业的社会责任和强调学生的培养质量外，也兼顾到企业的发展和利益。首先校方的设备是无条件让企业使用，并协助企业完成企业员工培训；其次协助企业产品开发和申报名优产品；再次，校企双方就生产上的技术难点展开项目合作；最后，校企双方进一步增强信息上的交流，让双方所掌握的行业动态信息互动，为双方的发展和合作创造了一个更宽广的平台。

四、小结

在人才培养过程中，没有对或错的区分，只有合适和不合适的选择。江门职业技术学院染整技术专业在过去的十年不断探索专业发展之路，经历了多种人才培养模式的修改，其形式内容和安排上都发生了很大的变化，所不变的是一直走校企合作之路——强调培养学生实践能力，紧贴我国和地方的产业发展大势和企业发展需求，并借助校企渠道，让企业全方位参与人才培养工作，探索建立校企之间开放式的人才资源交流共享机制[2]，为共同培养具有鲜明区域特色的应用型人才、提高人才培养质量的路上不断践行。

参考文献

[1] 卢坤建，温和，郭剑英．“工学交替”人才培养模式的实践探索［J］，教育与职业，2008：58－59.

[2] 吕慈仙，郑孟状．服务型教育体系下高校招生就业联动模式的构建［J］．教育发展研究，2011（23）：52－56.

以技能竞赛推动高职院校专业建设——以江苏工程职业技术学院服装专业为例

江苏工程职业技术学院　魏振乾　朱建军

关键词

高职院校　技能竞赛　专业建设

摘要

作为评价人才培养质量的一种重要方式，技能竞赛对人才培养质量的提升起到积极的推动作用。高职院校应充分发挥技能竞赛的作用，推进专业建设，提升人才培养质量。江苏工程职业技术学院服装专业以技能竞赛为抓手，在专业建设方面进行了深入的探索和实践。本文以江苏工程职业技术学院服装专业为例，分析了如何发挥技能竞赛在专业建设中的作用，以期为同类高职院校提供经验借鉴。

正文

引言

《国家中长期教育改革和发展规划纲要》明确指出，职业教育要不断推进专业建设和教育教学改革，把"提高质量"作为重点。当前形势下，不断推进高职院校服装专业建设，提升人才培养质量，一方面是为了满足我国服装产业转型升级对专业人才的需求；另一方面也是实现学生和相关高职院校自身可持续发展的内在要求。高职院校专业建设是一项系统而复杂的工程，寻找恰当的着力点显得尤为重要。对于服装专业而言，以技能大赛为切入点，充分发挥其在专业建设中的积极作用是提升高职院校人才培养质量，实现人才培养目标的有效途径。

一、高职院校参与服装技能竞赛的现状

相对于其他专业，高职院校服装专业有更多的机会参与技能竞赛。目前，适合高职院

校服装专业参与的技能竞赛主要有两大类：一类是不限制参赛对象的各类服装技能大赛，如“真维斯”杯休闲装设计大赛、“常熟服装城”杯服装设计大赛等；另一类是由各级教育主管部门、行业协会和高职院校自身举办的专门针对高职院校服装专业的技能竞赛，如教育部、中国纺织服装教育学会等部门主办的全国高职院校服装设计与制作技能大赛等。

对于这些种类繁多的技能竞赛，各高职院校通常都会结合自身专业的实际情况有选择性地参加，展示了高职服装专业教育不俗的实力。由于多数技能竞赛的参赛对象和范围存在较大差异，无法用统一的标准进行衡量，本文以在全国影响较大的、由中国纺织服装教育学会每年主办的“全国高职高专院校学生服装制板与工艺技能大赛”为例来考查高职院校参与服装技能竞赛的状况。这种由行业学会主办，面向高职院校的技能竞赛能在较大程度上检验各高职院校的专业办学水平，已经成为高职院校人才培养质量评价的一种重要参照。从该赛项近三年的情况来看，高职院校的参与情况主要呈现如下特点：每届大赛的参赛院校数量都在25所左右，参赛人数在100人左右；参赛院校多集中在江苏、浙江、广东等服装产业相对发达的省份；取得较好成绩的院校绝大多数都是较早开展教学改革、对技能竞赛比较重视的院校，同时，这些院校发挥相对稳定，能在历届比赛中保持优势，如江苏工程职业技术学院（原南通纺织职业技术学院）、浙江纺织服装学院、杭州职业技术学院等；坚持参与技能竞赛的院校成绩都有明显提升，如嘉兴职业技术学院、成都纺织高等专科学校等。

基于以上现状，我们可以得出明确而肯定的结论：服装技能竞赛和专业建设水平之间存在着紧密的内在联系。一方面，专业建设水平高有助于学生在技能竞赛中取得优异的成绩；另一方面，也是我们应当更加引起重视的，技能竞赛是推动高职院校专业建设的有效途径。江苏工程职业技术学院（以下简称江苏工院）服装专业以技能竞赛为抓手深入推进专业建设取得了显著的成果，本文以该专业近年来的探索和实践为例分析如何以技能竞赛推动专业建设。

二、江苏工程职业技术学院以技能竞赛推动服装专业建设

江苏工程职业技术学院服装专业是国家示范性重点建设专业，专业建设在全国同类院校中处于领先水平。近三年，该专业共组织20名学生参加教育部和中国纺织服装教育学会主办的全国性技能竞赛，获一等奖13项，二等奖6项，三等奖1项，2名学生获得“全国纺织服装院校学生职业技能标兵”称号，3次获“团体一等奖”，竞赛成绩在全国高职院校中处于绝对领先地位。该专业正是以技能竞赛为切入点，深入开展教学改革，提升师资团队和实训基地的建设水平，实现了专业建设和技能竞赛的双丰收。

1. 高度重视技能竞赛在专业建设中的作用

早在国家示范性建设之前，江苏工程职业技术学院服装专业就已经认识到技能竞赛的重要性，将参与技能大赛作为该专业人才培养模式的重要内容之一。该专业所实施的

"3－4－3"工学结合人才培养模式的具体内容为：借助3个平台（前店——以时尚空间为主体；中校——以理实一体化教室和师生工作室为主体；后厂——以工业化生产车间为主体），通过完成4组典型任务（单件产品设计、服装比赛任务、系列产品开发和创业方案企划），实现3种职业能力（通用职业能力、创新能力与创业能力）的培养。通过该人才培养模式，我们可以看到，参加服装大赛是该专业人才培养的重要环节，每位学生在校期间都参加某种形式的技能竞赛。将技能竞赛写入人才培养模式是对高职院校服装专业人才培养的理念创新，同时也为发挥技能竞赛在人才培养中的作用提供了制度和机制方面的保障。

除了将技能竞赛作为人才培养模式的重要内容，江苏工程职业技术学院服装专业在技能竞赛的组织和支持方面也予以充分重视。针对每次技能竞赛的特点，江苏工程职业技术学院服装设计学院都会成立技能竞赛领导小组，组建竞赛教练团队，制订详细的竞赛指导和训练计划。同时，江苏工程职业技术学院每年都有充足的经费预算用于学生和教师参与技能竞赛，为技能竞赛的开展提供了资金保障。

2. 借助技能竞赛提升师资团队水平

完成高职院校专业建设和教学改革的各项任务，关键在于有一支能胜任这些任务的师资队伍[1]。提升高职院校师资队伍的水平可以通过多种渠道来实现，江苏工程职业技术学院服装专业的实践证明，通过本人或指导学生参与技能竞赛是提升师资水平的一项切实有效的措施。

高职院校教师除了需具备扎实的专业理论，还必须有丰富的实践经验。而绝大多数专任教师都是从高校一毕业就直接进入职业院校当老师，缺乏实践操作的经验，是众多高职院校的师资都面临的问题。针对这一问题，江苏工程职业技术学院服装专业一方面通过"教师企业实践"丰富专任教师的实践经验；另一方面，由于绝大多数服装技能竞赛都是依据最新行业和职业标准来设置比赛项目，是对服装行业生产实践的直接反映，该专业紧紧抓住每次技能竞赛的机会提升教师的实践操作水平。具体的做法是：首先从学校的层面制订技能竞赛获奖教师的奖励制度，根据不同的获奖等级予以优厚的教研积分奖励，将各类评优活动与技能大赛挂钩，充分调动教师参与技能竞赛的积极性；对于参赛学生的指导教师，通过"教师技能比武"的方式进行选拔，教师要指导学生就必须通过各种方式首先提高自身的水平；尽可能让更多的教师参与竞赛或指导学生参加比赛，对于参赛的学生，能安排两个指导老师的就绝不会只安排一名指导教师；安排企业一线实践专家与专任教师一起指导学生参与技能竞赛。

通过这样一系列措施，江苏工程职业技术学院服装专业教师通过自己参加或指导学生参加各类技能大赛了解了服装行业的最新动态，增强了专业实践能力，整体素质大幅提升。在技能竞赛中获取的有益经验还辐射到教学改革和课程建设的各个领域，在诸多方面都取得了丰硕的成果。近年来，几乎所有的专任教师都在全国性技能竞赛中有获奖记录，在指导学生参加江苏省优秀毕业论文评选及教学成果奖申报等方面也表现出色。除了专任教师的整体水平在技能竞赛中得到提升，通过技能竞赛还加强了与企业的联系，一大批企业能工巧匠和实践专家也加入到专业兼职教师队伍中来，形成了“专兼结合”的“双师”素质教学团队。

3. 以技能竞赛推动课程改革

课程建设是高职内涵建设的核心，目前这一观点已获得了普遍认可[2]。课程建设就是不断深入推进课程改革的过程。自国家示范性建设以来，江苏工程职业技术学院服装专业的课程改革是按照“基于工作过程”的课程开发理念来进行专业课程的开发，采用“工作过程六步法”来进行课程实施，让学生在学习中体验完整的工作过程。而多数技能竞赛的比赛项目都是要求参赛选手在规定时间内完成一个指定工作任务。江苏工程职业技术学院服装专业抓住技能竞赛比赛项目的这一特点，将技能竞赛融入课程改革，有效推进了专业课程改革。

江苏工程职业技术学院服装专业以技能竞赛推动课程的探索与实践可以概括为“以赛促学、以赛促改、以点带面”。“以赛促学”主要是从学生的角度来看待技能竞赛对学生学习的促进作用。首先，对于每次技能竞赛，服装设计学院都会通过至少3轮的选拔来确定最终的参赛选手，从而提高学生学习的积极性和主动性。第一轮是班级内部的选拔，选出参加学院层面选拔的学生；第二轮是学院的差额选拔（例如一次比赛有5个名额的限制，第二轮选拔至少要选出10名学生），选出的学生可以参加赛前集训；第三轮是正式比赛前的选拔，从参加集训的学生中选出最终的参赛选手。这种层层选拔的方式至少有两方面的好处：一是让更多的学生感受技能竞赛的氛围，也让更多的学生有机会参加集训，从而修正了技能竞赛“会导致精英化教育”的倾向；二是差额选拔无形中给学生施加了压力，有利于强化训练的效果。其次，学生在参加技能竞赛的过程中都是按照竞赛项目的要求完成完整的工作过程，经过集训，他们都具备了较强的独立完成工作任务的能力。“以赛促改”主要是从教师的角度来理解技能竞赛对教师课程实施的促进作用。教师指导学生参加赛前训练的过程其实也是教师自身不断学习和提升的过程。教师通过指导学生完成竞赛项目所设置的工作任务，逐渐熟练掌握了如何确立学生在学习中的主体地位，以及如何指导学生完成完整的工作过程。这些经验最终在课堂上体现为课程实施环节的变革。同时，通过把“技能竞赛评委的背景多样性”移植到专业课程的教学评价中来，江苏工程职业技术学院服装专业目前已初步形成了由学生、教师、企业、市场等多方参与的课程评价体系。“以点带面”主要体现在：参加过技能竞赛训练的学生通常都具备了较强的实践操作能力和自主学习能力，这些学生回到课堂中时就是班上的一个个“点”，通过实施分组教学，这些“点”在小组中能起到帮带作用，发挥榜样的力量，从而提升整个小组的学习效果，各个小组汇聚成班级这样一个“面”，最终实现良好学风的形成和整体教学质量的提高。

4. 以技能竞赛推动实训基地建设

由于技能大赛是按企业生产一线的最新装备确定比赛设备，各参赛学校必须按大赛选定设备组织训练，因此，技能大赛已成为职业教育实训基地建设的风向标[3]。江苏工程职业技术学院服装专业紧紧抓住每一次参加和承办全国性服装技能竞赛的机会，通过自筹资金和接受企业捐赠等方式不断提升校内实训基地的建设水平。目前，该专业已经建成了能够满足服装设计、服装制板与工艺、服装营销与管理等专业实训的、开放共享的“前店（以时尚空间为主体）—中校（以理实一体化教室、服装设计中心、师生工作室为主体）—后厂（以工业化实训工厂为主体）”校内实训体系。

技能竞赛对该专业校外实训基地建设同样起到积极的推动作用。通过从企业聘请技能指导老师，企业对技能竞赛冠名，聘请企业实践专家作为技能竞赛评委，企业来学校参加技能竞赛观摩等多种方式，该专业扩大了与企业交往的范围，加强了跟企业的联系，从而建设了一批紧密型的校外实训基地，为学生的校外实训提供了保障。

5. 以技能竞赛增强专业的辐射能力

不断增强专业在全国同类院校中的影响力和示范作用，发挥专业在建立现代职教体系中的能动作用是高职院校专业建设的重要内容。江苏工程职业技术学院服装专业近年来在全国性技能竞赛中的优异表现在为学校赢得荣誉的同时也在全国同类院校中引起强烈的反响。2012 年和 2013 年，该专业连续两年成功承办了江苏省和全国高职院校服装设计、服装制板与工艺技能比赛；并于 2013 年承办江苏省中等职业学校“服装设计专业带头人高级研修”培训和全国“服装类专业”高职骨干教师培训班（国培项目 10121123）。同时，该专业还充分发挥其在区域内的影响力，分别与如皋第一中等专业学校、江苏省涟水县职业技术教育中心、江苏省通州中等专业学校等中职学校及南通大学共建了“江苏省现代职教体系建设试点”。

三、结束语

参与技能竞赛是推动高职院校专业建设的有效途径。高职服装专业一定要充分利用服装类技能大赛数量多的先天性优势，对技能大赛给专业建设带来的推动作用予以高度重视，从师资队伍建设、课程改革、实训基地建设及社会辐射能力提升等方面发挥技能大赛的促进作用，提升人才培养质量，为区域服装产业的转型升级贡献力量。

参考文献

[1] 叶鹏．示范性高职师资队伍建设中的问题及对策［J］．职教论坛，2011，(20).
[2] 徐国庆．当前高职课程改革中的困境与对策［J］．江苏高教，2008，(4).
[3] 陈兆芳．对职业院校技能大赛的理性思考［J］．职教论坛，2011，(7).

“自我引导教育”在高职机织物设计课程教学改革中的应用

盐城工业职业技术学院　王慧玲　周彬　刘华

关键词

自我引导教育　教学模式　高职　课程改革

摘要

自我引导教育的观念是当前国际上比较流行的教育理念，本文在深入分析自我引导教育的内涵之后，尝试将其应用在专业课“机织物设计”的教学上，通过研究与实践发现“自我引导教育”教学模式的运用能够充分激发学生的创新思维，提高课堂学习效率，而且有助于学生职业能力的培养。

正文

如何激发高职高专学生的创造力、好奇心以及想象力是当代教育应当深入思考的问题。英国纽卡斯尔大学的一名教育技术学教授苏伽特·米特拉，通过“微创教育”的实验，提出自我引导教育的观念[1]。自我引导教育新技术的能力是21世纪需要铺设的高速公路之一[2]。自我教育对发挥学生主体性作用，培养学生的创新性思维都有着极其重要的意义[3]。

一、基于自我引导教育技术的教学模式

为培养高素质劳动者和技术技能人才，我们课程团队在纺织品设计专业的核心课程机织物设计教学中实施了全新的“自我引导教育”教学模式。在课程实施的过程中，为了方便学生进行“自我引导”，课程团队教师从学生的角度出发，依据教学目标、教学内容，结合高职高专学生的学情，精心编撰了一本适合学生使用的“自我引导”学案，精心构建项目/任务。项目/任务的设置体现科学性、真实性、岗位性，适合学生自我学习，在整个“自我引导”学案的设计中注意层次和梯度，循循善诱，能力逐步提升[4]。“自我引导”

学案中教学项目与任务的确定是基于对企业调研结果的分析与总结，部分来源于校企合作开发的项目。“自我引导”学案项目/任务的设置内容见表1。

表1　机织物设计“自我引导”学案项目/任务内容设置

项目	任务
项目一　认识与分析机织物	任务一　认识机织物 任务二　分析细平布 任务三　分析牛仔布 任务四　分析色织物
项目二　简单单层织物的设计与试织	任务一　经典牛仔织物的设计与试织 任务二　色织府绸的设计与试织 任务三　直贡缎的设计与试织
项目三　复杂单层织物的设计与试织	任务一　配色模纹织物的设计与试织 任务二　格子花呢的设计与仿制 任务三　条格织物的创新设计与试织 任务四　小花纹织物的设计与试织
项目四 双面异色织物的设计与试织	任务一　管状织物设计与应用 任务二　表里接结织物设计及其应用 任务三　双面异色织物的设计与试制
项目五 新产品设计与试织	任务一　特殊风格织物设计与试织 任务二　特殊功能织物设计与试织

“自我引导”学案是“自我引导教育”教学模式下，对教学过程中教学资料的创新，“自我引导”学案设计的核心之一是学法指导，注重学生终身学习能力的培养，学生可以借助“自我引导”学案做好课前准备。在课堂上为营造真实的职业情境，依托学院创业园给予无偿使用的悦达家纺有限公司共建的家纺设计中心，成立产品设计工作室，内联学生，外接企业，实境让学生身临其境，扮演市场调研、面料分析检测、设计生产等角色，学生通过阅读学案，在与小组同学探讨以及老师的指导下，基本能够完成各项真实的任务，从而增强自信心，激发兴趣，调动主动性[4]，实现“自我引导式教育”。“自我引导”学案中还设有课外拓展的空间，学生可以根据自身的具体情况，进行相关技能的拓展训练与能力提升，机织物设计课程的“自我引导”特色学案内容构成如图1所示。

“自我引导教育”充分体现学生主体、教师主导的教学原则，可有效激发学生的学习

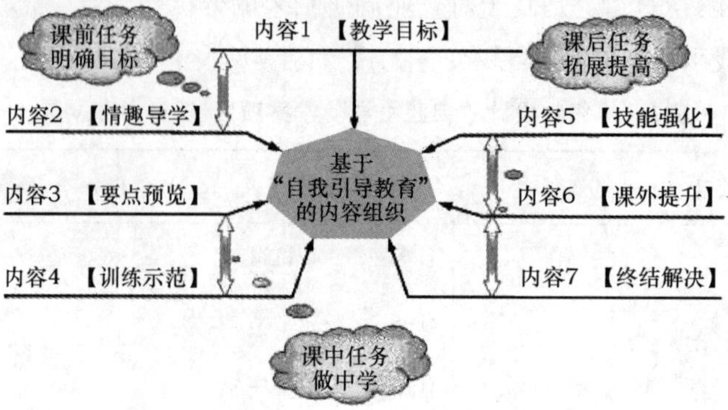

图1 机织物设计课程“自我引导”特色学案的内容构成

兴趣，增强学生自主学习的意识，提高学生的学习效率。

二、教学方法

机织物设计教学活动中，学生被分成小组，将工作过程拆分成相应的学习活动，从各种不同种类面料的分析到简单织物设计与试识，到呢类织物设计与试织，再到提花织物设计与试织，最后到功能性织物设计与试织，层层推进，逐步提高。学生在“自我引导”学案的帮助下，与小组同学密切配合，即能完成布置的工作任务，从而主体作用得以增强。

“自我引导教育”模式的教学实施过程如图2所示。

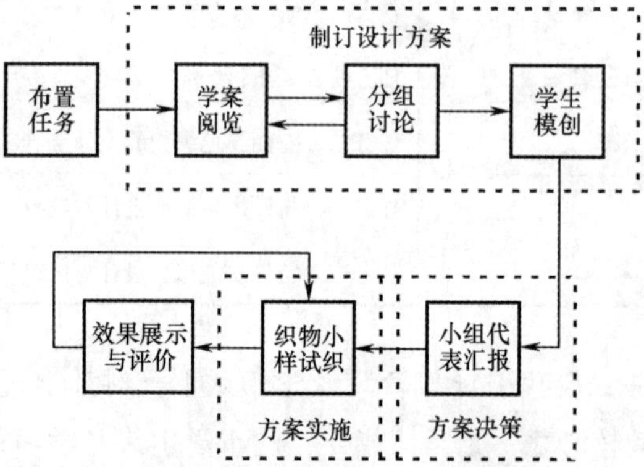

图2 “自我引导教育”模式的教学实施

“自我引导教育”的教学模式适宜在一体化教室中实施，一体化教室的设施包括桌椅、投影仪、电脑以及打样机和作品展示栏。课堂上首先由教师进行任务布置，学生通过阅读“自我引导”学案与小组讨论，在教师的指导下制订设计方案，利用纺织CAD软件做出织物仿真模拟的效果图，设计方案制订好之后，每个小组派代表以PPT的形式进行设计效果的展示与汇报，接受同学与老师的评价意见，进行方案的整改与完善，学案里面有很多设计实例与大量的图片，学生在接受了老师布置的任务之后，通过阅读学案就能够找到合适的解决问题的方法，这样有助于提升他们的自信心，也有助于更好地实践“自我引导教育"。接着是方案实施环节，学生分组进行织物小样的试织，最后进行作品效果的展示与评价，学生根据来自各方面的评价，进行设计作品的改进与完善。

三、基于自我引导教育技术的教学模式评价体系建立

在对学生的学习效果进行评价时，摒弃了传统的、只采取终结性评价的做法，而是将过程评价融入进来，根据学生在完成任务过程中的表现给予一定的分值。同时摒弃了传统的分数高低全部由教师来定的做法，将学生的意见融入进来，实现自我评价。"自我引导教育"评价体系的建立，应当包括四个方面的评价，即学生自评、组间同学互评、校内专职教师评价、企业兼职教师评价。在课堂上实施项目任务的过程中，提供给学生相关的评价表格，用于自评与组间互评，在教师的指导下完成相关项目的评价，这些表格的完成情况也将纳入最终的考核成绩，学生参与到对设计作品的评价过程中来，充分地锻炼了其自主判断问题、分析问题原因以及解决问题的能力。

四、成效

原课程的教学中，教师的主体作用更加明显，学生似乎只是听众。所有的教学资料也都是从教师的角度来制作，学生在课堂上的主观能动性受到了一定程度的限制，谁的能力强，谁的能力弱只能依靠教师的主观感觉来鉴别。课程采用"自我引导教育"的理念重新制作教学资料，组织教学后，教师的作用由主体变为主导，学生学习的积极性与主动性都得到了很大程度的提升，课堂上学生表现得很活跃，能够积极配合并完成老师布置的任务，就连平时上课不专心的男同学也能够在新的教学环境中积极表现，发挥自己在团队中的作用。学生在学习这门课程之后，制作了很多具有创新性的作品，有的作品已经形成了专利成果。

接受过"自我引导教育"的学生，其动手能力与创新能力都在不断地提升，在连续几届的全国高职高专学生面料设计大赛与面料检测大赛中，我们的学生多次获奖，我们的团队也多次获得"团体一等奖"。毕业生在工作中的表现同样受到了单位领导的肯定。

现在由于教师、学生社会服务能力的提高，校企合作愈发深入，每年都有多项校企合作项目开展。当然，"自我引导教育"的教学模式还存在一些不够完善的地方，例如学案的内容要与时俱进，不断更新与充实，相关课程的教学网站也需要不断建设等，这也是我们今后努力的方向。

参考文献

[1] Mozzon – McPherson, M. (2007). Supporting independent learning environments: An analysis of structures and roles of language learning advisers. System, 35, 66 – 92.

[2] Bolhuis, S. (2003). Towards process – oriented teaching for self – directed lifelong

learning: a multidimensional perspective. Learning and Instruction, 13, 327 - 348.
[3] 毕明生. 引导学生进行自我教育 [J]. 中国职业技术教育, 2013, (7): 25.
[4] 刘华, 王曙东. “学案导学”在高职教学中的应用 [J]. 中国职业技术教育, 2011, (2): 9 - 11.

关于纺织类课程信息化建设几个问题的探讨

成都纺织高等专科学校　梁平　胡颖梅

关键词

高职教育　课程建设　课程信息化　顶层设计

摘要

本文分析了当前课程改革信息化实施过程中出现的问题，指出在建设中必须把握好课程服务的目标人群定位与课程信息化建设所应达成的效果与目标定位，并根据相应类别的学习者学习需求与网络学习的特点，以及现代职业教育所倡导的行动导向教学需求，充分利用数字信息技术的优势和校企合作系统的平台进行课程信息化建设的规划与顶层设计。

正文

信息时代互联网技术对教育的影响极其深远，2003 年教育部启动精品课程建设，鼓励课程网上开放，2012 年启动精品资源共享课建设，近两年又开始推广微课大赛与信息化教学设计比赛等，上述这些措施旨在促进教育教学观念转变，引领教学内容和教学方法改革，推动高等学校优质课程教学资源通过现代信息技术手段共建共享，提高人才培养质量，服务学习型社会建设。目前，“慕课（MOOC）”“数字微课”“翻转课堂”“校园APP”“碎片化学习”等关于课程信息化教学的新概念层出不穷，如何在当前纷杂的信息化教学手段与方法中找到高职院校纺织类课程信息化建设的切入点，更好地进行课程信息化建设的顶层设计，有必要对以下几个问题进行分析与探讨。

一、课程信息化建设中存在的主要问题

目前，在职业教育领域，大家都比较重视数字信息技术在课程教学中的应用，但在具体实施过程中仍存在一些问题。

（1）有一些教师认为在教学中利用投影设备使用电子文稿（PPT），适当插入一些现场视频、动画、图片等数字资源，课后布置一些需要在网上搜索资料的作业等数字化手段就是课程教学信息化。固然这些手段的采用在提高课程教学效果，丰富教学信息等方面起

到了传统教学所不能达到的学习效果，但这只是浅层次、最基础的信息化应用已不适应职业教育广泛应用行动导向教学模式，强调提高学生创新能力与综合素质，强调校企合作专业教学资源共建共享服务社会的形势要求。

（2）一些学校虽然建立了课程网站，但只是各种资源的简单陈列，没有学习进程控制、没有自动测评、缺乏网上讨论与交流等，特别是所谓教学视频，基本上是传统教学的翻版，而且时间长、体量大，根本不符合在网上随时随地都能高效学习的要求。可以说当年的“精品课程”建设，成为一些学校政绩工程自娱自乐的产物，根本没有考虑学习者利用网络学习的感受与学习效率。

（3）2012 年教育部开始启动精品资源共享课的建设，这次精品资源共享课的相关要求也努力向满足学习者网络学习的需求靠近，在课程资源组织、课程学习进度控制、学习效度测评、教师与学习者交流互动等方面都有不少特色与亮点。但在实施过程中仍有一些课程继续沿袭前期“精品课程”建设的思路与观念，如存在课程视频没有真正按学习者网络学习特点与需求进行精心设计与制作，学习进程控制简单粗糙，习题库与自测系统量少简单，课程网站缺乏持续的维护与更新，交流讨论流于形式等问题。

（4）在课程信息化建设中不重视校企合作闭门造车，同时也缺乏有效的对外宣传，特别是一些专业课程的网站，校外学习者真实访问量很低，没有起到服务社会资源共享的作用。

出现上述问题的主要原因是：第一，没有把课程信息化建设真正当作一个系统工程来做，缺乏系统的前期调研与论证，没有系统的规划与顶层设计；第二，在课程信息化建设中，对所建设课程面向的学习者定位不明确，对不同类别学习者（如在校生、一般社会学习者、业余学历学习者等）缺乏学习需求分析与网络学习的特点分析；第三，对课程信息化建设所应达成的效果与目标定位不清晰，造成课程网站实用性不强，性价比不高。

二、课程信息化建设中的定位

课程信息化建设是一项需要一定的人力与物力投入的系统工程，为了使这项工作达到最佳的投入与产出，真正起到服务学生、服务社会、资源共享的作用，在建设中首先应该解决好定位问题。课程信息化建设中的定位应从两个方面着手：第一，确定课程实施信息化建设之后所面对的目标人群即市场；第二，确定实施课程信息化建设所应达成的效果与目标定位。

一般来说，不同类型的学校、不同类型的课程所面对的目标人群是有差异的，只要明确了课程服务的目标人群定位，你就能有针对性地对相应类别的学习者进行学习需求与网络学习的特点分析，就能确定课程信息化建设所应达成的效果与目标定位。清晰定位是课程信息化建设中进行顶层设计，有针对性地制作组织各类课程资源，设计相应的表现形式与学习模式，有效支持现场教学的基础。

以高职院校纺织专业核心课程的信息化建设为例。纺织专业核心课程经过信息化建设，应成为面向社会开放、资源共享，能通过在校或网络满足不同类型的学习者学习需求的课程。其目标人群定位、学习需求与网络学习特点、达成的效果与目标定位见表1。

表1　高职院校纺织专业核心课程信息化建设举例

目标人群定位	学习（工作）需求	网络学习特点	达成的效果与目标定位
在校学生	掌握专业核心技能（包括理论、操作、设计等能力）	上网时间较充裕 喜欢用手机、电脑、iPad进行在线交流和搜寻网络资源 网络学习专注力不强	有效提高现场教学的学习效果 提高自主学习能力 拓展专业知识 随时测评学习效果 提高个人综合素质
企业技术人员（也包括其他社会人员）	职业资格培训学习 了解专业发展动态 学习与岗位相关的专业知识与技能 咨询专业问题	上网时间有限 网络学习目的性专注力强 强调专业知识的实用性 课程资源查询快捷方便	拓展专业知识 提高专业技术水平 获得问题解决方案
业余学历学习者（主要是本行业人员）	掌握专业核心技能（主要偏重理论知识与设计等能力） 课程考核辅导	上网时间有限 网络学习目的性专注力强 强调专业知识的实用性 要求知识单元精短	有效获取专业知识 随时测评学习效果 顺利通过课程考核
教师	学习借鉴课程信息化建设与信息化教学经验 与学习者交流探讨、答疑咨询 考察学生学习效果 维护更新课程资源 发布学习任务或项目	有一定上网时间 网络学习目的性专注力强 强调课程网站操作快捷方便	配合行动导向教学，提高现场教学效果 有效掌握学生学习进程情况与学习效果

三、课程信息化建设的规划与顶层设计

课程信息化建设的规划与顶层设计是非常重要的一个环节，其基础就是上述两个定位的确定与明晰。课程信息化建设是一项系统工程，不是一朝一夕就建成的，需要一定时间的积累，逐步有序地建设。在课程信息化建设的规划与顶层设计中应注意以下问题。

（1）应针对不同的目标人群设计不同的学习或工作（针对任课教师）平台，各平台展现的资源应有相同的公共资源进行共享，教师的工作平台应做特别的设计，方便控制与操作，权限也最大。各平台建设应循序渐进在规划中应分阶段建设。

（2）专业核心课程信息化建设的规划与顶层设计要注重校企合作，充分听取企业人员

的学习需求，课程资源跟进行业发展脉络，同时也可获取真实的生产工艺案例与实战项目设计。

（3）面向在校学生与面向企业或社会人员的知识性讲授视频应有所区别，面向学生的视频应主要围绕相对独立的知识单元中的教学点进行设计制作。同时特别注意在视频设计制作时要理清这些视频的内容与现场教学的关系及侧重点，根据课程标准与授课计划的教学方法安排，是现场教学引导，还是课下自学，还是准备在“翻转课堂”应用等，都需要全盘考虑与规划。面向企业或社会人员的视频主要采用讲座的形式展现技术要点、设计技巧、发展趋势等内容。讲授视频应充分利用现代数字与多媒体技术，以使视频生动、易懂、信息含金量高，时间不宜过长，要充分考虑网络学习的特点与要求。

（4）课程信息化建设应注重团队合作，团队人员除课任教师还应包括行业企业人员、网站与媒体制作人员，课任教师应针对授课与学习管理、网上讨论与答疑、网站资源维护与更新等工作合理分工共同协助。

（5）规划中要有课程推广计划，将课程推向社会，真正起到服务社会、资源共享的作用。详见表2。

表2　纺织专业核心课程的课程网站构架设想及主要内容

<table>
<tr><th>平台</th><th>主要栏目</th><th>备注</th></tr>
<tr><td rowspan="10">首页
（同时也是面向企业技术人员及其他所有学习者开放的公共资源平台。另外在首页上应有在校学生与教师登录窗口）</td><td>课程简介
师资队伍
实训基地</td><td>主要展示课程的教学条件资源</td></tr>
<tr><td>技术资源</td><td>主要包括行业动态、行业标准、最新设备与工艺、产品资源库等</td></tr>
<tr><td>技术论坛</td><td>用于互动交流的论坛</td></tr>
<tr><td>专家讲坛</td><td>知名专家报告、技术专家讲座等电子资源</td></tr>
<tr><td>职业资格培训</td><td></td></tr>
<tr><td>专业知识检索</td><td></td></tr>
<tr><td>常见生产问题</td><td></td></tr>
<tr><td>校企合作项目</td><td></td></tr>
<tr><td>继续教育</td><td>课程继续教育概况，同时也是业余学历学习者进入相应平台的注册登录的入口</td></tr>
<tr><td rowspan="6">在校学生学习平台</td><td>课程学习指南</td><td></td></tr>
<tr><td>课程概要</td><td>课程标准、学习考核要求、学习计划安排、参考资料等</td></tr>
<tr><td>课程学习</td><td>以每个知识单元为核心，组织相关的学习资源［如PPT、讲授视频（微课）、生产视频、动画、图片等］，作业系统、阶段自测系统、实验实训指导资料、项目设计、单元学习安排等，同时要求具有控制学习进程的功能</td></tr>
<tr><td>学习论坛</td><td>师生交流平台</td></tr>
<tr><td>产品工艺设计案例库</td><td></td></tr>
<tr><td>消息发布窗口</td><td>作业布置、讨论发起、项目公布等</td></tr>
</table>

续表

平台	主要栏目	备注
教师管理平台	网站资源管理模块	
	学生作业系统批阅与统计	
	学生自测系统批阅与统计	
	论坛与消息发布管理	
	教学班级与学习进程管理模块	
业余学历学习者学习平台	根据需要后续开发、基本栏目与在校学生相近，但相关学习资源与学习管理应有区别	

综上所述，课程信息化建设是一项系统工程，在建设中必须把握好课程服务的目标人群定位与课程信息化建设所应达成的效果与目标定位，并根据相应类别的学习者学习需求与网络学习的特点，以及现代职业教育所倡导的行动导向教学需求，充分利用数字信息技术的优势，校企合作系统的平台进行课程信息化建设的规划与顶层设计，使所建课程真正起到服务学生、服务社会、资源共享的作用。

参考文献

[1] 祝智庭. 现代教育技术——走向信息化教育 [M]. 北京：教育科学出版社，2002.

基于区域产业集群的现代纺织专业群建设的研究与实践

盐城工业职业技术学院　王前文　刘华

关键词

产业集群　现代纺织　专业群　人才培养

摘要

专业群建设已成为高职院校实现规模、结构、质量、效益协调发展的重要途径。本文提出了构建基于区域产业集群的现代纺织专业群，探索和实践了校企合作运行机制，创新人才培养模式，创建专业群课程体系、实训体系和多方共享的教学资源库，打造“双师型”教学团队并构建科学系统的质量保障体系，形成纺织专业集群优势，进一步推动专业内涵建设。

正文

教育部16号文件明确提出：“要根据市场需求与专业设置情况，建立以重点专业为龙头、相关专业为支撑的专业群，辐射服务面向的区域、行业、企业和农村，增强学生的就业能力。”[1]随着高职教育的蓬勃发展，专业群建设成为高职院校能否快速实现规模、结构、质量、效益协调发展的重要途径。据此，我院纺织工程系结合江苏省示范高职院校建设工作，加强人才培养的内涵建设，按照“社会急需、服务行业、优势突出、特色鲜明”的原则，坚持服务于纺织及其相关专业，瞄准纺织等相关产业人才需求，根据区域产业集群、行业基础或行业背景、专业基础和课程内容及实验实训设施基础上的共同性，构建了现代纺织专业群。

一、基于区域产业集群，以现代纺织技术和纺织品检验与贸易专业为核心，协同染整技术、针织技术与针织服装、纺织品设计构建现代纺织专业群

首先，坚持依托盐城、无锡棉纺、吴江长丝织造、南通家纺、张家港毛纺、射阳纺机

等产业集群，立足岗位群，融合纺织品印染和针织技术及其服装加工等相关产业的前提下构建专业群。其次，构成现代纺织专业群的专业是依托纺织品生产加工中涉及的相近技术领域和相同专业类别设置形成的，有共同的行业基础或行业背景。再次，专业群内五个专业由于面对纺织行业中大致相近的职业，有相当一部分共同的理论、技能要求，反映在课程上就是有公共的基础课程和专业群平台课程。最后，专业群中五个专业，面向纺织印染企业中的岗位链，能够在同一个实训体系中完成基本的实践性教学，能够实现实训教学资源的共享。我院现代纺织技术专业现为江苏省高校特色专业，纺织品检验与贸易已被列为中央财政支持重点建设专业。专业群构建中突出现代纺织技术和纺织品检验与贸易专业方面的优势特色，构建如表 1 所示的现代纺织专业群。

表 1　现代纺织专业群专业构成与对应技术领域

专业群名称	专业构成	对应技术领域
现代纺织专业群	现代纺织技术	纺织品设计与生产
	纺织品检验与贸易	纺织品检验、营销与贸易
	染整技术	纺织品染整
	针织技术与针织服装	针织品设计与生产
	纺织品设计	家用纺织品设计与生产

二、基于区域产业集群的现代纺织专业群建设的研究与实践

1. 探索校企合作培养人才的运行机制，推进创新创业教育，积极推进校会（园）“订单式”人才培养和推行“双证书”制度，创新“岗位引领，学做合一”的人才培养模式，努力实现“行知和谐，双证融通”的人才培养要求

围绕行业企业典型职业岗位人才的培养，实施校企合作的“岗位引领，学做合一”人才培养模式[2]，如图 1 所示。推进校企多维合作，依托由盐城市政府牵头组建的悦达学院，初步实践了政校行企的校企合作机制，探索与悦达纺织园、盐城市纺织服装协会、响水色纺纱协会等共建“校园（会）合作”模式和合作培养人才的运行机制，推进校会（园）“订单式”人才培养[3]，推行“双证书”制度。以互惠共赢为目标，依托悦达学院，探索校企合作培养人才新机制，共建悦达纺织班，建立了家纺设计工作室轮岗实习及项目实训制度。按照纺织职业岗位任职要求，实施双方共同商定人才培养方案、共同开发专业课程、共同培育教学团队、共同建设技能训练平台、共同负责学生就业等全程合作，提高办学效益，增强办学实力，以实现学生充分就业为目标，积极开展与悦达纺织的深度合作。立足职业岗位要求，校企分段交替，工学结合，逐步形成“岗位引领，学做合一”的人才培养模式，实现“行知和谐，双证融通”的人才培养要求。三年分别订单培养学生 40 人、60 人、80 人，实现学生 100% 就业，首岗技术岗位就业率达 80% 以上，毕业生双

证书获取率达99.8%。在创新创业与就业方面，注重学生岗位适应能力、职业道德修养、职业习惯培养、职业技能训练和职业素质磨炼，将就业指导教育、职业精神培育、职业能力培养贯穿教学全过程。开展了大学生创业策划大赛和大学生创业园入园项目的申报和实施，评选优质项目入园等系列活动项目，年均入驻大学生创业园的项目达10项。

图1 现代纺织专业群实施“岗位引领、学做合一”的人才培养模式

2. *构建以纺织印染专业领域职业基础的公共平台课程，以“基于典型职业岗位关键能力”的专业群核心技能模块化项目课程体系*

通过对近三年毕业生跟踪调查和对区域内不同类型、规模、层次的纺织印染企业进行调研，在深入分析纺织专业群内各专业职业岗位要求的异同基础上，从主要工作岗位中的代表性工作任务中归纳出“工艺设计与管理、产品检测和质量控制、产品分析与设计、纺织印染设备保全与维护”等9大类典型工作任务；通过召开教学研讨会，按照“BAG法”，组织专业教师对纺织印染专业群领域共性的能力提炼出“纺织材料检测”“纺纱技术”“机织技术”“针织技术”“染整技术”等6门公共平台专业技能课程；对典型工作任务进行归类、整合，按照学习规律将其转化为“新型纱线产品开发与工艺设计”“新型机织产品开发与工艺设计”“机织物分析与设计”“纺织自动检测技术”“纺织品外贸跟单实务”“针织服装技术”“家纺提花织物设计与CAD”“染色工艺设计与实施”等20门专业群核心课程。按照纺织核心岗位涉及的工作内容确定课程内容，构建以纺织印染专业领域职业基础的公共平台课程，以“基于典型职业岗位关键能力”的专业群核心技能模块化项目课程体系。专业群的“平台”根据专业群对高等技术应用型人才所必备的共同基础知识和基本技能、各专业技术的共性发展和学科特征要求来设置，由公共课和职业技术基础课

组成。“模块”是根据不同的专业（或专门化方向）而设置，由体现专业（专门化方向）特色的课程组成。推广“教学内容项目化和教学方法学做一体化”教学模式，引入企业技术标准，校企共建“课证融通”的“新型纱线产品开发与工艺设计”“新型机织产品开发与工艺设计”“机织物分析与设计”“纺纱设备维护”“机织设备维护”“纺织自动检测技术”“纺织品外贸跟单实务”“家纺提花织物设计与CAD”“染色工艺设计与实施”9门专业核心课程，建成省级精品课程2门、院级精品课程6门、“十二五”部委级规划教材7部。

3. 建设满足现代纺织专业群需求的、校内校外相结合的“校企共建共享型”模块式项目化实训体系

针对现代纺织专业群面向的岗位群，以现代纺织专业群内各专业的岗位通用技能与专门技能训练为基础，整合现代纺织专业群现有的实践教学资源，分类组建实训基地，建设满足现代纺织专业群共性需求与专门化需求的、校内校外相结合的“校企共建共享型”模块式项目化实训体系。按照技能培养从新手到专家渐进培养的规律，满足服务训练、教学和科研一体的要求，依托国家级纺织服装实训基地、江苏省生态纺织工程技术研发中心、江苏省生态染化料工程技术研发中心，与悦达纺织共建共享的“校中所（悦达纺织研究所、悦达家纺设计研发中心）”以及学院设有的纺织检测中心、纺织生产中心、纺织品设计中心和技能培训与鉴定中心，已建成一个设备先进、项目载体、情境真实的国内一流的技能训练平台，着力培养学生创新创业能力。同时，深度融合悦达纺织等20家行业骨干企业，密切联系特色中小企业，打造实习、就业“双基地”，确保学生半年以上顶岗实习率达100%。在现有的4个校内实训中心、15个实训室和10个校外实训基地的基础上，以培养学生的实际操作能力为基本出发点，在强化专业职业技能构架的基础上，合理规划建成符合人才培养标准的9个教学做一体化专业教室。

4. 创建和不断完善先进的数字化专业群教学资源库，实现信息化教学资源在专业群内的广泛共享

以纺织印染行业企业职业岗位要求为目标，以就业为导向，确立与职业要求相适应的教学标准，实现专业课程内容与职业标准对接，校企合作共同开发专业课程和教学资源，建设由教学文件库、素材库、网络课程库、行业资源库等组成的数字化专业群教学资源，教学文件库包括专业群人才培养方案、课程体系、课程标准、职业标准、技能考核标准、实训指导书、教科研成果以及课程相关作品或成果，素材库包括专业群内专业平台课程和核心课程资料图片、多媒体课件、视频、动画、微课、文本等，网络课程库已建成专业群中的14门核心课程，行业资源库中搜集制成了江苏省纺织印染企业名录、合作企业库、纺织品检验标准库、纺织印染行业信息资源等信息，实现信息化教学资源在专业群内的广泛共享，最大化地服务学生自主学习。编写完成《纺织导论》《纺纱技术》《机织技术》《机织物分析与设计》《针织服装设计》《装饰织物设计与CAD》《针织物染整工艺》7门

具有高职特色的校企合作开发教材，并建立配套的专业教学文件库、教学素材库、网络课程库、题库以及行业资源库等教学资源。

5. 围绕教师业务能力提升，建设校企共育专兼结合的“双师型”专业群教学团队

通过校企“互聘、互兼”双向交流的团队合作机制，加强访问交流，培养专业带头人；实施“青蓝工程”，培养骨干教师；深化校企合作，通过协议每年从企业聘请3～5名既有一定理论水平又有很高实践经验的技术人员担任专业的兼职教师；依托省级技术研发中心，筑就盐城纺织科技创新公共服务平台，推进产学研一体化，提升专业群教学团队的技术创新能力和社会服务能力；实施工学结合，打造一支具有现代职教理念、教学经验丰富、实践能力强的高水平“双师型”专业群教学团队，提升教学团队的教学能力、技术创新能力和技术服务能力，满足重点专业群各专业教学需要和行业企业的发展需要的专兼结合的师资队伍。培养专业带头人5名，骨干教师20人，优化兼职教师库，确保了专兼职教师比例1∶1，近3年专任教师获取高级工以上证书的比例达到30%以上。成立了功能性纺织材料、纺织应用技术2个科研团队，近两年，孕育了一批能承担国家、省、市、企业委托科研课题的创新强手，承接了30余项省市级教科研课题和10余项专利成果。对外培训企业员工，举办各类社会培训800人次，其中行业职业资格培训和鉴定100人次。

6. 建立由专业群建设指导委员会、专业负责人和专业教学团队参与的专业群建设组织管理形式，构建专业群建设质量保障体系

成立由行业企业专家和高校等负责人组成的专业群建设指导委员会，指导制订现代纺织专业群各专业人才培养方案，整合开发公共平台课程和专业群核心课程，建设纺织印染实训实习基地；专业群负责人统筹、协调各专业整合建设；专业教学团队实施课程及相关项目建设。加强专业群建设组织领导，实行系主任领导下的专业群负责人负责制，完善以行业、企业高级技术人员广泛参与的专业群指导委员会，指导专业群建设。专业群运行实行学生参与的监控管理，同时引入企业第三方评价机制，建立资源共享利用的目标动态调整机制。

完善工作过程系统化的“岗位引领，学做合一”人才培养模式，建立相适应的教学质量保障体系，完善教学管理体系。按照评价科学全面的原则，确定评价对象专业、课程、教师、基地、学生质量和学生就业；按照评价系统客观的原则，实现学生、学生家长、本校教师、同类院校教师、督导、用人单位、技能鉴定站和竞赛机构等多方同评；建立评价—反馈—调整—评价的闭环逻辑结构，建立“多方同评，闭环控制”的质量保障体系，对人才培养开展全方位、综合性的科学系统评价。健全质量监控与评价的组织机构，成立督导室、评估处等，聘请资深教学专家担任负责人；健全质量管理规章制度，形成既有岗位职责又有管理办法，既有工作质量标准又有办事流程，既有考核细则又有奖励办法的相对完善的教学制度体系；坚持全程性与全员性结合、体系内部与外部结合，实施全面质量控制。

（1）设立教学质量监控与评价机构，成立教学质量督导组，对校内外教学工作进行管理与评价。

（2）完善教学管理制度，加强质量监控，对人才培养质量进行综合评价。

（3）完善教师业务考核管理制度，加强职业能力、社会服务能力和教学水平的考核。

（4）加强校企合作，探索质量监控校企双元化。优化校企合作的考核评价体系，完善职教集团合作的运行机制。

（5）推行双证考核制度，建立职业技能鉴定考评体系。

三、结语

现代纺织专业群的建设是一项复杂的系统工程，对我院的可持续发展将产生重大的影响。如果不进行该专业群建设，导致专业过于分散，形不成合力，会造成教学资源的浪费，而且专业拓展基础薄弱。随着现代纺织专业群的建成，力争将现代纺织专业群打造成为全国高职纺织类专业的示范基地、国家纺织类职业技能培训和职业资格鉴定基地，以及区域内纺织类相关企业技术研发创新基地，将极大地增强我院的品牌优势，有效地提升学院的办学水平和办学特色。

参考文献

［1］教育部．关于全面提高高等职业教育教学质量的若干意见［Z］．教高［2006］16号．

［2］王前文，瞿才新．“岗位引领、学做合一”模式的理论与实践［J］．2012，33（11）：34－35．

［3］刘华．苏北高职院校会（园）合作“订单式”人才培养模式的探索与实践［J］．中国职业技术教育，2012，（26）：44－47．

自我导航学习在高职纺织专业资源库的应用及构建研究

江苏工程职业技术学院　宋楚平　黄良斌　李少芹

关键词

自我导航学习　专业课程　资源库

摘要

自我导航学习是一种帮助学生自主学习的新思路和新方法。将自我导航学习应用于纺织专业教学资源库的构建中，对于引领学生正确选择学习的途径和方法，增强学生的专业技能，提高教学资源利用率都具有重要的意义。同时它改变了传统资源库的构建思路，给专业课程资源库建设带来了革命性的变化。

正文

一、问题提出

纺织专业是我校的传统和特色专业，构建纺织专业资源库既是我校教学改革的需要，也是服务地方经济的需要。高职纺织专业课程资源库的建设，就是要在我校现行的基于工作过程和基于社会生活的“双基”前提下，建设以纺织专业培养目标为依据，以企业行业为依托，以纺织职业岗位为特色的共享型、易学习型的专业教学资源库，强调资源库的构建模式、定位内容和适用对象要以培养纺织技能技术型人才为本位。然而在调研过程中我们发现，一些高职院校的专业教学资源库虽然具备一定的容量，短期内取得了一定的成绩，但是还有很多不够完善的地方，仍存在着一些瓶颈问题，值得建设者深思。

1. 资源库的实际建设情况与定位存在较大的偏差

许多资源库的内容更多是一些理实一体化课程资源，单纯将一些课程的教学录像、教学课件、企业工作场景和社会生活的图片作为资源库的主体，真正可供学生访问的课程资源非常少，降低了资源库的专业学习价值，偏离了资源库作为“学习中心”的轨道，严重影响了学习者的访问热情。

2. 资源库的内容陈旧，缺乏时效性

可能是有些院校基于“双基”课程改革滞后的原因，专业资源库中是一些基于知识结构和学科体系的教学材料，甚至将教材照搬照抄，没有将高职特色的最新教改成果和行业企业的新技术、新工艺和新方法应用案例及时纳入资源库，导致资源库处于时过境迁的尴尬境地。

3. 内容建设缺乏系统的整理和归类

有些资源库虽然有专业标准大全库、企业、行业资源库、专业信息文献库、校内外实验实训场所资源库等，内容丰富多样，但库的设计缺乏相对统一的指导范式，导致专业资源库内容参差不齐，形式百花齐放；库中的内容没有按照统一的模式进行归类和整合，这样会导致学习者要花费较多的时间来寻找自己所需的资源，学习效率低下。

4. 资源库主体本身没有充分考虑学习者的自主学习策略

资源库是教学的延伸，在学习过程中一定要强调学习者的自主学习。一些资源库在建设过程中恰恰忽视了这一点，导致学习者在用库过程中被动保守，不能对自己的学习行为进行及时的调整和改进，更谈不上对学习效果的自我评价和学习策略的优化，这些都无法适应高职教学改革的现实需求。

专业资源库是互联网发展和信息化教学改革的必然产物，目前已经成为数字化学习的一个重要研究方向，也是高校在探索教学手段、教学方法和教学模式改革，整体提升人才培养质量和社会服务能力方面的一项新的重要举措。教育部教技［2012］5号文《教育信息化十年发展规划（2011～2020年）》中指出：推动信息技术与高等教育深度融合，创新人才培养模式；加强高校数字校园建设与应用，推进继续教育数字资源建设与共享[1]。在我校国家示范性高职院校建设项目中，专业教学资源库建设子项目是示范性建设验收的核心指标之一。不难看出，建设具有高职特色的专业课程教学资源库是一项紧迫和意义重大的教学改革任务，也是建设学习型社会的重要基础工作。我校利用国家示范性高职院校建设的机会，在现代纺织技术、服装设计、纺织品设计、染整技术、新型纺织机电技术等专业资源库的构建理论、方案设计和内容建设等方面已初见成效。下面借鉴我院国家级教学资源库建设的经验，以纺织专业资源建设为例，利用自我导航学习理论，为构建具有高职特色的专业资源库做些理论分析和实践探索。

二、自我导航学习理论内涵

1. 自我导航学习的含义

所谓导航是指一个技术门类的总成，它是引导飞机、船舶、车辆以及个人安全、准确地沿着选定的路线，准时到达目的地的一种手段。在自主学习过程中，尤其是现代信息技术背景下，信息呈现形式是一种文本、超媒体交互式的系统，在每一个节点前面，学习者都面临着“我在哪里”“我下一步该到哪儿”“怎样做”“做什么”等问题。学习者需不断做出决定，选择下一步路径。但由于学习系统信息量大，链接关系复杂，容易产生“迷路”的问题，在这种条件下，无论是在学习者学习心理的调适、学习策略方法的采用、学习时间的安排、学习行为的控制、学习环境的选择、学习团队的协作等方面，都需要系统的帮助，这种系统的帮助就称为导航。

在资源库的每一个学习节点上，学习者都会面临“目前我在哪儿”“下一步我该怎么走”“该怎么学”“学习什么”等诸多问题，这时学习者的处境就类似于迷途的汽车需要导航技术来引导一样，希望借助于一步一步地帮助提示安全、准确地到达目的地。显然，学习者为了保证某次的学习效果、达到学习目标而主动运用与调控元认知、动机和行为的过程[2]，就是一次自我导航学习。在纺织专业资源库的建设过程中，要将这种有效的学习方法贯彻于整个建库过程。让学习者在获取纺织知识技能过程的各个阶段，利用现有的主客观条件，构建自主导航学习系统。在此基础上，制订符合个体的学习计划、学习目标，调整自己的思维、情感和行为，这些过程非常有助于学习者了解自己和作出决策，这也是自主导航学习在资源库中的具体应用。

2. 自我导航学习的属性

（1）技术性。自主学习过程中无论是学习动机的形成和强化、学习目标的确定和实施、学习资源的选择和重组，还是学习方法的采用和优化、学习效果的测量和评价等，都要通过多种途径，运用到多种方法和技术手段，特别是当前学习内容和形式的多元化、多样化、网络化、多媒体化，以及学习信息获取和处理技术不断地发展，自主学习的技术含量和层次越来越高，在这种时代背景下，自主学习被赋予更多的技术内涵，而自我导航正是自主学习所需各种技术的综合体现。

（2）系统性。学习本身是一种系统，而作为对学习进行自主化、系统化处理的“自我导航”是一种复杂适应系统，它由许多子系统组成，包括自主学习的信息系统、操作技术系统、能力方法系统、行为策略系统等，每一个子系统也是由许多非线性相互作用的部分组成的复杂系统。这些部分通过适当的调控能够适应不同的学习环境，而且每一个“部分”存在于另一个“部分”之中，从而形成了嵌套的层次结构。

（3）层次性。复杂适应系统理论的基本思想是复杂性起源于其中的个体的适应性，正是这些个体与环境以及与其他个体间的相互作用，不断改变着它们自身，同时也改变着环境。这些个体能够与环境以及其他个体进行交流，不断进行着演化学习，并且根据学到的经验改变自身的结构和行为方式。各个底层个体通过相互间的交互、交流，可以在上一层次、在整体层次上涌现出新的结构、现象和更复杂的行为。在自主学习的实践中，每一个学习个体都有层次高低、程度不同的自我导航系统，这种导航系统经过内外不断的交互，在上一层次或在整体层次上产生分化、聚合，形成新的结构和层次。

（4）差异性。与学习相关的各种元素的差异导致了在自我导航学习中一系列状态和实现的差异，例如自我效能感的差异、归因的差异、目标设置的差异、认知策略获得的差异、元认知发展水平的差异、意志控制水平的差异、学习工具选择的差异等。因此，在自我导航学习过程中，每一个学习者采用的模式不完全相同。

三、自我导航学习型专业资源库的构建

要想真正让高职纺织专业资源库起到整合优质教学资源，服务广大师生，推动教学改革和提升就业效果的多重作用，纺织专业资源库的建设必须具备三个“突出”：一是突出高职特色。即库的内容一定要按照“双基”理念来开发，学习的内容符合高职的职业性和社会性。二是突出岗位性。即库是以纺织的典型工作过程为主线，以纺织企业的职业岗位为导向来串联内容，符合该专业的能力结构层次，且内容的设计符合专业人才成长的基本规律。三是突出学习的导航性。建库的最终目的是为了学习者进行有效的学习，基于自我导航学习的资源库满足学生自主学习的要求，能最大限度地提高学习的功效。

1. 自我导航学习型纺织专业资源库的构建原则

（1）以学生就业为目标，体现纺织职业岗位素质和技能的要求。

（2）以实用为基础，体现纺织岗位要求的相关性内容。整个资源库的知识体系针对纺织企业特定的岗位，从职业所需要的技能要求出发，充分体现职业技术教育的特点。

（3）以纺织新技术、新工艺、新方法等内容为补充，体现纺织行业发展前沿。

（4）体现整体的概念，整个体系采用系统化设计，注重知识结构的完整性和全面性，以及综合职业能力的培养。

（5）体现专业方向，整个体系突出专业课程内容的实用性，针对性强。

2. 纺织专业资源库的构架脉络

有序的组织和高效的管理是专业资源库建设的关键。由学院主要领导牵头，成立由各院系、信息中心负责人为副组长的专项小组，信息中心的开发团队主要负责资源库应用平台的搭建，元数据规范、导航规范和交互标准的制订等。课程教学团队为资源建设的具体实施单位，按照数据的封装和交换格式、元数据应用规范和自我导航规范，负责整理与更新相应的资源数据，以保证资源库的不断完善和可持续发展。正如前面所述，专业资源库建设不是专业课程资料和素材的简单堆积，资源库建设的定位和目标不应仅停留在静态存储和被动的访问上，更应注重资源库的导航自主学习和发展空间。纺织专业资源库的基本建设脉络如图 1 所示。

导航模块是资源库应用平台的一个核心构件，是构成导航型资源库的重要条件。资源库中每份数据都有一个属于它自己的位置节点。该节点描述包括当前节点位置、前续节点、后续节点和左右的兄弟节点，整个节点构成了类似树形的层次结构。教学团队根据数据和导航规范来整理和组织数据，这种有序化的数据结构正是专业资源库具有导航功能的基础条件。在这种条件下，学习者就能借助平台的导航功能，在学习过程中实时调用导航

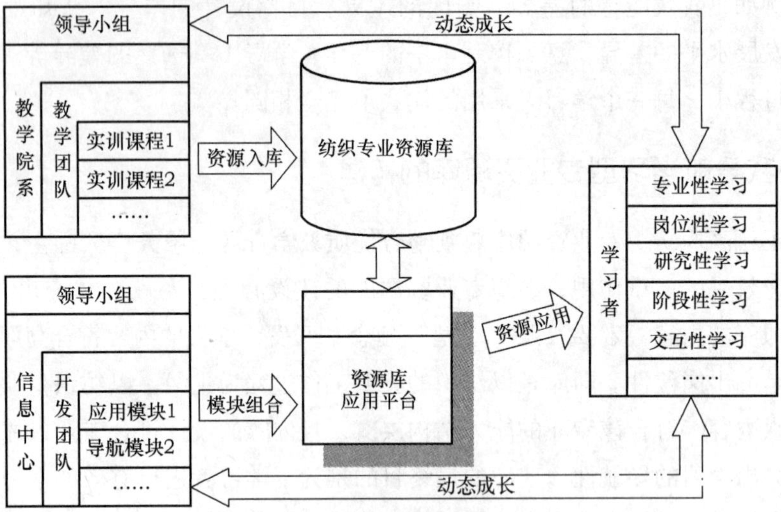

图1　纺织专业资源库基本建设脉络

子系统，准确知道自己的学习空间位置，并了解后续学习资源的内容、目标、学时等基本信息。在有必要时，导航系统还会自动提示或建议学习者下一步要学习的最佳路径，导航学习者进入个性化和更高效率的学习过程。学习者在导航系统的帮助下，真正实现了对资源库的自主选择与优化使用。

动态成长也是资源库的一大特点。学习者不仅是资源库的使用者，更是资源库的建设者。学习者通过阶段性、系统性和开放性学习，成为资源库的一个有机体，在不断丰富资源的同时，能根据学习心得和经验，不断调整资源库中各元素、子系统之间的关系，让导航学习过程更有序化和效果最优化，促进资源库持续健康成长。

与此同时，教学团队也会根据学习者的体验和建议，补充专业课程的内容，调控各学习单元的学习路径，丰富学习形式，推荐更好的学习策略，在与学习者不断的交互过程中，不断优化升级专业资源库，使资源库应用平台更加符合学习者的需求。

开发团队在模块开发过程中，必须与教学团队紧密契合，资源的整理与收集工作由各教学团队组织实施。这种分散的资源收集模式，在实践过程中往往会导致专业课程负责人在收集资源时各行其是，造成建设内容得不到统一、同类资源命名迥异的状况。这时就需要开发团队事先规范资源库的建设，提炼出该专业资源的共性部分，并统一规范其命名规则。如专业标准库、培训资源库、职业资源库等内容是专业资源建设的共性部分，在建库前可以统一要求，共同建设。这些都能在一定程度上保证本资源库的规范和质量，提高资源库的建设效率。

3. 专业资源库的建设内容

内容建设是资源库的核心，学习方法是资源库的灵魂。自我导航学习主张资源库的内容不能仅依据专业标准、课程体系、课程标准、学习单元和教学素材库等，还应包括学习者的学习心理的调节、学习工具的使用、学习环境的构建、学习资源的筛选、学习成果的评价和学习过程的优化等，所以在专业资源库内容的设计方面，要求设计者将自我导航学习与各种学习资源融为一体，形成学习者能在学习过程中主动探索、主动发现，特别是有利于本专业学生和培训学员自主学习的资源库。纺织专业资源库的内容见表1。

表1　纺织专业资源库建设内容

子库名称	主要内容	导航指导
专业标准库	纺织专业人才培养目标与规格调研手册，人才培养方案，职业能力标准，课程建设标准，专业教学条件配置标准等指导性文件	以区域纺织产业为依据，强调纺织产品技术路线和实施途径，为自我导航学习做好规划
课程资源库	专业课程开发指南、课程标准框架等指导性文件，每门课程主要包括课程标准、教学方案、授课计划、学习单元描述表、电子教案、课程网站、习题试题库、数字教材和实训项目等	突出纺织实践环节学习动机的形成和强化、技能培养目标的确定和实施，导航学习者进行资源的选择和重组以及学习效果的测量和评价
培训资源库	专业核心课程要与纺织企业的技能培训相对接，为实现岗位就业的零距离做好准备 培训资源库还要为学生技能竞赛等活动提供支持	引导学习者进入更高层次的学习，与行业专家等个体和环境进行交流，不断演变学习
素材资源库	纺织行业标准与规范库，纺织工作流程和企业案例库，纺织工具仪器资源库，使用与维护手册等	为学习者向职业人转换提供基础和条件，引导他们扩充学习范围，使学习过程阶段化和有序化
职业资源库	纺织行业介绍，如江苏大生、阳光集团等著名企业背景信息，纺织新产品新技术介绍，职业岗位介绍，企业相关技术标准，职业资格标准等	导航学习者的学习迁移，将学习与纺织职业交互和聚合，以到达新的境界

从整体上来看，专业标准库是建库的指导性文件，是资源库的顶层设计。专业课程库是资源库的核心，是学习者学习的主要阵地，因此该部分的内容设计在考虑导航的基础上，更要突出知识、技能的系统性和科学实用性。培训、素材和职业资源子库是对专业核心课程资源库的补充，以丰富学习内容，拓展学习领域。

为了能更好地提高课程资源共享度和易用性，可以将本专业核心课程资源作为中心，其他子库为该中心的有机组成部分，这样可以在课程资源库中进行全方位的资源检索，使课程资源的个体性和独立性得以充分体现。如在“现代织造技术”课程内容组织规划时，可以在专业资源库中单独设立一个该课程门类，专门用于该课程资源的归类和管理。在具体内容建设时，主要依据本课程资源建设规划，建议以理实部分公共资源、纯实践教学资源和教学辅助资源的具体内容来建设。课程教学团队则根据平台模块要求，采用填鸭式不断补充和完善资源内容，保持资源内容的鲜活和生命力。

4. 资源库运行保障措施

专业资源库的建设是一个不断实践、不断积累和完善的过程。特别是高职专业资源库不同于一般意义的资源库，它首先依托于基于“双基”的理实一体课程改革，其次它要突出岗位性，最后它应具有鲜明的自我导航学习的特征。所以在资源库的运行过程中，要注意把握好以下几点。

（1）根据纺织专业培养需求，及时调整课程体系，确保资源库建设的实效性。要充分调研纺织相关企业，以职业能力为主线，以真实的纺织产品、工艺流程为载体，在课程教学中要呈现纺织企业生产场景中的操作过程和工作内容。针对纺织技术发展的方向，要以纺织的新技术、新工艺、新方法为重点，突出专业核心技能和知识的学习以及职业素养的训练。要对专业核心课程教学内容进行改革，使课程教学内容与纺纱技术员、织造技术员、染整技术员和纺织设计师等就业岗位的实际工作相联系。只有这样，才能保证资源库中课程资源的时效性和实用性，不至于出现资源库落伍和时过境迁的尴尬处境。

（2）保证稳定的资源开发团队，保持资源建设的前瞻性。资源建设是一个浩大的系统工程，很难依靠少数人就能完成。为此，要成立资源开发联合团队，整合一切可以利用的优质资源，如可邀请知名纺织企业技术骨干、行业协会专家和兄弟学校一起组成资源开发团队，在保证资源优质质量的前提下，通过多种渠道和途径来积累资源。近10余年来，我国的纺织产业得到飞速发展，已经在长三角形成了相对集中的产业集聚中心。其中，包含了如常州、南通、无锡等地的区域纺织产业集聚基地。针对高职院校为区域经济服务的特色，纺织专业不但要在人才培养目标定位和课程设置等方面与其相适应，其专业资源库建设也要相应地有所侧重。

（3）深入学习自我导航学习理论，确保资源库的可用性。资源库的意义和价值最终落实在学习者的使用上，如果学习者在访问资源库时感觉困难或学习效果不佳，那么资源库的应用价值就大打折扣。因此，在设计安排资源库内容时要以自我导航学习理论为基础，系统地认识和运用这些理论和实践技术，让资源库中每单元的学习内容能帮助学习者确定学习目标和自我强化、自主分析学习任务和学习条件，同时能导航学习者的学习路径和学习资源，指导帮助学习者选择合理的学习方法和学习策略，最终达到强化学习效果的目的。

（4）运用自我导航学习系统，保证专业资源库学习的有效性。自我导航学习本身是一个系统，它是一个动态的、系统性的工程，涉及教育学、心理学、社会学、工程学系统论、信息技术、网络技术、多媒体技术、知识工程、仿真技术等[3]。在专业资源库内容建设方面，建设者要系统地学习、掌握自我导航学习系统，正确、科学、合理地将自我学习导航系统应用到专业课程资源库、培训资源库和素材资源库中，以便指导帮助学习者形成自我导航学习系统，有效地学习和掌握新知识、新技术、新工艺和新方法，让学习者在学习专业技能的同时，不断强化和升级自我导航学习系统，促进学习效率的提高。

纺织专业教学资源库固然有一般资源库的基本特征，但职业性、岗位性和自我导航学习是其显著特点，因此在建库过程中，必须从本专业自身实际出发，结合区域行业经济和纺织企业生产实际，充分利用自我学习导航理论，促进资源库的成长和良性循环，形成真正意义上的生态系统，保持资源库的可持续发展，使本专业资源库在培养高职特色的创业、创新人才方面发挥重要作用。

参考文献

[1] 教育部．教育信息化十年发展规划（2011-2020年）．教技［2012］5号．

[2] Christophe Giraud-Carrier, Ricardo Vilalta, Pavel Brazdil. Introduction to the Special Issue on Meta-Learning [J]. Machine Learning, 2004, (3): 187.

[3] 朱建东．自我导航学习的特点及其应用策略［J］．成人教育，2010，(2)：21.

服装专业课程建设的实践与研究

山东省平度市职业中等专业学校　姜素萍

关键词

课程建设　项目载体　任务训练　教学模式　理实一体

摘要

课程建设基于工作过程，引入职业标准，导入大赛规范，形成职业化的专业课程，实现课程内容理论与实践的融合，直观性与可行性的融合，课程标准与职业标准的融合；以企业工作任务引领的情境教学，实施“教、学、做一体化”的教学模式，在真实工作情境中灵活运用项目驱动、任务引领、研究讨论、案例分析等多种教学方法，达到教学过程的趣味性、实践性、开放性和职业性，实现服装专业教学与服装行业、企业深度对接。

正文

一、背景

近几年通过对服装行业、企业人才需求的调研，发现企业对服装人才的需求由单一型一线技术工人转变为复合型专业技术人才。中职学校的生源是初中毕业生，他们喜欢直观的，形象的教学方法，不喜欢枯燥无味的理论说教，所以我们必须构建新课课程体系，开发新教材，并改革与新教材相匹配的教学方法，运用现代的教育教学理念培养学生，让他们跟上社会的发展，达到“校企共融、人才共育”。

二、主要解决的教学问题

（一）教学内容陈旧与企业需求严重脱节

目前，服装企业的生产技术、设备、工艺材料等在不断地改进，而服装专业课教师还是对照书本讲解，与企业沟通很少，现在新教师大学毕业后就直接走上教师的工作岗位，很少了解企业新工艺、新技术及人才需求情况，所以教给学生的知识是滞后于生产实际的内容，势必造成教学内容与企业需求的严重脱节。

（二）教学内容与学生接受能力的脱节

原教材从载体选择、内容编排等方面都不适合中职学生的认知规律。例如《服装结构制图》第一章中的“人体体型与服装结构的关系”，涉及肩斜度、肩斜线、袖山弧线等，这些对初学者来说很陌生，很难理解它们与人体对应部位的关系。第三章中的“服装制图原理”，理论推导艰涩深奥，抽象难懂，不适合刚入门的学生的认知规律，学生学习过程中没有经过缓冲期，一下子理解不了较多的新知识，学生必会产生厌学现象。

（三）教学模式偏重于学科理论体系的传授，理论与实践脱节

中职服装专业教学模式是采用学科课程体系来组织教学，以课程为中心，将理论课程、实训课程分段实施的一种教学模式。因此理论课与实训课之间缺乏必要的联系，教学内容难以有机结合，造成了理论与实践的严重脱节，培养的学生难以满足不断创新的现代企业的需求，导致学生就业难，企业招工难的问题。

三、解决问题的方法与途径

1. **课程中引入职业标准，实现专业教学与企业需求对接**

（1）课程建设的理念。满足学生的今天——通畅地就业；奠基学生的明天——持续地发展。

（2）课程建设原则。专业课程职业化，文化课程专业化。专业课程基于工作过程，引入职业标准，导入大赛规范，趋于职业人才。文化课程保持课程本色，彰显专业特色。

（3）课程建设途径。课程建设途径如图 1 所示。

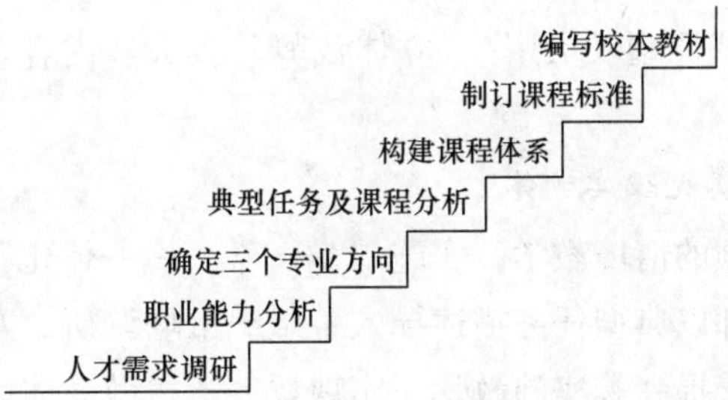

图 1　课程建设途径

首先成立专业建设指导委员会，课题组成员进行企业调研，在专家指导下进行职业能力分析，确立三个专业方向，进行专业定位，设定典型工作任务及课程分析，构建课程体系，制订课程标准，有机嵌入职业标准，将企业新技术融入教材，以达到教学与企业深度对接。

2. **改革教材内容，培养职业人才**

（1）深入浅出——符合学生的认知规律。教材内容排列由简到繁，由易到难，梯度明晰，序化适当，注重选择适合中职生发展水平的教学内容，例如，编写《裙装款式设计与结构制板》的项目时，先学习“直筒裙”的款式设计与结构制板，因为“直筒裙”款式与结构都非常简单，学生只要了解臀围、腰围、上裆的分配方法就可以了。初学者最怕的是操作步骤复杂。学生掌握了基本裙装，心里就会觉得很自豪——我会画裙子了。在此基础上学习西服裙、旗袍裙、A字裙等，只要比较它们之间存在的不同即可，对学生来说就会简单很多。

（2）因地制宜——符合当地企业生产实际和市场流行。教材建设贯彻任务驱动编写思路，以实践问题解决为纽带，实现理论、实践、知识、技能以及情感态度，与企业实际的有机整合。如新建教材《服装款式设计与制板》，每一个任务中的质量标准、达标时间、技术要领都是来源于企业，达到教学内容符合当地企业生产实际和市场流行。

（3）图文并茂——增强教材趣味性和直观性。新建教材中配以大量的生动形象的图片和教学视频，图、文、声、像并茂，趣味性强，直观鲜明，立体化呈现。激发学生学习兴趣，开阔学生视野，使复杂的知识简单化，抽象的知识形象化。例如《服装款式设计制板》（配光盘），前言部分，首先是“欣赏”，让学生观察丰富多彩的服装图片、时装展示录像、企业生产视频等，新生很快了解服装专业每门课要学习什么内容，学到什么程度，毕业后能干什么，对应的企业岗位。这样学生学习有了目的，从而激发了学生学习专业知识与技能的兴趣。

（4）巧用加减——增加教材实用性和可行性。全国服装技能大赛内容是命题专家根据对行业、企业和中职学校的调研，结合中等职业学校的教学大纲要求确立的，近几年全国中职服装技能大赛增加了时尚合体女式上装款式设计、立体造型、利用原型手工制板、工艺制作等项目，满足了服装企业对人才的需求。大赛引导老师新教学理念的形成与教学模式的改变，所以我们以全国技能大赛作引领，改革服装专业教学内容。在《服装结构与制板》中增加了“新文化式原型及应用”“立体裁剪”等大赛内容。真正达到以赛促学，以赛促教，以赛促改。

3. 创新教学模式，实现理实一体

以企业工作任务引领的情境教学，实施“教、学、做一体化”的教学模式，即工作过程与学习过程互融。教师以典型任务描述导入、组织市场调研、互动研讨、设计款式、结构制板、教学点评、完善提高等实施教学，实现教、学、做一体。教学过程始终围绕企业的工作流程而展开，使整个过程置于职业岗位工作情境中；课程评价学生、教师、企业共同参与，教学成果反哺为企业产品。

四、课程建设的创新点

创建了“二轮驱动”课程体系。

1. “二轮驱动”即一轮为职业化专业课程、一轮为专业化文化课程

2. 课程建设突出五大特色

（1）课程“企业化”。以项目、任务、活动、案例为载体组织教学单元。以具体的工作任务将学生带入职业环境，进入岗位角色。

（2）经典与时尚。以经典的任务实例规范操作方法，训练学生的基本技能；以时尚的拓展任务鼓励学生创新，提高学生把握市场的能力，为可持续发展奠定基础。

（3）结合企业，整合内容。以岗位需求为依据，以典型的工作任务为轴心，整合课程内容，序化课程结构；打破旧的学科界限，使各学科互相渗透，将“服装款式设计”与“服装结构制图”两门核心课程进行整合，将国赛内容融入教材，实现教学与企业的深度对接。

（4）积木视频，化难为易。积木式的教学视频将教材中的难点剖析，化难为易，培养学生自主学习的能力。

（5）课程立体化，直观鲜明。内容表现科学规范，图、文、声、像并茂，交互性强。

五、课程的应用效果

（一）辐射与共享

1. 行动导向教学法的推广

2011～2014 年连续三年培训国培班的骨干教师 220 人次，进行行动导向教学法与课程建设新理念的推广。很好地诠释了项目、任务为载体的基于工作过程系统化的课程理念和内涵，国培班学员收益很大，思想观念发生了根本性的改变。

2. 教学指导方案编写

自 2011～2014 年参与并完成省服装专业教学指导方案的编写，牵头编写了青岛市教学标准及教学指导方案。

3. 支援西部

2011～2013 年，中德联合举办西部骨干教师培训班。由我校服装专业教师对其进行了 3 期共计 68 人次的培训，将先进的管理模式、技术创新、信息化的应用、新教材和新理念输送给偏远的地区，通过技术输送，原本与国赛奖牌无缘的青海省 2012 年和 2013 年参加全国技能大赛连夺三枚铜牌。

（二）教科研成果

（1）2012 年教改实验项目：《服装专业教材建设的实践研究》获青岛市教改实验项目优秀成果一等奖。

（2）2013 年省级研究课题：《行动导向的教学法在服装专业教学中的探索与实践》获省一等奖。

（3）出版教材：6 门专业核心课程教材出版包括 2012 年高等教育出版社出版的《服装工艺实训标准》；2013 年中国铁道出版社出版的《服装款式设计与训练》《服装结构制板与实训》《服装缝制工艺与实训》《服装款式设计与制板》《服装设备使用·维护与实训》。

（4）2012 年精品课程：“服装款式设计与制板” 被评为青岛市精品课程。

六、课程评价

（一）高校专家评价

青岛大学服装设计系王培娜教授评价：新课程的开发及教学模式的改革，课程理念、课程设计都比较新颖，交互性强，内容表现科学规范，中高职教学内容有机对接职业标准。教学方法灵活多样，注重学生实践动手能力的培养，并与实际工作有很好的衔接，真正做到以就业为导向。

（二）行业专家评价

红领集团总经理李金柱：通过与平度市职业教育中心服装专业的深度合作，无论是教师还是学生都给我留下深刻的印象，其专业教师业务能力强，具有较深的、较全面的服装专业知识，多次参与全国服装大赛并取得了良好的成绩，获得了广泛的认同和赞誉。其学生上岗快，留得住，素质高，获得同事和客户的一致好评。

（三）学生评价

2009 级服装专业李丹：新课程中的小游戏与积木式的课件吸引我，特别是典型任务引领，使我产生了浓厚的学习兴趣。

（四）社会认可度

通过教学实践和课程建设，该课程的特色、教学模式、技能训练等均得到社会的普遍认可，效果较好。毕业生对口就业率超过 92%，学生参与顶岗实习比例达 100%。近四届共有 587 名毕业生实现高质量就业，涉及主要服装企业 10 多家，103 名学生成为服装企业的业务骨干，为青岛服装产业的发展提供了人才支持。课程理论和技能知识点与上述认证的职业资格标准相统一，使得服装设计与工艺专业学生的双证书通过率历年均保持在 100%。

中国纺织服装教育学会

中纺教［2014］6号

关于举办第二届“真维斯杯”纺织服装教育论文征集评选活动的通知

各相关单位：

为了鼓励纺织服装行业教育教学研究，培养学习和研究氛围，总结改革经验，决定开展第二届“真维斯杯”纺织服装教育论文征集评选活动。本次活动由中国纺织服装教育学会主办，教育部高等学校纺织类专业教学指导委员会、全国纺织服装职业教育教学指导委员会共同协办。具体方案如下：

一、研究方向

要与十八届三中全会《决定》提出的“深化教育领域综合改革”方向与目标相一致，以“立德树人”，培养具有社会责任感、创新精神、实践能力的高素质人才，促进“人的全面发展”为研究方向。论文要求对目前纺织服装行业教育的特征进行深入的调研和分析，提出有参考的见解，要求观点明确，态度鲜明，提出的建议有参考价值。

论文分为两个类型，本科教育和职业教育。

1、**本科教育类型**

1）按照“宽口径、厚基础”的人才培养思路，如何结合中国纺织工业的特征，构建多元化的人才培养模式。

2）涵盖培养模式、课程设置、教学方法及“个性化”、“多样化”、“国际化”、“高素质”的教育教学改革内容和典型经验。

3）中国纺织服装教育教学的现状，人才培养质量分析等调研报告。

2、**职业教育类型**

1）在“校企合作、工学结合”的人才培养模式下，如何坚持行业特色，进行教育创新，教学内容、方法、手段如何改进。

2）在"中职高职衔接"、"高职本科衔接"改革过程中的成功经验。

二、评选奖励办法

本科教育和职业教育两个教育类型独立评审，分开奖励。稿件要求文字不超过 8000 字，稿件征集对象是从事纺织服装教育的工作者和关心行业教育的有识之士。

一等奖一名，奖金 10000 元

二等奖五名，奖金 5000 元

三等奖十名，奖金 2000 元

优秀奖若干

给每位获奖者颁发证书及获奖论文集。

三、相关事宜

1、参加评选的论文必须为未公开发表的文章，且第一作者只能推荐一篇论文参加评选。

2、本次活动采取网络打分评选，评委由各单位推荐，根据得分顺序，确定获奖等级。请各单位接到通知后，首先确定一名联系人，认真填写附件 1，并于 3 月底之前发送至：ctes@ cntac. org. cn。联系人负责本单位网络申报的用户名和密码设置、提交论文等工作。

3、请各单位推荐 5 名网络评选专家，由联系人填写附件 2 和附件 3，于 6 月 20 日前发送邮件至：ctes@ cntac. org. cn。

4、网络申报时间：2014 年 6 月 1 日至 6 月 20 日，逾期关闭网络申报端口。

5、联系人：白静，联系电话：010—85229511，18810479291。

四、评选组委会

顾　　问：韩恩业

名誉主任：杨　勋

主　　任：倪阳生

副 主 任：丁　辛　刘元凤　徐建明　王　毅　王剑雄

委　　员：刘伟文　吴文英　纪晓峰　杨瑞虹　白　静　吴　静

中国纺织服装教育学会

二〇一四年二月十二日